# 旅游服务礼仪

胡晓晶　杨红霞　主编
邹建辉　朱智　朱瀚　副主编

清华大学出版社
北京

## 内 容 简 介

本书结合国际旅游业发展的新形势和新特点,按照高等职业教育旅游管理专业应用型人才的培养目标进行编写。本书注重教学内容和教材结构的创新,注重旅游服务的工作过程和岗位特色,以项目任务为载体,共构建了7个项目,分别介绍旅游职业形象准备,餐饮接待服务礼仪,住宿接待服务礼仪,交通接待服务礼仪,游览接待服务礼仪,购物、娱乐接待服务礼仪,涉外国际交往礼仪。

本书注重学生技能和素质的培养,以学生为载体设计教学任务,各任务包括任务目标、任务描述、任务准备、背景知识、实训内容、趣味常识等栏目,内容生动。

本书适合高职高专旅游类专业作为教材使用,同时适合旅游行业从业人员作为参考书籍。

本书封面贴有清华大学出版社防伪标签,无标签者不得销售。
版权所有,侵权必究。举报: 010-62782989,beiqinquan@tup.tsinghua.edu.cn。

**图书在版编目(CIP)数据**

旅游服务礼仪/胡晓晶,杨红霞主编. —北京: 清华大学出版社,2021.8(2023.8重印)
ISBN 978-7-302-57294-7

Ⅰ. ①旅… Ⅱ. ①胡… ②杨… Ⅲ. ①旅游服务-礼仪-教材 Ⅳ. ①F590.63

中国版本图书馆 CIP 数据核字(2021)第 006070 号

责任编辑: 吴梦佳
封面设计: 傅瑞学
责任校对: 刘　静
责任印制: 刘海龙

出版发行: 清华大学出版社
网　　址: http://www.tup.com.cn,http://www.wqbook.com
地　　址: 北京清华大学学研大厦A座　　邮　编: 100084
社 总 机: 010-83470000　　邮　购: 010-62786544
投稿与读者服务: 010-62776969,c-service@tup.tsinghua.edu.cn
质量反馈: 010-62772015,zhiliang@tup.tsinghua.edu.cn
课件下载: http://www.tup.com.cn,010-83470410

印 装 者: 三河市铭诚印务有限公司
经　　销: 全国新华书店
开　　本: 185mm×260mm　印　张: 14.75　字　数: 337千字
版　　次: 2021年8月第1版　　印　次: 2023年8月第3次印刷
定　　价: 42.00元

产品编号: 089498-01

# 前言

古人云:"礼者,敬人也。"礼仪是整个民族、整个国家文明程度的体现,也是个人修养和专业素质的直接表现。

习近平总书记在党的二十大报告中指出:推进文化自信自强,铸就社会主义文化新辉煌,必须坚持中国特色社会主义文化发展道路,增强文化自信,围绕举旗帜、聚民心、育新人、兴文化、展形象建设社会主义文化强国,发展面向现代化、面向世界、面向未来的,民族的科学的大众的社会主义文化,激发全民族文化创新创造活力,增强实现中华民族伟大复兴的精神力量。

文化和旅游部《关于做好2023年文明旅游工作的通知》指出:各级文化和旅游部门坚决贯彻落实习近平总书记重要批示精神,持之以恒开展文明培育、文明实践和文明创建,文明旅游工作水平持续提升,要广泛开展文明旅游宣传教育。要利用多种渠道大力普及文明礼仪知识,强化文物和生态保护、制止餐饮浪费等宣传教育,让公共意识、规则意识、节约意识、文明意识深入人心。

本书融合岗课赛证的职业标准,教材内容来源于生活实际和实际工作岗位需求,注重旅游服务的工作过程和岗位特色,注重实践能力的培养,将全国导游资格考证和国际职业礼仪认证内容融入教材。同时,本书系统化地体现鲜明的思政特色,充分在礼仪理论与技能操作中融入课程思政内容,引导大学生树立正能量的价值观,加强爱国主义教育。

本书依据文化和旅游部等十部门《关于深化"互联网+旅游"推动旅游业高质量发展的意见》(文旅资源发〔2020〕81号)的新形势和新特点,以职业教育"三教"改革教育教学理念为指导,高等职业教育专业应用型人才的培养目标,基本框架分为7个项目26个任务,条理清晰、层次分明、结构新颖、内容翔实、流程清晰、案例生动、贴近实际、突出实用性,且配套相应的微课等数字化教学资源网站,既适用于高职高专院校旅游类专业的教学,也适用于旅游企业从业者的职业教育与岗位培训。

本书是广东科学技术职业学院2020年度校级"金课"建设项目"旅游服务礼仪"及子项目"课程思政""课程团队""教法示范"建设项目{文件编号:教务〔2020〕47}、广东科学技术职业学院2020年度校级"课程思政""课堂革命"教学典型案例二等奖成果配套教材,在学习通上建设了在线开放课程,微课资源已放到图书正文相关位置,读者可扫描二维码学习相关微课。

本书由胡晓晶、杨红霞担任主编,邹建辉、朱智、朱瀚担任副主编。本书具体分工如下：胡晓晶编写项目 3、项目 6 和项目 7 的任务 1 和任务 2；杨红霞编写项目 1、项目 2 和项目 5 的任务 2～任务 4；邹建辉编写项目 4；朱智编写项目 7 的任务 3；朱瀚编写项目 5 的任务 1。胡晓晶、杨红霞负责全书统稿。

由于编者水平有限，书中难免有不当之处，还请读者批评指正。

编　者
**2023 年 8 月**

服务礼仪课程宣传片

# 目 录

## 项目1　旅游职业形象准备

任务1　礼仪服务意识引导 ·········································· 2
任务2　仪表礼仪 ·················································· 6
任务3　仪容礼仪 ·················································· 23
任务4　仪态礼仪 ·················································· 38

## 项目2　餐饮接待服务礼仪

任务1　中餐礼仪 ·················································· 52
任务2　西餐礼仪 ·················································· 62
任务3　餐饮服务礼仪 ·············································· 73
任务4　酒水礼仪 ·················································· 80

## 项目3　住宿接待服务礼仪

任务1　前厅接待礼仪 ·············································· 90
任务2　客房服务礼仪 ·············································· 98
任务3　电话礼仪 ·················································· 102
任务4　投诉处理 ·················································· 107

## 项目4　交通接待服务礼仪

任务1　乘机服务礼仪 ·············································· 114
任务2　火车服务礼仪 ·············································· 121
任务3　汽车服务礼仪 ·············································· 126
任务4　邮轮服务礼仪 ·············································· 131

## 项目 5　游览接待服务礼仪

任务 1　见面礼仪 ………………………………………………………………… 138
任务 2　沟通礼仪 ………………………………………………………………… 169
任务 3　接待礼仪 ………………………………………………………………… 179
任务 4　引领礼仪 ………………………………………………………………… 184

## 项目 6　购物、娱乐接待服务礼仪

任务 1　购物休闲礼仪 …………………………………………………………… 192
任务 2　娱乐活动礼仪 …………………………………………………………… 197
任务 3　致谢礼仪 ………………………………………………………………… 205

## 项目 7　涉外国际交往礼仪

任务 1　馈赠礼仪 ………………………………………………………………… 210
任务 2　赞美礼仪 ………………………………………………………………… 216
任务 3　涉外接待礼仪 …………………………………………………………… 220
**参考文献** ………………………………………………………………………… 229

项目1

# 旅游职业形象准备

# 任务 1
# 礼仪服务意识引导

**礼仪名言引入**

人无礼则不生,事无礼则不成,国家无礼则不宁。

——《荀子·修身》

 **任务目标**

(1) 了解礼仪的概念。
(2) 熟悉旅游服务礼仪的概念与作用。
(3) 掌握旅游服务礼仪的原则。

 **任务描述**

小王刚入职某酒店,其上司对他说,你进酒店工作就要懂礼仪、讲礼仪,一切行为都要遵循我们酒店的旅游服务礼仪规范。小王懵了,什么是礼仪?什么是旅游服务礼仪?遵循旅游服务礼仪规范有什么用?

请你在学习本章后回答令小王感到疑惑的问题,并告诉他做一个有礼的酒店员工首先应该遵循哪些旅游服务礼仪原则。

 **任务准备**

(1) 场地准备:多媒体教室。
(2) 用品准备:多媒体课件。
(3) 仪容仪表准备:与课人员着正装,女生过肩长发应扎起。

 **背景知识**

## 一、礼仪的定义

中国自古有礼仪之邦的美誉,礼仪文化源远流长。礼仪的定义一般分为广义与狭义两种。广义的礼仪认为礼仪是社会历史的产物,发源于人类社会形成初期,是人类脱离动物界并形成人类社会以后,在长期的社会实践中逐步形成的。礼仪是社会生活的总规范,包括道德、政治经济制度、思想准则、习俗等内容,礼仪的定义是社会生活方方面面的集中体现。狭义的礼仪则认为礼仪起源于周公制礼作乐,是周公制礼作乐后形成的一系列人人须遵循的处理社会等级关系与协调人际关系的制度性准则,如《周礼》《仪礼》《礼记》。

随着社会的发展、中西方经济文化的交融,中国传统礼仪中调整社会等级关系的作用被逐渐淡化,协调人际关系方面的作用则逐渐强化,西方礼仪中的精华部分被吸收进来,从而形成了中国现代礼仪。本书所涉及的礼仪为中国现代礼仪,是指协调人际关系的一系列行为规范,包括礼貌、礼节与仪式。

## 二、旅游服务礼仪

礼仪通常细分为公务员礼仪、商务礼仪、社交礼仪、服务礼仪等。其中服务礼仪是从事服务行业的人员所应遵循的协调其人际关系尤其是对客服务的一系列行为规范。服务礼仪根据行业的不同分为超市服务礼仪、汽车4S店服务礼仪、电信(移动)营业厅服务礼仪、旅游服务礼仪等。

服务礼仪主要包括仪容、仪态、语言、服饰、岗位操作规范五个部分的内容。由于服务礼仪在仪容、仪态、语言、服饰、岗位操作规范等具体问题上均有详细而明确的规定,服务礼仪与其他礼仪类别相比具有明显的规范性与可操作性强的特点。

旅游服务礼仪是指旅游服务业人员所应遵循的协调其人际关系的一系列行为规范。在本书中旅游服务礼仪主要体现为旅游服务业人员应遵循的协调其与客人关系方面的行为规范,主要由个人魅力篇、服务礼仪规范等内容构成。个人魅力篇由个人形象设计即旅游服务人员仪容、仪表、服饰规范等内容与导游人员形体礼仪两部分组成;服务规范由迎客服务礼仪、语言服务礼仪、餐饮服务礼仪、住宿服务礼仪、旅途服务礼仪、导购娱乐服务礼仪与宗教服务礼仪规范组成。旅游服务礼仪同样具有规范性与可操作性强的特点。

## 三、旅游服务礼仪的作用

随着社会物质文明、精神文明的发展,礼仪在调节人际关系中的作用被人们越来越看重。例如,"有'礼'走遍天下,无'礼'寸步难行""礼仪是人际交往的通行证"等体现礼仪调节人际关系方面重要性的名言不断涌现,并流传甚广。讲礼仪还能体现人们的素养,是个人形象素质的展现,讲礼仪已是每一位公民应遵守的社会公德。通过礼仪来调节人际关系,可能还会产生意想不到的结果:有人因不讲礼仪丢了生意,有人因为重礼仪获得他人的好感而收获甚大,所以社会上又有"礼仪能创造财富"一说,如著名礼仪学家周思敏认为"你的礼仪价值百万"。

旅游业是服务行业,其产品是无形的服务。旅游从业者在提供服务的过程中,通过"旅游服务礼仪"的运用,能够达到以下效果:一是协调好与客户的关系,运用礼仪可弥补自身工作的不足,减少投诉与纠纷,协调好与客户的关系;二是使企业及自身获取更大收益,通过"旅游服务礼仪"的运用体现员工自身的良好素质与企业的美好形象,达到提升个人形象与企业品牌价值的效果,增强旅游从业者及其企业的市场竞争力,从而使个人及企业获得更大的收益；三是展现国家或地区的良好形象，提升游客总体满意度，旅游从业者是服务产品的生产者，同时还是其所在地区与游客间的联系者，是地区甚至是国家形象的代言人，旅游从业者是否讲礼仪、是否懂得运用礼仪直接影响游客对该国家、地区的总体印象与评价，旅游从业人员讲礼仪可以更好地展现其所在地区、国家的美好形象。

## 实训内容

在旅游工作中，旅游服务工作者应遵循以下3个服务礼仪原则。

### 一、保持良好的心态

旅游从业人员拥有良好的心态，可以更好地通过旅游服务礼仪展现其自身素质，体现企业的良好形象，从而起到事半功倍的作用。相反，服务人员若持有不良心态，则表现出低素质，损害企业形象。旅游从业人员要保持良好的心态，应做到以下几点。

（1）热情主动。热情主动服务是指服务人员面对服务对象时应主动、热情、积极、细致、周到、耐心、真心实意地提供服务。拥有热情服务心态的员工会使服务对象产生亲和感，容易使服务对象感受到温暖。相反，冷漠被动服务的员工往往使服务对象产生距离感，不认同其服务品质。

（2）平等待人。进入大众化旅游时代，旅游从业人员往往会接触更多不同层次的服务对象，切忌面对不同的服务对象提供不同层次的服务，厚此薄彼，从而引起部分客人的不满，制造纠纷，影响自身与公司的形象。

（3）海纳百川。旅游从业人员往往会遇到不同行业、不同国籍、不同层次的游客，同时会见到客人们形形色色的表现，应持海纳百川的心态去面对不同的游客，切不可讪笑、讥笑或看不起客人。

（4）互利双赢。在现代服务业中，客人非常注重服务人员对自己的态度与付出，大多数客人会根据服务人员的态度与努力程度给予物质上或精神上的鼓励，服务人员付出越多，收获越大，从而达到互利双赢的效果。虽然有时服务人员的努力付出没有得到相应的回报，但是如果服务人员一直以消极的态度对待客人，只考虑自己而忽略客人，只做对自己可能有利而损害客人利益的事情，就很有可能出现两败俱伤的情况。

（5）善于感恩。善于感恩的员工往往会拥有更积极的心态去对待自己的同事、领导、客人；反之，则会更易传播"负能量"，以消极的心态去对待工作与他人。

（6）尊重他人。尊重是礼仪的核心，没有尊重，礼仪就失去了意义。古人云"敬人者，人恒敬之"，想要得到别人的尊重首先应尊重别人。旅游从业人员尊重游客，是自身良好素养与品质的体现，也是与游客打开交际之门的基础。尊重主要通过以下方面来体现：①真诚待人，即真诚地对待他人；②遵守时间，信守承诺；③按礼仪规范行事；④尊重他人的风俗习惯、宗教信仰。

### 二、审美原则

旅游服务礼仪中的仪容、仪态与服务规范都体现了审美原则，旅游服务人员的仪容、仪态与服务规范都应展现审美的特性，做到仪容整洁悦目、仪态端庄优雅、语言礼貌幽默、服饰得体、服务规范合理,从礼仪中体现其审美情趣,让游客感受到美的享受与服务,给游客带来精神上的满足。

### 三、规范化原则

旅游从业人员应遵守规范化原则,如仪容礼仪规范、仪态礼仪规范、岗位服务礼仪规范等。规范化服务是体现一个旅游企业形象的最显著的形式,如餐厅员工穿着整齐划一、美观得体,会得到游客的好评,而员工披散头发会给游客带来食物不干净、餐厅档次不高的感觉;导游人员打扮过于艳丽会带来不必要的困扰。服务过程操作不规范会导致客人的不满与投诉,直接损坏服务人员与企业的形象。所以旅游从业人员应认真学习礼仪规范,做到规范行事。

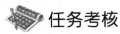
## 任务考核

（1）简述什么是礼仪及旅游服务礼仪。
（2）学习旅游服务礼仪有什么作用?
（3）旅游服务礼仪的原则是什么?

|| 趣味常识 ||

### 中国式礼貌带来的小尴尬

生活在法国,要时时刻刻留心,特别是与人交谈的时候,某些在国内看似正常的做法,在这里就可能是错的。一天,我和朋友去郊外的一个教堂。因为是第一次去,我们迷路了。在一个十字路口等红灯时,正巧有一对看上去七八十岁的老夫妻朝我们走来。我迅速放下车窗,非常礼貌地对他们大喊:"PAPIE、MAMIE(这俩词翻译过来差不多是老爷爷、老奶奶的意思),对不起,请问你们认不认识×××路?"谁知,老夫妻竟望了望我,沉默了几秒钟后,愣是没回答我。朋友马上把车子停在一边,下车问他们:"真对不起,女士和先生,你们是不是知道×××路?"只见老人家熟练地举起手臂给朋友指明了方向。等朋友上车,我就迫不及待地问他:"刚才我说的法语有中国口音吗?是不是他们听不懂?要不然怎么会待在那儿不回答我?可你去的时候,却能回答你?"朋友笑着反问我说:"其实你的法语根本没口音,说得不错,再好好想想,他们为什么不回答你呢?"我实在搞不懂这里面的奥秘所在,抓了抓头皮问朋友:"他们难道是排斥外国人的法国人?"朋友听了大笑,说:"告诉你吧,就因为你叫他们'PAPIE、MAMIE'呀!"我叫的不应该吗?在中国,就连5岁的小孩子都知道应该怎么称呼长辈才是有礼貌的,如果叫他们"先生和女士"的话,反而令人受不了。朋友很是理解我的"苦衷",但是在法国他们会觉得我是在说他们"老"!在法国,人与人之间很忌讳"老不老"这种话题,因此我的中国式礼貌反而害了我。

# 任务 2　仪表礼仪

## 任务 2.1　色彩定位

**礼仪名言引入**

美德是精神上的一种宝藏,但是使它生出光彩的则是良好的礼仪。

——约翰·洛克

 **任务目标**

(1) 认识色彩在个人形象定位中的重要性。
(2) 了解色彩定位的内容。
(3) 掌握色彩定位的方式。

 **任务描述**

请根据个人外在形象选择适合自己的服饰颜色和妆容色彩。

 **任务准备**

(1) 场地准备:多功能礼仪实训室。
(2) 用品准备:色相环、色调图或色布。
(3) 仪容仪表准备:与课人员着正装,女生过肩长发应扎起。

 **背景知识**

科学研究表明,就像自然界的一切生物都有自己的颜色一样,我们的身体也是有颜色的,我们体内与生俱来具有决定性作用的是核黄素——呈现黄色;血色素——呈现红色;黑色素——呈现茶色。核黄素和血色素决定了一个人肤色的冷暖,而肤色的深浅明暗由黑色素决定。我们的眼珠色、毛发色等身体色特征,也都是由这三种色素的组合而呈现出来的结果。在看似相同的外表下,我们每个人在色彩属性上是有差别的。即使晒黑了,脸上出现瑕疵,或者皮肤随着年龄的变化而逐渐衰老,我们每一个人也不会跳出既定的"色彩属性"。

## 一、个人色彩分析

### （一）基本色彩分类

（1）三原色：红、黄、蓝。有了这三种颜色，其他颜色都可以被调配出来。

（2）二次色：当三原色两两相加，会产生新的三个色彩，红加黄等于橘色、红加蓝等于紫色、黄加蓝等于绿色。这三个新的色彩：橘色、紫色和绿色被称为二次色。

（3）暖色系与冷色系：包含黄色的色彩称为暖色系，包含蓝色的色彩称为冷色系。正红、正绿称为中间色；偏黄的红，如橘红、砖红以及所有带咖啡色的红，都属于暖色；偏蓝的红，如粉红、紫红和酒红，都属于冷色。绿色则要看其中黄与蓝的比例，黄色较多的苹果绿、橄榄绿和草绿都属于暖色；蓝色较多的土耳其绿、墨绿和薄荷绿都属于冷色。色相环如图1-1所示。

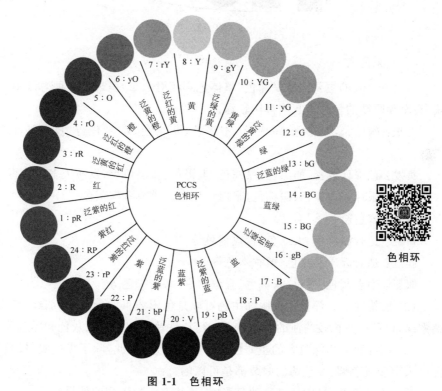

图1-1　色相环

### （二）应用色彩的三大元素（见图1-2）

（1）明度：色彩的明暗程度，可分为深、浅。

（2）色相：色彩的"相貌"，可分为冷、暖。

（3）纯度：色彩的鲜艳程度，是指色彩的饱和度，可分为艳、浊。

## 二、个人色彩与服装、妆容色彩

基于对色彩的基本认识，下面将阐述个人的特点与色彩搭配。

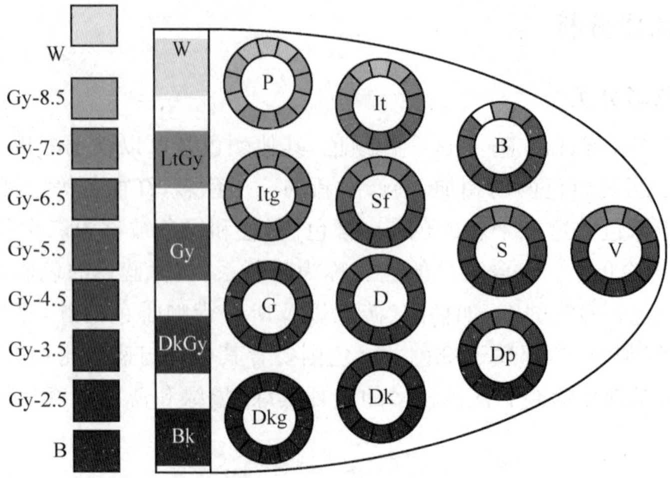

图1-2 色调图

### （一）深色人

深色人给人的主要印象是深色，整体色彩相对浓重，呈现出一种力量感。深色人的皮肤、头发和眼睛的色彩看起来都比较深。

皮肤：颜色深，如黑色、橄榄色、古铜色、灰褐色、深米色等，皮肤质地暗哑，没有透亮感。

头发：色深且浓密，如黑色、黑棕色、黑褐色、蓝黑色等，发质大多比较粗、硬。

眼睛：眼珠多为黑色、深棕色，眼白略显青灰色或者棕灰色。

(1) 妆容色彩。

口红：适合酒红色、大红色、青玫瑰色等。

腮红：适合天竺葵红色、檀香木色等。

眼影：适合灰色、桃红、灰棕色、香槟白色、海水绿色等。

(2) 服饰色彩。深色人的服饰主色可以是色彩浓重的紫色、番茄红、皇家蓝、柠檬黄、翡翠绿，也可以是比较暗浊的蓝黑色、鸭绿色、铁锈色、灰褐色、灰色和黑色等。

(3) 搭配色彩。深色人的主要色彩特征是深色，因此，除了极端暖、极端冷的色彩外，深色人穿着暖色调、冷色调的服装都是可以的。

深色人的服装，搭配纯度高的色彩时，往往有意想不到的效果。

深色人不适合穿着浅色，如浅粉、浅蓝、淡绿、中黄、薰衣草等颜色的服装，也不要全身上下彩度都一样，会显得暗淡无比。当深色人穿错颜色时，脸上会有浮肿感，肤色暗哑，不均匀，五官立体感差，整个人看上去无精打采。

### （二）浅色人

浅色人整体看起来浅淡柔和，肤色、发色、瞳孔色的色差相对比较弱，浅色人同样有偏暖色和偏冷色之分。

皮肤：颜色浅，如米色、象牙白色、浅粉色等，可能会有些苍白，但整体感觉很柔和。

头发：发质感柔和，多呈现棕色、棕褐色、灰棕色，即使是黑色，也会是柔和的黑色。

眼睛：眼珠多呈现灰棕色、褐红色、灰黑色，眼白呈清白色或者乳白色。

(1) 妆容色彩。

口红：选择浅橘色、天竺葵红等。

腮红：选择芒果红、柔和的粉红等。

眼影：选择灰色、桃色、灰褐色、香槟白色、烟熏蓝、海水绿色等。

(2) 服饰色彩。浅色人的服饰主色可以是浅蓝、浅绿、浅黄、浅红、浅紫、浅灰，还可以是天空蓝、蓝绿色、灰黄色、珊瑚色、桃色、西瓜红、草莓红、玫瑰红、薰衣草紫、灰褐色、可可色等。也可以选择柔和的白色、有灰度的深蓝色。

(3) 搭配色彩。浅色人的主要色彩特征是浅淡色，要整体看起来很柔和，色彩明度为中到浅，因此，浅色人选择不暖不冷的色调会很出彩。

浅色人根据自己的浅色特点，可以选择艳色、冷色、暖色、浊色作为自己的搭配色。

浅色人不适合穿铁锈红、深绿、暗蓝、黑色、橘红等颜色，不适合穿对比强烈的色彩，否则会使自己显得更弱；也不要全身上下彩度都一样，会显得平淡无趣。

### (三) 冷色人

冷色人的头发、眼睛、皮肤整体看起来有一种灰冷的感觉，有一定的距离感、力量感。冷色人的整体色彩既不像深色人那样厚重，也不像浅色人那样柔和。

皮肤：有一种青、粉或者灰的倾向，如清白色、灰褐色、玫粉色等。

头发：多为蓝黑色、黑色、黑褐色、栗子色、灰色等，整体呈现灰蓝的色泽。

眼睛：眼珠多为黑色、黑棕色、玫瑰褐色等。

(1) 妆容色彩。

口红：选择玫瑰紫、天竺葵红等。

腮红：选择天竺葵红、柔和粉红色等。

眼影：选择香槟白、灰色、烟熏蓝色、桃粉色、灰棕色等。

(2) 服饰色彩。冷色人的服饰主色有：深蓝、正蓝、皇家蓝绿色、翡翠绿、蓝红色、酒红色、正红色、洋红色、玫瑰红色、粉红色、紫色、常春藤紫色、灰色、黑色、白色、浅灰褐色、银色等。

(3) 搭配色彩。冷色人的主要色彩特征是冷色，色调位于中间色到深色之间，因此，纯正的色彩和冷色搭配效果奇佳。如果想搭配暖色穿着，须控制面积和位置，且暖色要远离面部等裸露皮肤。冷色人不适合穿鸭绿色、金黄色、橘色、暖红色、金褐色、驼色等颜色的服装。

### (四) 暖色人

暖色人给人的主要印象是暖色，整体色彩非常温暖，呈现出一种暖黄色泽。暖色人的头发、眼睛、皮肤大多（至少两项）带有棕黄的特点。

皮肤：不太深也不太浅，有小麦色、金米色、橄榄色、古铜色等，偶有雀斑。

头发：呈现明显的温暖感，有黑棕色、赤褐色、金棕色、栗子色等。

眼睛：眼珠多为暖黑褐色、棕红色、深赭色等,眼白略显淡褐色、金粉色。

(1) 妆容色彩。

口红：选择杏桃红、蜂蜜褐红。

腮红：选择芒果红、豆蔻红等。

眼影：选择香槟白、海水绿、桃色、灰褐色、苔绿色等。

(2) 服饰色彩。暖色人的服饰主色既可以是橘红色、番茄红、砖红色、紫色、茄紫色、金黄色、棕黄色、浅黄色、鸭绿色、草绿色、苔绿色、橄榄绿色、海军蓝色、常春藤蓝色,也可以是卡其色、驼色、茶色、褐色、暖灰色等。

(3) 搭配色彩。暖色人适合选择中间色调到深色调的服装。在整体搭配中加入部分柔和的冷色,也会有意想不到的效果。暖色人不适合穿天蓝色、翡翠绿、粉红、蓝灰、西瓜红等颜色的服装。

### (五) 艳色人

艳色人给人的整体印象非常清晰,比如肤色较浅、头发颜色偏深、五官清晰有立体感、骨骼感强,色彩处在中偏深的位置。

皮肤：颜色较浅,皮肤质地较细腻有透亮感。

头发：发色深,呈黑色、黑棕色、黑褐色等深色特点,与浅色皮肤形成鲜明对比。

眼睛：眼珠多为黑色、棕黑色、黑褐色,与明亮清澈的眼白产生强烈对比。

(1) 妆容色彩。

口红：选择天竺葵红、肉粉色等。

腮红：选择天竺葵红、檀香木色等。

眼影：选择灰色、烟熏蓝色、桃色、灰褐色、香槟白色、海水绿色等。

(2) 服饰色彩。艳色人的服饰主色可以是色彩清纯的正蓝色、海蓝色、常春藤紫、紫色、天竺葵红、正红色、牡丹红、粉红、珊瑚粉、橘色、柠檬黄、正绿色、翡翠绿、土耳其绿、蓝绿色等,还有黑、白等。

(3) 搭配色彩。艳色人的主要色彩特征是色彩鲜亮、纯正,整体看起来清澈不混浊,有强烈的对比感。艳色人不适合穿蓝灰色、橄榄绿、古铜色、砖红色等灰浊色彩的服装。

### (六) 浊色人

浊色人给人的整体印象是色彩饱和度低,即色彩的纯度不高,有点"灰"的感觉。

皮肤：颜色不太深也不太浅,肤色不透明,有一定的灰度。

头发：发色呈黑棕色、灰棕色、柔和的黑色、灰褐色、古铜色等。

眼睛：眼珠多为棕黑色、玫瑰棕、灰棕色、中褐色等,眼白柔和对比性弱。

(1) 妆容色彩。

口红：选择酒红色、旧玫瑰红等。

腮红：选择芒果红、檀香木色等。

眼影：选择灰紫、嫩桃红、灰褐色、香槟白色、海水绿色等。

(2) 服饰色彩。浊色人的服饰主色可以是桃红色、珊瑚色、铁锈红、番茄红、深酒红、玫瑰红、粉红、淡黄、金黄、绿玉色、灰绿色、橄榄绿、蓝绿、灰蓝、海军蓝等,也可以是灰色、巧克力色、灰棕色、米色等。

(3) 搭配色彩。浊色人的主要色彩特征是"灰"色调,使整体看起来不清澈,色泽丰富而柔和。浊色人的服装搭配讲究整体和谐统一,不宜色彩鲜艳或采用强对比色。

 **实训内容**

### 一、色彩分析 DIY

以下是简易版的 DIY 测试,可以依照下列问卷作答,找出适合自己的色系,如表 1-1 所示。

表 1-1 色彩分析 DIY

| 测试内容 | 回答 | 特征 | 选项 |
| --- | --- | --- | --- |
| 外貌检视 | | 我的皮肤有点 | a.偏黄;b.不太黄(微青、粉红、非常白皙) |
| | | 我的皮肤晒黑后变成 | a.古铜色(健康肤色);b.灰色(看起来有点脏) |
| | | 我的头发 | a.带点咖啡色;b.纯黑 |
| | | 我的眉毛 | a.带点咖啡色;b.接近纯黑 |
| | | 我的眼珠 | a.看得出咖啡色;b.非常接近黑色 |
| 用色经验 | | 我涂上 | a.橘色系;b.粉红色系　口红比较好看 |
| | | 我穿上 | a.乳白色;b.纯白　上衣比较好看 |
| | | 我戴上 | a.金色;b.银色　项链耳环比较出色 |
| | | 我戴上 | a.金色;b.银色　眼镜比较出色 |
| | | 我穿上 | a.橘色;b.紫色　套头毛衣比较好看 |
| | | 我穿上 | a.咖啡色;b.黑色　外套气色更出色 |

对于表 2-1 中的问题,如果答案以 a 居多,属于暖色系;如果答案以 b 居多,则属于冷色系。

但如果答案几乎是各半,则需要用实务检测法,女性可以用口红来检测,涂橘色口红比较好看的人属于暖色系,涂粉色口红比较好看的人是冷色系;男性可以用白 T 恤来检测,穿纯白好看的人是冷色系,穿乳白好看的人是暖色系。

### 二、四形色彩分析

(1) 每个人都有先天的外在条件,色彩上可分为冷暖两大类,如表 1-2 所示。

表 1-2 暖色与冷色分析

| 　　　　分类<br>特征　　 | 暖色的人 | 冷色的人 |
| --- | --- | --- |
| 肤色 | 偏黄 | 纯白、粉红、偏青 |
| 发色 | 带咖啡色 | 接近纯黑 |
| 五官 | 眉色与眼珠都带咖啡色 | 眉较黑,眼珠较深 |

注:如肤色与发色呈现矛盾现象,以肤色为准。

（2）根据个人不同的内在、外在特质，又可分为强对比与弱对比两大类，如表1-3所示。

表1-3　强对比与弱对比分析

| 特征 \ 分类 | 强对比的人（简称鲜艳） | 弱对比的人（简称柔和） |
| --- | --- | --- |
| 外在 | 五官较大或鲜明 | 五官较小或柔和 |
|  | 发肤深浅强对比 | 发肤深浅弱对比 |
| 内在 | 个性较强 | 个性温和 |
|  | 活泼外向 | 保守内向 |

注：如内在与外在特征相反，内在影响较大。

任务考核

（1）在色调图中找出自己的色彩定位。
（2）为自己选择一套服饰。
（3）为自己选择彩妆用品的色彩。

▌▌趣味常识▐▐

### 颜色可以将物体放大或缩小

你听说过立体色和收缩色吗？像红色、橙色和黄色这样的暖色，可以使物体看起来比实际大。而蓝色、蓝绿色等冷色系颜色，则可以使物体看起来比实际小。物体看上去的大小，不仅与其颜色的色相有关，明度也是一个重要的影响因素。

红色系中像粉红色这种明度高的颜色为立体色，可以将物体放大。而冷色系中明度较低的颜色为收缩色，可以将物体缩小。像藏青色这种明度低的颜色就是收缩色，因而藏青色的物体看起来就比实际小一些。明度为零的黑色更是收缩色的代表。例如，女同事穿黑色丝袜，我们就会觉得她的腿比平时细，这就是色彩所具有的魔力。实际上，只是女同事利用了黑色的收缩效果，使自己的腿看上去比平时细而已。可见，只要掌握了色彩心理学，就可以使自己变得更完美。

此外，如能很好地利用收缩色，就可以打造出苗条的身材。搭配服装时，建议采用冷色系中明度低、彩度低的颜色。特别是下半身穿收缩色时，可以收到立竿见影的效果。下身穿黑色，上身内穿黑色外搭其他收缩色的外套，敞开衣襟效果也很不错。纵贯全身的黑色线条也非常显瘦。可是，虽然黑色等于苗条，但是如果从头到脚一身黑的话，也不好看，会让人感觉很沉重。黑色短裤配白色T恤衫是比较常见的搭配方式。如果反过来，白色短裤配黑色T恤衫，就会立刻显得很新潮。白色短裤、白色T恤衫并外罩黑色衬衫的话，也很时尚。

# 任务 2.2　发型设计

> **礼仪名言引入**
>
> 一个人的礼仪，就是一面照出他肖像的镜子。
>
> ——歌德

## 任务目标

(1) 了解发型设计的重要性。
(2) 认识发型设计的原则。
(3) 掌握基本的简易盘发技巧。

## 任务描述

为自己设计一款生活发型和一款职业发型。

## 任务准备

(1) 场地准备：多功能课室。
(2) 用品准备：脸型图、扎头发用具。
(3) 仪容仪表准备：与课人员着正装，女生要化淡妆，束发或盘发。

## 背景知识

"发型是人的第二张面孔"，在正常情况下，人们观察一个人往往从"头"开始，好的发型，外秀头型，内修脸型。发型应与身高、气质、职业背景和场合相匹配。曾有礼仪专家指出，当人们与一位商务人员碰面时，最吸引对方的主要是发型、妆容和饰品等。

### 一、与发质相配

发质，即头发的性质。硬发即又粗又硬、稠密有弹性的头发，在选择发型时，要"删繁就简"；软发软而细，不稠密，弹性不大，不宜塑造外观平直的发型；沙发即干涩稀疏，灰暗无光，不宜塑造中、长类型的发型；卷发自然呈现弯曲的发质，可任意塑造发型。

### 二、与体形相配

体形高大者可选择多种发型，包括直短发、披肩发、波浪式卷发等；体形矮小者可选择短发，以便造成视觉的"显高"效果，禁忌披发及腰，以免令自己显得更加矮小；瘦小者可以做蓬松的发型，如波浪卷发或梨花头等；胖者不可以将头发做得蓬松丰厚，最好露出双耳。

## 三、与年龄相配

青年人的发型应该彰显"青春和活力";中年人的发型应该彰显"干练成熟",不能"卖老",不能"装嫩"。

## 四、与职业相配

职场不同,发型要求也不同,但整体而言,职场上,男士的发型要体现简洁大方的原则,具体要求是男士的头发以 5~6 厘米长度为宜,前发不能覆盖额头一半,侧发不遮盖耳朵,后发不长于后发际线,鬓角不长于耳朵的中部;注意平时用定型美发产品定型,以免造成蓬松随意之感。女士头发应当梳理得当,在正式场合,要求露出眉毛,束发或盘发,减少发型中随意和松散的感觉,以打造干练的形象。

## 五、与脸型相配

### (一)男士

(1)方形脸的发型选择。方形脸又称国字脸,一般给人的视觉印象是脸盘较大,脸部轮廓也呈扁平感。这种脸型掌握整发的要诀就是"避免蓬松",如烫过卷的头发会让脸显得更大。在梳理头发分线时也要避免"中分",以左右旁分为佳,若要特别吹整头发,不妨将发尾吹整为大波浪,这样可缓和整个头型曲线,消除方形脸的刻板感觉。

(2)圆形脸的发型选择。圆形脸容易给人迟钝的感觉,在职场上可能因为这样的感觉而损害专业形象。这种脸型的整发要诀就是"轻快、简洁",一般印象中的简洁七分头反倒不适合圆形脸,最佳的长度应该是中长,并且在前额剪出打薄的刘海,这样的直短发可以让人看起来更专业。

(3)倒三角形脸的发型选择。拥有倒三角形脸的人,容易让人产生不易亲近的感觉,所以设计发型的重点在于抵消这种不亲和的印象。倒三角形脸的男士,发型选择最重要的一个原则是避免将整个头发向后梳理,因为这会让倒三角形的脸更加明显,稍有刘海并将两侧头发打薄,避免头发蓬松,就不会让人感到上半部脸过宽了。

(4)长形脸的发型选择。长形脸会让人感觉忧郁、老成,所以发型设计的重点在于如何让头型变短些,从而显得更有活力与朝气。理想的发型是将前面的刘海留长,然后采用旁分法将刘海向两侧自然分开梳理,这样在前额会产生自然的大波浪,这是自然地让头型变短的方法,但是要避免将两侧头发打薄。

### (二)女士

(1)棱角形的脸型——菱形。菱形脸的发型设计如图 1-3 所示。

脸型特征:突出颧骨、前额窄、下巴尖。

发型建议:以有角度的发型强调颧骨;以刘海增加前额的宽度;颧骨附近的头发保持平直;在下巴部分创造丰盈的感觉。

(2)棱角形的脸型——方形。方形脸的发型设计如图 1-4 所示。

脸型特征:方形下颚线,两颊成直线。

图 1-3　菱形脸

图 1-4　方形脸

发型建议：采用不对称的风格，几何形修剪，强调角度；在头部的上方加高，拉长脸型；建议发线偏分或增加刘海；两颊旁的头发应丰厚，强调脸颊。

（3）棱角形的脸型——长方形。长方形脸的发型设计如图 1-5 所示。

图 1-5　长方形脸

脸型特征：长脸型，方形下颚。

发型建议：强调角度，尝试不对称风格，几何形修剪；以刘海或偏分发型缩短脸型；两颊弯的头发要丰厚，强调脸颊；头部上方不要加高或加厚。

（4）棱角形的脸型——三角形。三角形脸的发型设计如图 1-6 所示。

脸型特征：窄下巴，突出的颧骨，宽额头。

发型建议：以有角度的发型强调脸颊；使用偏分或刘海使前额变窄；两颊旁的头发保持平直；下颚处的头发加厚。

图 1-6　三角形脸

（5）曲线形的脸型——圆形。圆形脸的发型设计如图 1-7 所示。

图 1-7　圆形脸

脸型特征：柔和的下颚线，柔和的两颊，颧骨不明显或完全看不出来颧骨。

发型建议：以柔和的发型强调曲线感。以加长的发型平衡领口和脸部比例；头发上方加厚；把头发拉到两颊，让脸部变窄；添加不对称的重点设计。

（6）曲线形的脸型——心形。心形脸的发型设计如图 1-8 所示。

图 1-8　心形脸

脸型特征：前额宽，下巴窄。

发型建议：强调柔和性与曲线感；使用偏分柔和、窄化前额；将头发拉到两颊处，使两颊变窄；头发的长度要够，才能使下颚线变得比较柔和。

（7）曲线形的脸型——梨形。梨形脸的发型设计如图 1-9 所示。

脸型特征：额头较窄，脸颊饱满，下颚线条宽阔。

发型建议：强调柔和的线条；发型在额头部分要做得饱满、有分量感，以此来平衡下颚的宽度；将部分头发遮在脸颊两侧，让两颊看起来窄一点；头发最好能稍长一点，留至

项目 1　旅游职业形象准备　17

图 1-9　梨形脸

下颚两侧,使下颚线条更柔和。

(8) 曲线形的脸型——椭圆形。椭圆形脸的发型设计如图 1-10 所示。

图 1-10　椭圆形脸

脸型特征:下颚线柔和,两颊不明显,前额发线呈圆形。

发型建议:运用柔和的风格,添加些微妙的角度来制造趣味感。

## 实训内容

小芳头发乌黑,但是发质细软,身高 1.60 米,圆脸,额头发际线上有一处黄豆大小的伤疤,眉毛淡并耷拉下来,她明天将要面试,请为她设计一款合适的发型。

## 任务考核

为你的同学设计一款适宜的发型,并相互点评。

## 趣味常识

### 非洲的奇异发型

古埃及——非洲大陆第一个文明国家。在那里自由人可以剃头和拔除体毛。按现在通常的说法,是为了清洁,其实未必正确。埃及人剃头首先考虑的还不是身体的卫生,而是清洁出一个地方向其他人和上帝传递信息。

太阳造型的发式是埃及最重要的时髦装饰,在非洲大陆广为流传。从北非的盾形头饰、面具到中非的大毛扇都能体现出这一点。而非洲最为古老的发型是光头或短发头,至今依然是非洲男人最为普遍的发型。有70%的非洲妇女戴假发。用光亮的暗色头发制作的假发越来越多地受到欧洲人的青睐。

17—19世纪的君主时代,非洲的理发艺术达到了鼎盛。那时候假发并不流行。发型制作立足于本身的头发。去理发店理发不仅仅是因为要参加宗教仪式、婚礼或葬礼,更是为了不再受身份的约束而竭力追求表现自我。当时,在非洲,扇形头部装饰占主导地位——它继承了古埃及"太阳光线"的造型。但是用自己的头发制造成巨大的扇形并且始终保持这种"帆形"状态,想必是不可能的。于是理发匠对这一发型进行了改革。一些地区(如几内亚、马里)"帆形"造型朝纵向的"凤头"(易洛魁形)发展。而刚果的艺人则想出宏大的"瀑布发型"(卢巴语发"米卡达")——由细辫子向后脑勺散落组成。这种发型结构可维持50个小时之久。

也就是在这一时期出现了许多了不起的理发师和理发店。在制作发型时,他们利用不同色调和植物甚至矿物固定剂。理发店还为顾客提供各种各样的装饰品:梳子、珠子、羽毛、辟邪物等,但是只有富裕的人才能选用这些东西。理发高手比军人还荣耀。刚果至今依然以有这样的高手而自豪。在南非的许多城市,几乎60%戴假发的人是刚果人,只是他们不再用笨重庞大的发型,而采用非洲各地所创作的发型。非洲从事假发制作的理发师的收入就是在今天也高于士兵、警察和一些警卫人员,没有人对此抱怨和嫉妒。

一种为知识界人士所设计的艺术造型被称为"埃弗罗"。"埃弗罗"发型类似非洲黑人天生的、呈圆形的蓬松卷发。这是个头发落在脑袋周围的蓬松轻盈的帽状顶盖式发型,是一种通用的发型。它可与民族服装相搭配,也可与西装相搭配。它虽然具有鲜明的非洲特点,但在欧洲同样受到欢迎。问题是,这种发型每天都得修整一次,虽然只需要简单的梳理,而且理发师还提醒"完全没有必要每次保持它",但是它的流行在某种程度上还是受到了限制,因为根据统计,当今60%的人都没有每周理发、整发一次的习惯。

"埃弗罗"源于西非。这种发型有许多变体。最高贵的一种是在梳齐头发的基础上进行造型,被称为"香蕉树"(bananas),其发型就像一串串香蕉。当地最有权势的夫人——喀麦隆总统夫人尚塔尔·比亚女士的头发就是这种造型。尚塔尔·比亚女士被人誉为"非洲之母",是当地受人爱戴的和公认的时装立法者。非洲无数贵妇人竞相模仿。全世界的很多贵妇人都爱选择某种"香蕉树"的发型。

在非洲,将头部打扮成"香蕉树"会使人一整天都显得高贵无比,正像有人说的"它是个人财富最廉价的表达方式"。

非洲东部的发型与"埃弗罗"对立,其代表发型是"德莱德"(dread)或"恐怖卷发"——是生活放荡不羁人士的发型,它模仿天生的杂乱的头发,为东非首创,在牙买加它被称作"重返非洲"。像是故意与"埃弗罗"作对一样,它不需要每天梳理,披头散发是它的原则。

西部理发师以阿拉伯人、欧美人即"其他民族"的发型为样本设计发型,而东非则视自然为创作的灵感之源。"西部看人,东部看物(自然)"这一说法,颇能帮助我们理解非洲东、西部理发师的各自不同艺术风格的成因。例如,马萨伊人的发型,是由几百束非常细的头发构成的,一直垂到腰部,它模仿的是自然界动物。马萨伊人相信,他们的民族祖先是狮子,所以头发是男人刚毅的象征,而妇女应该像母狮一样不留长发,剃光头。曾经是游牧民族的马萨伊人如今成了洁癖者,他们一整天都在梳理自己的长发。可是在100年前,这个民族部落的人还在用一种"保护霜"涂抹自己凌乱的卷发,以驱赶"恶神"。

现在他们不愿返回"野蛮"的往日。年轻的马萨伊人装饰起头部来比谁都强。开设在马萨伊·马尔公园的三家理发厅,每天都会吸引不少的外国游客,给他们带来了可观的收益。

还有一种"德莱德"的变形可以算是美洲"野性(wild)"发型的代表。这是一种不经梳理的、非定型的、和几绺卷发构成的发型,风靡各个国家,形成了艺术时尚。它称得上是非洲最性感的发型之一。

## 任务 2.3  肢体修饰

**礼仪名言引入**

君子以仁存心,以礼存心。仁者爱人,有礼者敬人。爱人者,人恒爱之,敬人者,人恒敬之。

——孟子

### 任务目标

(1) 认识肢体修饰的重要性。
(2) 了解并掌握肢体修饰的要求和要点。

### 任务描述

请根据自己的实际情况(身份、角色、喜好等)为自己选择肢体的配饰。

### 任务准备

(1) 场地准备:多功能礼仪实训室。
(2) 用品准备:相关肢体配饰。
(3) 仪容仪表准备:与课人员着正装,女生要化淡妆、检视自己的配饰是否正确。

### 背景知识

肢体是人与人交往过程中,除语言、表情外,运用最为广泛的身体部位。肢体语言较之非肢体语言的使用频率更高,因此,注重肢体修饰,在某种程度上就是重视第二语言。

## 一、肢体的清洁

### (一)上肢的清洁

(1)应养成勤洗手的好习惯,并注意手部保养。

(2)不宜留长指甲,指甲的长度不应超过手指指尖。应经常修剪指甲并保持清洁,指甲缝中不能留有污垢。绝对不要涂有色的指甲油。在工作期间尽量少染甲或美甲,即便选择染甲或美甲,也应该选择简单、素雅的,以免五颜六色的指甲在视觉上给别人以强烈的刺激,造成其心理上的反感,在一定程度上损坏稳重的形象。

(3)在工作场合,一定要剔除或脱去腋毛,以免不雅。鼻毛不能过长,体毛必须修整。

### (二)下肢的清洁

(1)脚部的保养清洁:勤洗脚,勤换袜,勤换鞋,涂抹护肤品。这样既可减少脚上异味,也有益于身体健康。

(2)下肢穿着要点:不要光脚,不要光脚露趾,不要露脚跟。

## 二、肢体修饰礼仪

### (一)上肢修饰礼仪

1. 戒指

一只戴在左手,而且最好只戴一枚,最多戴两枚。戴两枚戒指时,可戴在左手两个相连的手指上,也可戴在两只手对应的手指上。戒指的佩戴可以说是一种沉默的语言表达,往往暗示佩戴者的婚姻和择偶状况。戒指戴在中指上,表示已有意中人,正处在恋爱中;戴在无名指上,表示已订婚或结婚;戴在小手指上,表示自己是一位独身者;戴在食指上,表示无偶或求婚。有的人手上戴了好几个戒指,为了炫耀财富,这是不可取的。

2. 手链

手链是一种佩戴于手腕上的链状饰物。与手镯不同的是,男女均可佩戴手链,但一只手上仅限戴一条手链。

在普通情况下,手链应仅戴一条,并应戴在左手腕上。在一只手腕上戴多条手链,或双手腕同时戴手链,或手链与手镯同时佩戴,一般是不允许的。在一些国家,所戴手镯、手链的数量、位置,可用于表示婚否。它与手镯均不应与手表同戴于一只手腕上。

3. 手镯

手镯是一种佩戴于手腕上的环状饰物。佩戴手镯,是为了展示手腕与手臂的美感,故二者不美者应慎戴。男士一般不戴手镯。

手镯可以只戴一只,也可以同时戴上两只。戴一只时,通常应戴于左手腕。戴两只时,可一只手腕戴一只,也可以都戴在左手腕上。同时戴三只手镯的情况比较罕见。

### (二)下肢修饰礼仪

1. 裙子

裙长应在膝盖上下2厘米处,不宜过短。

## 2. 袜子

正式的场合不光腿,尤其是隆重、正式的庆典仪式;袜子不能出现残破;穿裙子应当配长筒袜或连裤袜(忌光脚),颜色以肉色、黑色为宜,若穿长裤,可配肉色短袜;袜口不能露在裙摆或裤脚外边(忌"三截腿")。

## 3. 鞋子

着正装时,以高跟、半高跟牛皮鞋为宜,宜穿跟高3~6厘米的皮鞋,不能露脚趾,也可选择颜色与裙摆一致或稍深的颜色。

## 4. 脚链

脚链是一种佩戴于脚踝部位的链状饰物,多为青年姑娘所喜爱,主要适用于非正式场合。佩戴脚链,意在强调脚腕、小腿等相关部位的长处,若此处无美可陈,或是缺点较多,则切勿佩戴。

脚链一般只戴一条,戴在哪一只脚腕上都可以。若戴脚链时穿丝袜,则应将脚链戴在袜子外面,以使其更为醒目。把脚链戴在袜子里面,不仅其作用不能发挥,而且会令人误以为自己脚腕"静脉曲张"。

### 实训内容

请组成"纠错"小组,在规定时间内检查班里同学的肢体及其配饰存在的错误,发现错误多者为胜利一组。

### 任务考核

请根据自己的实际情况(身份、角色、喜好等)为自己选择肢体的配饰。

---

| 趣味常识 |

#### 戴戒指的讲究

戴戒指是有讲究的。按西方的传统习惯来说,左手显示的是上帝赐给你的运气,因此,戒指通常戴在左手上。

国际上比较流行的戴法是:食指——想结婚,表示未婚;中指——表示在恋爱中;无名指——表示已经订婚或结婚;小指——表示独身。

还有一种戒指,当你戴它的时候,无论你戴在哪里都不具备任何意义,这种戒指就是一般的花戒。这种戒指起装饰的作用,可以戴在任何你想戴的手指上。

戒指戴在拇指上是十分奇怪的,因此不推荐。戒指戴在食指上,感觉比较有个人主张。最正式的戴法莫过于戴在中指上,如果不想有太正式的感觉,可以在食指或无名指再加一个简单的指环。无名指上的戒指通常是结婚戒指,无名指长得比较纤细,因此不管什么戒指,戴起来都是标准的秀气。最新鲜的戴法,莫过于把戒指戴在小指上了。一枚小小的、简单的尾戒,让女性的手莫名其妙地可爱起来,一般代表"我现在只想单身,请不要浪费时间追求我"。

戴设计性比较强的戒指时,如果想更有个人风格,可以考虑搭配另一个材质相同、线条较简单的指环戴在另一个手指上。如果戒指的材质属性可以和手表搭配,那是最好不过的了。例如,你戴的是枚可爱的花戒指,就可以配一只皮质金框的表。如果你并没有太多可以替换的表或戒指,不妨考虑把戴戒指的手和戴手表的手错开,不要让不协调的两件配饰在同一只手上出现。

在同一只手上戴两枚戒指时,色泽要一致,而且一枚戒指复杂时,另一枚一定要简单。此外,最好选择相邻的两只手指,如中指和食指、中指和无名指或无名指和小指,千万不要中间隔着一座"山"。

# 任务 3 仪容礼仪

## 任务 3.1 面部清洁

仪容礼仪

**礼仪名言引入**

面必净,发必理,衣必整,纽必结。头容正,肩容平,胸容宽,背容直。气象:勿傲、勿暴、勿怠。颜色:宜和、宜静、宜庄。

——南开镜箴

### 任务目标

(1) 认识仪容礼仪的重要性。
(2) 了解仪容礼仪的内容。
(3) 掌握仪容修饰的基本要求和要点。

### 任务描述

做自己妆容的造型师,为自己设计一款适合的妆容。

### 任务准备

(1) 场地准备:多功能礼仪实训室。
(2) 用品准备:化妆基本用具。
(3) 仪容仪表准备:与课人员着正装,女生要化淡妆。

### 背景知识

英国有句谚语:"当你和别人打交道时,他注意你的面部是很正常的,可他要是过多地打量你身体的其他部位,那就有些不正常了。"因此,在人际交往中,每个人的容貌都会引起交往对象的特别关注。西方学者经过研究得出形象沟通的"55387"定律:决定一个人的第一印象的因素中,55%体现在外表、穿着、打扮上;38%体现在肢体语言以及语气上,只有7%体现在谈话上。因此,仪容对于事业和生活有着举足轻重的作用,也影响他人对自己的整体评价。

## 一、仪容

简言之,仪容是指一个人的容貌,包括五官的搭配和适当的发型衬托。就个人整体形象而言,容貌反映一个人的精神面貌、朝气和活力,是传达给接触对象感官最直接、最生动的第一信息。

## 二、面部清洁

### (一)男士

男士虽然不需要精描细画,但是在公众场合,尤其是在公务和商务场合,整洁是对男士的第一要求。

(1)剃须。经常剃须可使面部清洁,容光焕发。剃须要从左到右,从下到上,先顺刮,再逆刮,最后再顺刮一次,刮胡须对皮肤的刺激和损害较大,因此在剃须后要注意用热毛巾敷几分钟,再涂抹护肤品。

(2)美牙。工作餐不吃刺激性食品,如生葱、生蒜,饭后淡茶漱口,以保证口气清新。少抽烟,定期要到医院口腔科美牙。

(3)抹香。香水不宜过浓,以清淡为主,男士专用香水"4711"古龙水让人感觉清新。当然,也可以不涂抹香水,但是注意在运动流汗后及时清洗,以免给人不好的印象。

### (二)女士

对女士而言,面部皮肤是其直接的标志。在接待与服务中,女士要尽量展示出稳重、贤淑、典雅、端庄而不失敏捷的风采,充分体现出东方女性的温柔、含蓄。化妆是为了体现良好的精神风貌,弥补缺陷,增加色彩,自然、协调、不露痕迹应当是最佳的化妆效果,妆容以增加面部轮廓感和调整气色为主,并注意保持口腔清洁。

**1. 皮肤的护理**

(1)洁面。把脸打湿后,挤出少量膏体型洗面奶分五点涂抹在额头、鼻子、下巴和两颊上。对于泡沫型洗面奶,把脸打湿后,应先将洗面奶在手心摩擦出泡沫,再把泡沫涂抹在脸上。

洗脸时应用中指和无名指指腹从下往上、由内而外打圈清洗,洗脸水的温度不宜过高,最好用温水,彻底洗净后,轻轻用冷水拍打脸部,再用软毛巾吸干脸部的水。

(2)爽肤。洁面后要补充丢失的水分,爽肤必不可少。爽肤可选择爽肤水、收缩水或是柔肤水等。使用这些爽肤品可借助化妆棉,或者直接用手拍。喷雾状的爽肤品可直接喷到脸上,再用手轻拍至吸收,非喷雾状的爽肤品通常可以倒适量在化妆棉上,用中指和食指夹住化妆棉两端,斜擦脸部和颈部,再由下而上、由内而外在脸上擦一遍。

(3)润肤。乳液或面霜可以补充洁面后丢失的养分,恢复肌肤的柔软性,为接下来的化妆做好准备。使用乳液或面霜时,挤出适量于手心,再均匀涂抹在两颊、额头、鼻子和下巴五处,用中指和无名指由中央朝外、由下朝上涂抹于脸部和颈部,涂好后,再用手掌轻轻捂住脸部以帮助吸收。

2. 化妆步骤

完成面部清洁、护肤的步骤后,便可进入快速化妆程序。

(1) 打粉底。在面部打一层薄薄的粉底,不仅可以遮盖皮肤上的一些细小瑕疵,还可以使肤色看起来更透亮、更均匀。粉底要根据自己的肤色选择,其原则是只要比肤色亮一度就好,切忌一味追求太白,否则会有浮着的感觉。

(2) 定妆。把散粉压按在脸上,之后用化妆刷扫去多余的散粉,这样可以使粉底更加均匀,并保持妆面的持久,若是干性皮肤可以省去该步骤。

(3) 描眉。想要脸部清爽有形,修眉必不可少。如果眉形修得足够好,描眉这一步可以省略。

(4) 眼部提亮。眼影要适合自己的眼部特点,眼睛凹的人,建议选浅色或偏亮的颜色;眼睛凸的人,建议选深色或偏暗的颜色;眼部化妆,还包括眼线、睫毛,眼线以黑色系或咖啡色系为主,可以使眼睛变大变亮,睫毛不应过于夸张,慎用假睫毛。

(5) 腮红。无论冷暖肤色,都可以通过腮红为面色增添红润光泽,并修饰脸型。选腮红时,冷肤色可以选用粉红色、玫瑰红色;暖肤色可选用桃粉色、杏色或珊瑚粉色。为了使腮红与皮肤融合得更加细腻通透,建议使用膏状腮红或者腮红液。

(6) 涂唇彩。涂唇彩的目的是使妆面更加亮丽完整,在夏季以淡为宜,不宜过于浓艳,以滋润唇部为主,如选择透明、淡粉色为好。

3. 不同脸型的化妆技巧

(1) 长脸型。长脸型的人适宜较浅的自然形粉底,腮红用淡红色,从颧骨为中心往耳朵方向推抹成扇形,眉毛修饰成向脸部横向发展的平弧状缓和曲线,睫毛膏染外眼睫毛。总之,化妆尽量采用横向的线条与色块来造成视觉错觉,使脸型看上去短一些。

(2) 小脸型。小脸型的人可用浅色粉底,腮红用浅桃红色、淡红,眉毛、眼睛、唇部可选明丽些的颜色,线条的描画要清晰,使修饰过的五官显得清秀。

(3) 大脸型。大脸型的人可选用比自己肤色偏深一些的粉底,因为深色更具有收缩感,面部的两侧可以涂一些能与底色衔接的阴影色,额部、鼻梁、下巴涂上明亮色。眼睛要重点描画,加上眉毛和嘴唇的衬托,使五官明艳清晰,以此来缩小脸部。

(4) 圆脸型。圆脸型的人在涂粉底时可用偏深的粉底涂面部两侧,使面容狭长,在额部、鼻梁、下巴处涂明亮色以增加立体感。眉毛做上挑圆弧形描画,眼影用深色为上,可增强凹凸感。

(5) 方脸型。由于方脸型棱角分明,化妆底色不宜太浅,色彩沉着的底色加上红褐色的腮红,会使方脸因有结实感而圆润。眉形可以略粗,呈现角度弧形,眼影与唇膏色彩可鲜明一些,以削弱脸部棱角。

### 实训内容

女生为自己描画一个适合自己的淡妆;男生相互检查仪容,并写出需要改进的几点以及改进的做法。

## 任务考核

为自己选一套适合的化妆用品。

### 趣味常识

曾有人向林肯推荐一个人,此人才能卓越,但林肯见后却没有用他。
推荐人:"您为什么不用他呢?"
林肯:"我不喜欢他的长相。"
推荐人:"啊,那容貌好坏可是上帝负责的啊!"
林肯说:"不,一开始由上帝负责,而后应该自己负责!"

# 任务3.2　服饰搭配

### 礼仪名言引入

对于不会说话的人,衣服是一种语言,是随身带着的袖珍戏剧。

——张爱玲

 任务目标

(1)认识服饰搭配的重要性。
(2)掌握服饰搭配的技巧。

服饰礼仪与　　服饰礼仪与
服装色彩　　　身材搭配

 任务描述

请根据个人外在形象选择适合自己的服饰搭配。

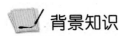 任务准备

(1)场地准备:多功能礼仪实训室。
(2)仪容仪表准备:与课人员着正装,女生过肩长发应扎起。

### 背景知识

俗话说:"人靠衣装马靠鞍,三分长相,七分打扮。"着装是一种无声的语言,它彰显着一个人的个性、身份、职位、角色、喜好、涵养等多种信息,可以反映一个人的素养及审美情趣。得体的服饰搭配可以扬长避短,被称为"人的第二肌肤",具有审美价值和社会功能,是在用明显的信息向人们做最真实的"自我介绍"。

## 一、男士服饰搭配

### （一）正式场合

英国有句谚语："You are what you wear!"可见，英国绅士对着装要求是非常苛刻的。男士在出席重要的场合时，一般都要求着正装，通常为西装。

1. 西装的款式

按件数来划分，西装分为套装西装和单件西装。套装西装分为两件套（包括上装和下装）和三件套（包括上装、下装和西装背心）。

按纽扣来划分，西装分为：单排扣西装（1粒、2粒或3粒）——一般场合所穿的西装；双排扣西装（2粒、4粒、6粒或8粒）——正式场合、晚宴场合所穿的西装，不适宜平时穿着。

单排扣2粒西装和双排扣4粒西装最为正规，较多地用于隆重、正式的场合。8粒扣西装比较少，西方通常参加葬礼才穿，购买时应慎重考虑。

2. 西装与体型、肤色

（1）肥胖体型的人不宜穿浅色、带格的西装，最好穿单色且颜色较深的西装；不应穿宽条西装，应穿隐条纹西装；不宜穿双排扣西装。

（2）身材矮小的人衣着要简洁明快，适合穿肩部较宽的上衣，使身体呈V字形，可使身材显高一些，简单、单色的服装也能在视觉上增加人的高度。

（3）肤色较白的人衣服的颜色可自由选择，深浅皆宜。

（4）皮肤较粗糙的人不宜穿质料特别精细的西装，否则会显得面部皮肤更加粗糙。

（5）瘦削体型的人不宜穿深色西装，最好穿颜色浅或是带花格的西装，如有条形的面料应选择窄条面料。

（6）肤色较黑的人不宜浅色的西装，适宜穿颜色较深的西装。

3. 西装的色彩选择

正规场合首选深色套装（如黑、藏青、深灰），其次是中灰、褐色和隐条等。青年人如在轻松、休闲场合，可考虑选择颜色淡些的，如米色、淡灰、条子、格纹或单件上衣搭配；即使是深色套装，只要配饰适当也可营造轻松的气氛。例如，领带花纹明艳、带环式，穿条纹、格子衬衫，不打领带等。净色而颜色偏深的整套西装适于多种场合，应用最广。

由于中国人脸色偏黄，在选择颜色时应少选黄色、绿色、紫色，宜选深蓝色、深灰暖性色、中性色等色系。脸色较暗的男士，可选择浅色系和中性色。

4. 西装的衬衫

与西装配套的衬衫应为"正装衬衫"。一般来讲，正装衬衫具有以下特征。

（1）面料：应为高织精纺的纯棉、纯毛面料，或以棉、毛为主要成分的混纺衬衫。条绒布、水洗布、化纤布、真丝、纯麻皆不宜选。

（2）颜色：必须为单一色。白色为首选，蓝色、灰色、棕色、黑色也可以；杂色、过于艳丽的颜色（如红、粉、紫、绿、黄、橙等色）只有在较轻松、休闲的气氛中，以及和年轻人聚会时才适合选用，在正式场合中有失庄重，不宜选择。

(3) 图案：以无图案为最佳，有较细竖条纹的衬衫有时候在商务交往中也可以选择。

(4) 领形：以方领为宜，扣领、立领、翼领、异色领不宜选。衬衫的质地有软质和硬质之分，穿西装要配硬质衬衫。尤其是衬衫的领头要硬实挺括，要干净，不能太软，更不能有污渍。

(5) 衣袖：正装衬衫应为长袖衬衫。

5. 西装穿法

(1) 衣扣：衬衫的第一粒纽扣，穿西装打领带时一定要系好，否则松松垮垮，给人极不正规的感觉。相反，不打领带时，一定要解开，否则给人感觉好像你忘记了打领带似的。再有，打领带时衬衫袖口的扣子一定要系好，而且绝对不能把袖口挽起来。

(2) 袖长：衬衫的袖口一般以露出西装袖口1～2厘米为宜，这样既美观又干净，但要注意衬衫袖口不要露出太长，那样就是过犹不及了。

(3) 下摆：衬衫的下摆不可过长，而且下摆要塞到裤子里。不穿西装外套只穿衬衫打领带仅限于室内，而且正式场合不允许。

(4) 上衣口袋：穿西装尤其强调平整、挺括的外观，即线条轮廓清晰，服帖合身。这就要求上衣口袋只作装饰，不可以用来装任何东西，但必要时可装折叠花式的手帕。西装左胸内侧衣袋可以装票夹（钱夹）、小日记本或笔，右胸内侧衣袋可以装名片、香烟、打火机等。

裤兜也与上衣袋一样，不能装物，以求裤形美观。但裤子后兜可以装手帕、零用钱等。千万要注意的是，西装的衣袋和裤袋里不宜放太多的东西，搞得鼓鼓囊囊的很影响美观。而且，把两手随意插在西装衣袋和裤袋里，也是有失风度的。如要携带一些必备物品，可以装在提袋或手提箱里，这样不但看起来干净利落，也能防止衣服变形。

有明袋的上装只适合在较随便的场合穿着，正式场合适合穿暗袋上装。

6. 西装的扣子

单排扣的西装穿着时可以敞开，也可以扣上扣子。照规矩，西装上衣的扣子在站着的时候应该扣上，坐下时才可以解开。单排扣西装的扣子并不是每一粒都要系好的：单排扣一粒的，扣与不扣都无关紧要，但正式场合应当扣上；两粒的应扣上上面的一粒，底下的一粒为样扣，不用扣；三粒扣子的扣上中间一粒，其余两粒不用扣。

双排扣的西装要把扣子全系上。双排扣西装最早出现于美国，曾经在意大利、德国、法国等欧洲国家很流行，不过现在已经不多见了。

西装背心有六粒扣与五粒扣之分。六粒扣西装背心最底下的那粒可以不扣，而五粒扣西装背心则要全部都扣上。

7. 西装的内衣

西装的标准穿法是衬衫之内不穿棉纺或毛织的背心、内衣。至于不穿衬衫，而用T恤衫直接与西装配套的穿法，更是不符合规范。因特殊原因需要在衬衫之内再穿背心、内衣时，有三点注意事项。

(1) 数量上以一件为限。要是一下子穿上多件，则必然会使自己显得十分臃肿。

(2) 颜色上宜与衬衫的颜色相仿，至少也不应使之较衬衫的颜色深，免得令二者"反差"鲜明。在浅色或透明的衬衫里面穿深色、艳色的背心、内衣，则更易于招人笑话。

（3）款式上应短于衬衫。穿在衬衫之内的背心或内衣，其领形以 U 领或 V 领为宜，在衬衫之内最好不要穿高领的背心或内衣，不然在衬衫的领口外很可能会露出一截有碍观瞻的"花絮"。此外，还须留心，别使内衣的袖管暴露在别人的视野之内。

8. 西裤

因西装讲究线条美，所以西裤必须有中折线。西裤的长度以前面能盖住脚背，后边能遮住 1 厘米以上的鞋帮为宜。不能随意将西裤裤管挽起来。

9. 领带

领带是男士在正式场合的必备服装配件之一，它是男士西装的重要装饰品，对西装起着画龙点睛的重要作用。所以，领带通常被称作"男子服饰的灵魂"。

（1）面料：质地一般以真丝、纯毛为宜，档次稍低点的是尼龙。

（2）颜色：一般来说，应选用与自己西服颜色相称、光泽柔和、典雅朴素的领带，不要选用那些过于显眼花哨的领带。所以，颜色一般选择单色（蓝、灰、棕、黑、紫色等较为理想），多色的则不应多于三种颜色，而且尽量不要选择浅色、艳色。

（3）图案：领带图案的选择则要坚持庄重、典雅、保守的基本原则，一般为单色无图案，宜选择蓝色、灰色、咖啡色或紫色，也可选择波点或条纹等几何图案。

（4）款式：千万不要选择简易式领带。

（5）质量：外形美观、平整、无挑丝、无疵点、无线头、毛料不变形、悬垂挺括、较为厚重。

（6）领带打法。

① 平结适用于各种材质的领带，完成后领结呈斜三角形，适合窄领衬衫，是最常用的打法之一（见图 1-11）。

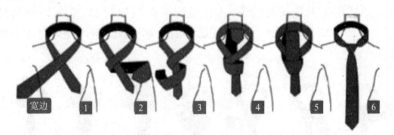

图 1-11　平结

② 交叉结适用于颜色素雅且质地较薄的领带，适合追求时髦的男士。要诀：注意按步骤打完领带是背面朝前（见图 1-12）。

图 1-12　交叉结

③ 双环结适用于质地细致的领带,颇能营造时尚感,适合年轻的上班族。要诀:该领结完成的特色就是第一圈会稍露出于第二圈之外,不要刻意盖住(见图1-13)。

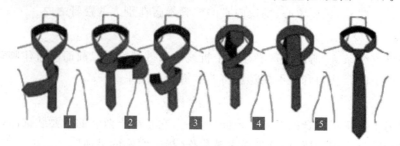

图 1-13 双环结

④ 温莎结适用于浪漫细致的丝质领带;打出的结呈正三角形,饱满有力,适合搭配宽领衬衫;因温莎公爵而得名,是最正统的系法。要诀:领结应多往横向发展,以免因领带材质厚而领结打得过大;宽边先预留较长的空间,绕带时的松、紧会影响领带结的大小(见图1-14)。

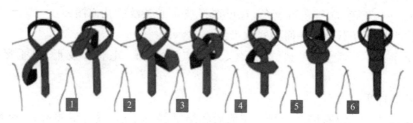

图 1-14 温莎结

⑤ 双交叉结适用于素色丝质领带,适合搭配大翻领的衬衫,给人以高雅且隆重的感觉,适用于正式活动及场合。要诀:宽边从第一圈与第二圈之间穿出,完成后集结充实饱满(见图1-15)。

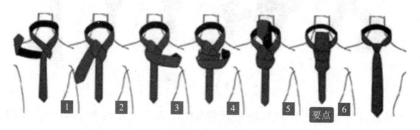

图 1-15 双交叉结

⑥ 四手结适用于各种款式的浪漫系列领带及衬衫,是所有领结中最容易上手的。要诀:图中宽边在左手边,也可换右手边打;在选择"男人的酒窝"情况下,尽量让两边均匀且对称(见图1-16)。

⑦ 简式结适用于材质较厚的领带,适用于标准式及扣式领口的衬衫,是最常见的结形。要诀:将其宽边以180°由上往下翻转,并将折叠处隐藏于后方,待完成后可再调整其长度(见图1-17)。

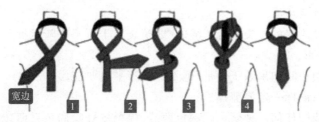

图 1-16　四手结

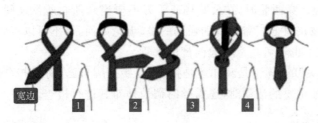

图 1-17　简式结

(7) 西装和领带的搭配。

黑色西服：采用银灰色、蓝色调或红白相间的斜条领带，给人沉着稳健的感觉。

暗蓝色西服：采用蓝色、深玫瑰色、橙黄色、褐色领带，彰显大方素雅。

乳白色西服：采用红色或褐色领带，显得文雅、光彩夺目。

中灰色西服：采用砖红色、绿色、黄色调领带，别有风味。

米色西服：采用海蓝色、褐色领带，显得风度翩翩。

(8) 打领带注意事项。

注意场合：打领带意味着郑重其事。

注意与之配套的服装：西装套装非打不可，夹克等则不能打。

注意长度：领带的长度以自然下垂，最下端（即大箭头）触及皮带扣处为宜，过长或过短都不合适。领带系好后，一般是两端自然下垂，宽的一片应略长于窄的一片，绝不能相反，也不能长出太多，如穿西装背心，领带尖不要露出背心。

10. 皮鞋和袜子

(1) 皮鞋。首先，穿西装套装一定要搭配皮鞋，不能穿旅游鞋、便鞋、布鞋或凉鞋，否则会显得不伦不类。其次，在正式场合，穿西装配黑色或咖啡色皮鞋较为正规。但需要注意的是，黑色皮鞋可以配任何颜色的西装套装，而咖啡色皮鞋只能配咖啡色西装套装。白色、米黄色等其他颜色的皮鞋均为休闲皮鞋，只能在休闲时穿着。

(2) 袜子。穿西装套装一定要配与西裤、皮鞋颜色相同或深色的袜子，一般为黑色、深蓝色或藏青色为宜，绝对不能穿花袜子或白色袜子。在国际上，很多人把穿深色西装配白色袜子的男士戏称为"驴蹄子"，认为是没有教养的男士的典型特征。

另外，男士袜子的质地一般以棉线为宜，其长度要超过脚踝，不然坐下后露出皮肉是非常不雅观的。

11. 西装穿着注意点

（1）通常一件西装的外袋是合了缝的（即暗袋），千万不要随意拆开，它可保持西装的形状，使之不易变形。

（2）穿休闲西装时如果系了领带，绝不可以穿平底便鞋。

（3）西装袖口商标一定要剪掉。

（4）黑皮鞋能配任何一种颜色的深色西装，棕色皮鞋除同色系西装外，不能配其他颜色的西装。

（5）不卷不挽。穿西装时，在公共场所千万不要当众随心所欲地脱下西装上衣，更不能把它当作披风披在肩上。需要特别强调的是，无论如何，都不可以将西装上衣的衣袖挽上去，在一般情况下也不可随意卷起西裤的裤管。

（6）裤门"把关"的，无论是纽扣还是拉锁，都要提醒自己，将纽扣全部系上，或是将拉锁认真拉好。参加重要的活动时，还需随时悄悄地对其进行检查。

## （二）半正式场合

半正式场合是指上班、午宴或一般性访问等场合，这时可穿中等色、浅色或较为明亮的深色西装，可穿素净、文雅的与西装颜色协调的衬衫，配有规则花纹或图案的领带或是素雅的单色领带。

## （三）非正式场合

在非正式场合，可选择色调明朗轻快、花形华美的西装，衬衫可任意搭配，也可不穿衬衫，穿 T 恤、运动服均可。

## 二、女士服饰搭配

人靠衣装，衣服是人的第二张脸面。如何通过衣着给人留下干练、值得信赖的职业女性形象，是取得职业认同的第一步。着装是一个人最表面、最显而易见的速写肖像。

### （一）着装的 TOP 原则

TOP 是三个英语单词的缩写，它们分别代表时间（time）、场合（occasion）和地点（place），即着装应该与当时的时间、所处的场合和地点相协调。

时间原则是指不同时段的着装规则，这对女士尤其重要。男士有一套质地上乘的深色西装或中山装足以包打天下，而女士的着装则要随时间而变换。白天工作时，女士应穿着正式套装，以体现专业性；晚上出席酒会时就须多加一些修饰，如换一双高跟鞋，戴上有光泽的配饰，围一条漂亮的丝巾；服装的选择还要适合季节气候特点，保持与潮流大势同步。

场合原则要求衣着要与场合协调。与顾客会谈、参加正式会议等时，衣着应庄重考究；听音乐会或看芭蕾舞时，则应按惯例着正装；出席正式宴会时，则应穿中国的传统旗袍或西方的长裙晚礼服；而与朋友聚会、郊游等场合，着装应轻便舒适。试想一下，如果大家都穿便装，你却穿礼服就有欠轻松；同样的，如果以便装出席正式宴会，不但是对宴会主人的不尊重，也会令自己十分尴尬。

地点原则是指在自己家里接待客人,可以穿着舒适且整洁的休闲服;如果是去公司或单位拜访,穿职业套装会显得专业;外出时要顾及当地的传统和风俗习惯,如去教堂或寺庙等场所时,不能穿着过露或过短的服装。

## (二)服饰搭配原则

### 1. 服饰与肤色

(1)肤色偏苍白:推荐淡色系的服装,会显得格外青春、柔和甜美;深色系会使皮肤显得更为白净、鲜明、楚楚动人。不宜穿纯黑色,否则会越加突出脸色的苍白,甚至会显得面容病态。

(2)肤色白而红润:推荐非常淡的丁香色和黄色,不必考虑何者为主色。穿淡咖啡色配蓝色,黄棕色配蓝紫色,红棕色配蓝绿色等。面色红润的女性最宜采用微饱和的暖色作为主色调,也可采用淡棕黄色、黑色加彩色装饰,或珍珠色用于陪衬健美的肤色。

(3)黝黑健康:推荐穿暖色调的弱饱和色衣服,也可穿纯黑色衣服,以绿、红和紫罗兰色作为补充色;可选择三种颜色作为调和色,即白、灰和黑色;主色可以选择浅棕色。不宜穿大面积的深蓝色、深红色等灰暗的颜色,这样会使人看起来灰头土脸的。

(4)面色偏黄:女性适合穿蓝色或浅蓝色的上装,它能衬托出皮肤的洁白娇嫩,适合穿粉色、橘色等暖色调服装。尽量少穿绿色或灰色调的衣服,这样会使皮肤显得更黄甚至会显出"病容"。

(5)健康小麦色:黑白两色的强烈对比很适合这类肤色,深蓝、炭灰等沉实的色彩,以及深红、翠绿这些色彩都能很好地突出开朗的个性。不宜穿茶绿、墨绿,因为它们与肤色的反差太大。

### 2. 服饰与身形

(1)标准身形(见图 1-18):标准身高,身体各部分有匀称的比例。这种标准体形穿什么衣服都好看,在色彩搭配和谐的前提下可穿任何流行时装。

(2)葫芦形或沙漏形(见图 1-19):身材就像葫芦一样,胸部、臀部丰满圆滑,腰部纤细。

适合:衬衫与长裙搭配,也可以加上束腰、裹扎式外衣和有荷叶边装饰的外衣,上窄下宽的大摆裙、直筒裤或是长过臀部的外套。

不宜:避免厚重的套头衫。

(3)苗条形(瘦形):身材苗条、胸部中等或较小、臀部瘦削扁平,腹部及大腿旁没有赘肉。

适合:有形的、轮廓分明的上衣;斜裁的、下摆逐渐向外张开的裙子、带褶的裙子;高腰或垂腰式裙子或长裤。

不宜:不要系宽的或颜色对比鲜明的腰带;避免位于臀部的大外口袋;避免过于紧身的衣服。

(4)梨形或三角形(见图 1-20):上身肩部、胸部瘦小、下身腹部、臀部肥大,形状就像一个梨。

适合:上身有装饰的式样,例如收腰、肩章、褶皱和外口袋;直线条上衣,长度为或高于或低于臀部的最宽处；套衫式上衣、垂腰式上衣、两件套外衣。

不宜：避免无肩缝衣袖；不要穿有束腰和褶皱的外衣或臀部有图案的服装；避免长至臀部最宽处的紧身上衣；不要穿颜色上深下浅的上衣。

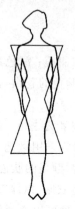 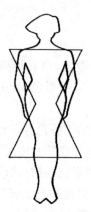 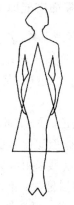

图1-18　标准身形　　　图1-19　葫芦形或沙漏形　　　图1-20　梨形或三角形

（5）腿袋形：臀部和大腿旁有许多赘肉，看上去就像在大腿旁边挂上了两个袋子一样。

不宜：这种体形要绝对避免穿紧身裤子，那样只会暴露缺点。穿款式简单的打褶裙子或长裤，颜色选择明度和彩纹较低的暗色。

（6）娇小形：身高在155厘米以下的为娇小形。无论属于何种体形，最佳的穿着风格是整洁、简明、直线条的设计。垂直线条的褶裙、直统长裤，从头到脚穿同色系或素色的衣服、合身的夹克都会使娇小形的人看起来轻松自然。

不宜：避免穿着过长、累赘的衣服。

### 三、饰物礼仪

在社交活动中，人们除了要注意服装的选择外，还要根据不同场合的要求佩戴耳环、项链、胸针等饰品（手部饰品在"肢体修饰"中讲解）。

（1）耳环。耳环是女性的主要首饰，其使用率仅次于戒指。佩戴时应根据脸型特点来选配耳环。如圆形脸不宜佩戴圆形耳环，因为耳环的小圆形与脸的大圆形组合在一起，会加强"圆"的信号；方形脸也不宜佩戴圆形和方形耳环，因为圆形和方形并置，在对比之下，方形更方，圆形更圆。

（2）项链。项链是戴于颈部的环形首饰。男女均可使用。但男士所戴的项链一般不应外露。通常，所戴的项链不应多于一条，但可将一条长项链折成数圈佩戴。项链的粗细应与脖子的粗细成正比。从长度上区分，项链可分为四种：①短项链，约长40厘米，适合搭配低领上装；②中长项链，约长50厘米，可广泛使用；③长项链，约长60厘米，适合女士使用于社交场合；④特长项链，约长70厘米以上，适合女士在隆重的社交场合佩戴。

项链的种类很多，大致可分为金属项链和珠宝项链两大系列。佩戴项链应和自己的年龄及体形协调。如脖子细长的女士佩戴仿丝链，更显玲珑娇美；马鞭链粗实成熟，适合年龄较大的妇女选用。佩戴项链也应和服装相呼应。例如,身着柔软、飘逸的丝绸衣衫裙时,宜佩戴精致、细巧的项链,显得妩媚动人;穿单色或素色服装时,宜佩戴色泽鲜明的项链,在首饰的点缀下,服装色彩可显得丰富、活跃。

(3) 领针。领针即专用于别在西式上装左侧领上的饰物。严格地讲,它是胸针的一个分支,男女皆可选用。

佩戴领针,数量以一枚为限,而且不宜与胸针、纪念章、奖章、企业徽记等同时使用。在正式场合,不要佩戴有广告作用的别针。不要将其别在诸如右侧衣领、帽子、书包、围巾、裙摆、腰带、裤襻、裤腰、裤管等不恰当的位置上。

(4) 胸针。胸针是别在胸前的饰物,多为女士所用。其图案以花卉为多,故又称胸花。别胸针的部位多有讲究。穿西装时,应别在左侧领上。穿无领上衣时,则应别在左侧胸前。发型偏左时,胸针应当居右。发型偏右时,胸针应当偏左。胸针的具体高度应在从上往下数的第一粒与第二粒纽扣之间。

(5) 挂件。挂件又叫项链坠,多与项链搭配使用。其形状、大小各异,常见的有文字、动物、鸡心、锁片、元宝、花篮、十字、像盒、镶宝、吉祥图案、艺术造型等。

选择挂件,要优先考虑它是否与项链般配,要力求二者在整体上协调一致。另外,在正式场合不要选用过于怪异或令人误解的图形、文字的挂件,也不要同时使用两个或两个以上的挂件。

### 四、正装礼仪

所有适合职业女士在正式场合穿着的职业装裙式服装中,套裙是首选。它是西装套裙的简称,上身是女式西装,下身是腰裙。也有三件套的套裙,即女式西装上衣、腰裙外加马甲。

套裙可以分为两种基本类型:一种是女式西装上衣和裙子成套设计、制作而成的"成套形"或"标准形";另一种是用女式西装上衣和任意一条裙子进行自由搭配组合成的"随意形"。

**(一) 套裙的选择**

目前,女士裙子一般有三种形式:及膝式、过膝式、超短式(白领女性超短裙裙长应不短于膝盖以上 15 厘米)。

(1) 面料上乘:平整、润滑、光洁、柔软、挺括,不起皱、不起球、不起毛。

(2) 色彩宜少:以冷色调为主,颜色不超过三种,体现出典雅、端庄、稳重(黑色、深蓝色、灰褐色、灰色、暗红色)。

(3) 图案忌花哨:无图案或格子、圆点、条纹,点缀忌多。

(4) 尺寸合适:上衣不宜过长,下裙不宜过短。

(5) 款式时尚:领形、纽扣、门襟、袖口、衣袋、裙子等花样翻新、式样变化多端。

**(二) 套裙配色**

突出上衣时:裙装颜色要比上衣稍深。突出裙装时:上衣颜色要比裙装稍深;上衣有横向花纹时,裙装不能穿竖条纹的或格子;上衣有纵向花纹时,裙装应避开横条纹或格子的;上衣有杂色时,裙装应穿纯色;裙装是杂色时,上衣应避开杂色;上衣花形较大或复杂时,应穿纯色裙装;中间色的纯色与纯色搭配时,应辅以小饰物进行搭配;但全身配色最好不要超过四种。

### （三）套裙的穿法

穿着套裙时，应注意以下几点。

（1）大小适度：上衣最短齐腰，裙子可达小腿中部，若腿部线条优美、匀称，裙长在膝盖以上2厘米；反之，在膝盖以下2厘米，以扬长避短；袖长刚好盖住手腕；整体不宜过于肥大、紧身。

（2）穿着到位：衣扣要全部扣好，不允许随便脱掉上衣。

（3）考虑场合：商务场合宜穿着，宴会、休闲等场合不宜穿着。

（4）协调妆饰：穿着打扮讲究着装、妆容和配饰风格的统一。

### （四）套裙配饰礼仪

穿着套裙时，相关配饰应符合以下规则。

（1）衬衫：面料应轻薄柔软，颜色应雅致端庄，无图案，款式保守。

（2）内衣、衬裙：不外露、不外透，颜色一致、外深内浅。

（3）袜子：穿裙子应当配长筒袜或连裤袜（忌光脚），颜色以肉色、黑色为宜，若穿长裤，可配肉色短袜；袜口不能露在裙摆或裤脚外边（忌三截腿）。正式的场合不光腿，尤其是隆重、正式的庆典仪式；袜子不能出现残破。

（4）鞋子：以高跟、半高跟牛皮鞋为宜，宜穿跟高3～6厘米的皮鞋，不能露脚趾，也可选择颜色与裙摆一致或稍深的鞋子。

（5）手提包：宜选用与服装相配的颜色，不宜太小，能装下16开或A4纸大小的文件为适，包内应随时带一双备用丝袜，注意全身上下的颜色不要超过三色。

建议女士的公事包中放入以下物品：一把可以折成很小的雨伞、一双袜子、一包纸巾、一个化妆包、一个针线盒。

 **实训内容**

小文皮肤黝黑，身高1.70米，体形瘦削，现要跟随领导出席一场重要的商务会议，以协助领导完成洽谈工作，请为其搭配一套合适的服饰。

**任务考核**

假设你未来的职业，并根据你的职业设计搭配一套正装以及一套办公室休闲装。

**趣味常识**

#### 旗袍的由来

旗袍之名，源于努尔哈赤建立八旗制度，满族被称为"旗人"，他们的着装就被称为"旗袍"。最早，旗袍的基本款式是圆口领，窄袖，向右侧捻襟。下摆四面开衩，带扣绊，束腰带。一年四季就这一个样式，仅有布料不同之分。在这种男女通用的袍褂服装的窄小的袖口处接有一截上长下短的半月形袖头，形状似马蹄，所以又称"马蹄袖"，也叫

"箭袖",平时绾起来,冬季行猎作战时放下,使之罩住手背,既可保暖又不影响拉弓射箭。四面开衩是为了便于上下马。束腰,一则可增加暖意;二则出猎时,可将干粮等装入前襟;三则随身带的小刀、匙子、箸努,以及放火镰、火石、火绒的小口袋和皮制烟荷包,都可挂在腰带上。

满族于1644年入主中原后,游牧变为农耕,加之与汉族服饰文化如大领大袖等的交流,作为民族文化表象特征的旗袍,也自然发生变化。如不宜于农耕的窄袖马蹄袖,就变成了喇叭袖;不常骑马,四开衩就改变为两开衩,甚至不开衩;旗袍就成了直筒式的宽袖大袖长袍样式。用料也有变化:以前定都东北盛京后,已由以皮袍为主改为多用棉布,这时,不但仍多用棉布,绸缎料也多起来。男性旗袍虽仍以蓝、黑二色为主,但读书人却有相当一部分人穿白、红、紫色。至于黄色,因是皇家独尊之色,若用就会被砍头,且可株连九族,所以,民众是禁用的。

妇女的旗袍变化就更大,如圆口领上加了一寸多高的立领,做工也精巧得多,不仅在领口、袖头和披襟上加上了几道鲜艳花边或彩色牙子,且认为越多越美。清末,北京地区还曾时兴过"十八镶"(即镶十八道花边),花色品种则更是多样,虽仍为宽袍大袖,但较男式旗袍(后发展为长袍马褂)就显得非常俏丽。

20世纪30年代,女学生们常穿的是蓝布旗袍,款式又有较大变化:宽松直筒式改为紧腰身;长度改短;两侧开衩的长短不一。30年代以后,旗袍的领、袖等处又多有变化,时而高领、时而低领、时而省去领子,袖子又由宽袖变窄袖,长度则有时可及手腕处,有时又短到上臂全裸露。而紧身贴腰显示曲线美的优点则一直保留。再加下摆回收,长及踝骨,就显得十分爽身合体。至于男性的直筒长袍,到40年代,已逐渐被新式服装取代。

20世纪80年代以来,对于这种能显示胡人女性曲线美和风格美,既融满胡文化于一体,又注意吸收外来养料的旗袍,人们的热情又进一步上升。那开衩甚高,最高可至大腿根部的新式旗袍,随着女性步履的轻移、袍衩的时开时合、大腿的隐而不露,更显出一种既含蓄又开放的飘逸悠然的动态美。随着传统文化观念的进一步深入人心,在我国百花争艳的服装之苑中,旗袍这朵绚丽的花朵必将更吐馨香。

# 任务 4
# 仪态礼仪

## 任务 4.1 体态礼仪

**礼仪名言引入**

非礼勿视,非礼勿听,非礼勿言,非礼勿动。

——孔子

### 任务目标

(1) 掌握规范的站姿、坐姿、走姿、蹲姿等。
(2) 了解养成良好的行为举止习惯的方式和途径。

### 任务描述

请各位同学观察周围同学的坐姿,并指出存在的问题。

### 任务准备

(1) 场地准备:多功能礼仪实训室。
(2) 用品准备:大镜子(镜子要上过学生头顶,下及地面)。
(3) 仪容仪表准备:与课人员着正装,女生过肩长发应扎起。

### 背景知识

在社交中,人的体态传递着各种各样的信息。不同的姿态、举止、表情反映着社会交往中的不同心理状态。

美国心理学家伯德斯·戴尔认为,一个集团的成员有规则的姿势是他们赖以生存的社会制度作用的结果。姿势动作及其表达的意思也同语言一样,是与文化紧密相连的。什么样的文化形成什么样的姿势、动作和它们所表达的意思。

### 一、仪态美的基本要求

在旅游服务工作中,无论是男性服务人员还是女性服务人员,在仪态方面都有严格的要求。

男性要表现出其特有的刚健、潇洒、英武的风采；女性要表现出轻盈、妩媚、娴静、典雅的韵味。

## 二、仪态的禁忌

无论采用哪一种姿势,都要求不弯腰、不驼背,保持两肩同高;女性的双腿不可叉开,男性的双腿分开不可超过肩宽;不可双脚平伸或抖动;姿态应灵活而不轻浮,庄重而不呆滞;不可表现得过于懒散和懈怠,以免显示出对工作不负责任的态度。

# 实训内容

## 一、站姿的基本要求

(1) 头部抬起,目光平视正前方,下颌微微内收。
(2) 颈部保持正直,双肩平齐,上体挺拔,腰部直立,呼吸自然。
(3) 双臂自然下垂,贴于身体两侧,虎口向前,手指向下自然弯曲。
(4) 两腿立正,两膝靠拢。
(5) 两脚尖分开,呈 45°～60°夹角。

站姿

### (一) 侧立式立姿

(1) 抬头挺胸,目视前方,下颌微收,颈部挺直,双肩放松,自然呼吸,腰部直立。
(2) 脚掌分开呈 V 字形(两脚尖间角度为 45°～60°),脚跟靠拢,两膝并拢。
(3) 双手放在腿部两侧,手指稍弯曲呈半握拳状。

### (二) 前腹式立姿

在"侧立式立姿"的基础上,将双手相交放于体前小腹部。此姿势对男性和女性有不同的要求。

男性服务人员应用左手握住右手,两脚也可分开与肩同宽、两脚尖平行。女性服务人员应用右手握住左手,并且左手的五个指尖和右手的拇指尖不应露于外面,两脚保持"侧立式立姿"的姿势。

### (三) 后背式立姿

(1) 在"侧立式立姿"的基础上,两脚打开,两脚尖平行,并与肩同宽。
(2) 双手放于身后,右手握住左手放在腰处(此姿势仅适用于男性)。

### (四) 丁字步式立姿

在"前腹式立姿"的基础上,将一脚的脚跟靠于另一脚内侧,两脚尖向外略展开(大约60°),形成斜写的一个"丁"字,身体重心在两脚上(此姿势仅适用于女性)。

## 二、坐姿训练的基本要求

(1) 头部抬起,目光平视正前方,下颌微微内收。

(2)肩部保持正直,双肩平齐,上体挺拔,腰部直立,不可转身看椅子位置。

(3)入座后要保持上体直立,不可在椅子上乱挪位置。

(4)女性在两腿并拢的基础上,可根据椅子的高低调整姿势。男性两腿可分开,但不可超过肩宽。

### (一)基本坐姿

轻缓地走到座位前面,然后侧转身。

转身后,右脚后退半步(用右腿探测椅子的位置),坐于椅子上(女士坐前1/3处,男士可坐满整把椅子),然后将右腿收回与左腿平放(女子若着裙装应将裙子向前拢一下)。

坐下后,上身正直,目光平视,面带微笑,两手相交放在腹部或大腿上;两脚平落地面(男子两膝间的距离不得超过肩宽,女子则不应该分开)。

椅子如果有扶手时,双手可轻搭扶手上或一搭一放。没有扶手时,两手相交或轻握放于腹部;左手放在左腿上,右手搭在左手上,男士两手可各放在相对应的腿上。

起立时,右脚向后收半步,而后站起。

### (二)S形坐姿

在"基本坐姿"的基础上,臀部保持不动,上体与腿同时转向一侧,面向对方,形成一个优美的S形坐姿(此姿势仅限女性使用)。

### (三)叠膝式坐姿

在"基本坐姿"的基础上,将两腿膝盖部位交叉,一脚内收与前腿膝盖后侧交叉,两脚一前一后着地,双手稍微交叉于腿上(此姿势仅限女性使用)。

### (四)特殊情况下两腿的摆法

凳面过低时,两腿并拢,自然倾斜于一方或将两腿向椅面底下移动,两脚跟抬起,脚尖点地。

凳面过高时,可一腿搁于另一腿上,脚尖向下,脚尖不可随意抖动或摇晃。

## 三、走姿的基本要求

以站姿为基础,头部平正,目光平视正前方,下颌微微内收。

行姿

双肩平齐,大臂带动小臂自然摆动,胳膊摆到体前时稍向里扣(与身体呈10°~15°),两脚行进方向明确,大腿带动小腿,脚跟先着地。

女性走出的轨迹应是一条直线,男性走出的轨迹应趋近于一条直线。

一般情况下,行进时迈出的步幅男子每步约40厘米,女子每步约36厘米。男子每分钟108~110步,女子每分钟118~120步。

### (一)陪同客人的走姿

在"基本走姿"的基础上,位于客人侧前方2~3步,按客人的速度行进,不时地将身体转向客人并用手势指引方向,招呼客人。

### (二)与客人同向行进的行姿

在"基本走姿"的基础上,尽量不要超过客人;如果确实是工作需要又不能避免时,要先道歉后超越,再道谢。

### (三)与客人反向行进的走姿

在"基本走姿"的基础上,当接近客人时,应放慢速度;与客人交会时,应暂停行进,将身体转向客人,微笑致意,礼让客人通过后再前进。

### 四、蹲姿训练的基本要求

双膝一高一低,脚一前一后,前脚全着地,小腿基本垂直于地面,后脚跟提起,脚掌着地,臀部要向下,上身微前倾。

女性应紧靠两腿,不可分开,男性两腿可略分开。

女性服务人员,尤其是身穿短裙的服务人员,采用蹲姿前,应顺手整理一下身后的裙摆,使其置于臀部与腿之间。

如蹲下时间过长,或为了用力方便,可以双腿一蹲一跪,采取半蹲半跪的姿势。

### (一)高低式蹲姿

下蹲时,双膝一高一低,两膝盖内侧紧靠。左脚掌着地,小腿垂直于地面,右脚跟提起,脚掌着地,臀部向下。

### (二)交叉式蹲姿(此姿势适用于女性)

下蹲时,左脚在前,右脚在后,双腿交叉在一起,右膝由后面伸向左侧,左脚全脚掌着地,右脚脚跟抬起,臀部向下,自然下蹲。

## 任务考核

请同学们分别展示两种坐姿、蹲姿及站姿。

## 趣味常识

### 孟子休妻

战国时期的思想家、政治家和教育家孟子,是继孔子之后儒家学派的主要代表人物,被后世尊奉为仅次于孔子的"亚圣"。

孟子一生的成就,与他的母亲从小对他的教育是分不开的。孟母是一位集慈爱、严格、智慧于一身的伟大母亲,早在孟子幼年时候,便为后人留下了"孟母三迁""孟母断织"等富有深刻教育意义的故事。孟子成年娶妻后,孟母仍不断利用处理家庭生活的琐事等去启发、教育他,帮助他从各方面进一步完善人格。

有一次,孟子的妻子在房间里休息,因为是独自一个人,便无所顾忌地将两腿叉开坐着。这时,孟子推门进来,一看见妻子这样坐着,非常生气。原来,古人称这种双腿向前叉开坐为箕踞,箕踞向人是非常不礼貌的。孟子一声不吭就走出去,看到孟母,便说:"我要把妻子休回娘家去。"孟母问他:"这是为什么?"孟子说:"她既不懂礼貌,又没有仪态。"孟母又问:"因为什么而认为她不懂礼貌呢?""她双腿叉开坐着,箕踞向人。"孟子回道,"所以要休她。""那你又是如何知道的呢?"孟母问。孟子便把刚才的一幕说给孟母听,孟母听完后说:"那么没礼貌的人应该是你,而不是你的妻子。难道你忘了《礼记》上是怎么教人的?进屋前,要先问一下里面是谁;上厅堂时,要高声说话;为避免看见别人的隐私,进房后,眼睛应向下看。你想想,卧室是休息的地方,你不出声、不低头就闯了进去,已经先失了礼数,又怎么能责备别人没礼貌呢?没礼貌的人是你自己呀!"

一席话说得孟子心服口服,从此再也不提休妻的事了。

## 任务 4.2 手势礼仪

**礼仪名言引入**

举止是映照每个人自身形象的镜子。

——歌德

**任务目标**

(1)了解不同手势的含义。
(2)掌握旅游服务人员基本手势规范。

**任务描述**

请同学们展示常用的手势,并说明所表达的含义。

**任务准备**

(1)场地准备:多功能礼仪实训室。
(2)用品准备:大镜子(镜子要上过学生头顶,下及地面)。
(3)仪容仪表准备:与课人员着正装,女生过肩长发应扎起。

**背景知识**

俗话说:"十里不同风,百里不同俗。"在手势语的使用上,不同的地域,有不同的习俗。所以作为旅游服务人员,在使用手势时一定要注意以下三点。

### 一、按岗位规范使用

手势语的使用有其规范性,使用时不可随心所欲,应按照约定俗成的习惯或岗位规范进行。否则,容易引起误解。

## 二、注意地域区别

相同的手势动作,在不同的地域有其含义上的差别,正所谓"同形不同意"。所以,在使用手势语时,要注意接受方的国别差异和宗教信仰差异,对这些方面一定要事先有所了解,才能正确使用手势。

## 三、使用时忌多适少

手势语要因时、因地、因人使用,不能全面代替口头语言的作用。口头语和手势语合理结合,才能使旅游服务用语达到最佳的效果。

 实训内容

### 一、手持物品训练程序

(1) 手持物品时,可根据物品重量、形状及易碎程度采取相应手势,以稳妥为手持物品的第一要求,并且尽量做到轻拿轻放、防止伤人或伤己。

(2) 手持物品时,服务人员可以采用不同的姿势,主要由服务人员本人的能力以及物品的大小、形状、重量决定,但无论采用什么姿势,都一定要避免在持物时手势夸张、小题大做。

(3) 手持物品时要有明确的方向感,不可将物品倒置。很多物品有其固定的手持位置,手持物品时要"按物所需"。

(4) 为客人取拿食品时,切忌手指与食物接触,如不可把手指搭在杯、碗、碟、盘边沿,更不可无意之间使手指浸泡其中等。

### 二、展示物品训练程序

#### (一) 便于观看

展示物品时,一定要将其正面朝向观众,如果物品上面有文字,一定要使文字的方向朝向观众以便于观众阅读,并且展示的高度和展示的时间以有利于观众观看为原则。另外,当四周皆有观众时,展示时还需变换不同的角度。

#### (二) 手位正确

在展示物品时,应将物品放在身体一侧,不能挡住展示者的头部。物品要与展示者的双眼齐高。如有必要,还可将双臂横伸,使物品向体侧伸出,物品应放在肩至肘处,上不过眼部,下不过胸部。

### 三、接递物品训练程序

#### (一) 用双手递接物品

双手递接物品是体现对顾客尊重最为重要的一点。即使不方便双手并用,也应该尽量采用右手,切记不可以左手递物(在很多信仰宗教的国家里,这种行为通常被视为失礼之举)。

### (二)尽量递到手中

递给他人的物品,如果环境等因素允许,应直接交到对方手中;不到万不得已,最好不要将所递的物品经别处"中转"。

### (三)礼貌主动

若递接双方相距过远,递物者应主动走近接物者;假如自己坐着,还应尽量在递物时起立。

### (四)方便接取

服务人员在递物时,应为对方留出便于接物的空间,不要让其感到接物时无处下手。若是将带有文字的物品递交他人时,还须使文字方向合适,以便对方接过后便于阅读。

### (五)尖、刃向内

将带尖、带刃或其他易于伤人的物品递给他人时,切勿将尖、刃的一头朝向对方,应使其朝向自己或他处。

## 四、打招呼训练程序

打招呼的动作要点如下。
(1)五指并拢,手掌举过肩头,全手掌摆动,而不能仅用手指。
(2)掌心要面向对方,而不宜朝向其他方向。

## 五、举手致意训练程序

服务人员工作繁忙而又无法向面熟的顾客问候时,可向其举手示意。这样,可消除对方的被冷落感,避免产生误会。正确做法如下。
(1)面向对方。举手致意时,应全身直立,并且至少要使上身与头部朝向对方,面带微笑。
(2)手臂上伸。致意时手臂应自下而上向对应的肩头的侧上方伸出。手臂可略微弯曲,也可全部伸直。
(3)掌心向外。致意时须五指并拢,并且掌心面向客人,指尖向上。

## 六、指示方向训练程序

服务人员在指示方向时,通常使用与顾客行进方向较近的手臂,五指并拢,掌心向上,头随手动,指示方向后要稍作停顿。
(1)指示行进方向:手臂上抬并侧展,与肩同高,并且与肩膀呈一水平线。同时,胸部和面部向指示方向偏转,面带微笑。
(2)指示物品所在处:手臂向身体外侧展开,与身体呈45°~60°夹角,五指并拢,指尖指向物品所在处。
(3)请顾客进门:手臂向身体外侧展开,大臂与小臂呈135°左右的夹角,指尖指向门内。

（4）请人入座：手臂由上向下斜伸摆动，并且以指尖指向座椅。

## 七、挥手道别训练程序

挥手道别的动作要点如下。

（1）身体站直。挥手时身体要站直，不可走动、乱跑，更不可摇晃。

（2）手臂前伸。道别时，可用右手，也可双手并用，但手臂应向前平伸，与肩同高，注意手臂不要伸得太低或过分弯曲。

（3）掌心朝外。要保持掌心朝向客人，指尖向上，否则是不礼貌的。

（4）左右挥动。要将手臂向左右两侧挥动，但不可上下摆动。若使用双手时，挥动的幅度应大些，以显示热情。

（5）目视对方。挥手道别时，要目视对方，直至道别对象在服务人员的视线范围内消失，否则会被对方误解为"自己是不速之客"。

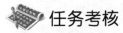

**任务考核**

（1）服务人员使用手势时，应注意哪些问题？

（2）"请"的手势规范有哪些要点？

（3）展示物品时手势规范有哪些要点？

（4）V形手势在使用时若手心向内，在澳大利亚、新西兰、英国表达什么意思？

**趣味常识**

### 手 势 语

手是人身体上活动幅度最大、运用操作最自如的部分。因此手势语是人体语最重要的组成部分，是最重要的无声语言。世界上不同的国别或相异的民族，同一种手势语表达的意思可能大体相同或相近，也可能截然相反。下面介绍几种常见的手势语。

（1）向上伸大拇指：这是中国人最常用的手势，表示夸奖和赞许，意味着"好""妙""了不起"。在日本，这一手势表示"男人""您的父亲"。在韩国，表示"首级""父亲""部长""队长"。在美国、印度、法国，在拦路搭车时横向伸出大拇指表示要搭车。在印度尼西亚，伸出大拇指指东西。但在澳大利亚，竖大拇指则是一个粗野的动作。

（2）向下伸大拇指：在中国，意味着"向下""下面"。在英国、美国、菲律宾，大拇指向下含有"不同意""结束"之义，或表示"对方输了"。墨西哥人、法国人则用这一手势表示"没用""死了"或"运气差"。在泰国、缅甸、菲律宾、马来西亚、印度尼西亚，大拇指向下表示"失败"。在澳大利亚，使用这一手势表示讥笑和嘲讽。

（3）向上伸食指：中国人向上伸食指，表示数目，可以指"一"，也可指"一十""一百""一千"等整数。在日本、菲律宾、斯里兰卡、印度尼西亚、沙特阿拉伯、墨西哥等国家，食指向上表示只有一个（次）的意思。在美国，让对方稍等时要使用这个手势。在法国，学生在课堂上向上伸出食指，老师才会让他回答问题。在澳大利亚，在酒吧、饭店向上伸出食指，表示"请来一杯啤酒"。在墨西哥、缅甸、日本、马来西亚，这一手势表示顺序上的第一。

在中东,用食指指东西是不礼貌的。

(4)向上伸中指:两千多年来罗马人一直称中指为"轻浮的手指"。事实上,单独伸出中指的手势在世界绝大多数国家都不意味着好事情,普遍用来表示"不赞同""不满"或"诅咒"之意。

(5)向上伸小指:在中国,这一手势表示"小""最差""最末名",并且引申而来表示"轻蔑"。在日本,表示"女人""女孩""恋人"。在韩国,表示"妻""女朋友"。在菲律宾,表示"小个子""年少者""无足轻重之人"。在美国,表示"懦弱的男人"或"打赌"。但在泰国和沙特阿拉伯,向对方伸出小手指,表示彼此是"朋友",或者表示愿意"交朋友",在缅甸和印度,这一手势表示"想去厕所"。

(6)伸出弯曲的食指:这一手势是英美人惯常用的手势,表示招呼某人过来。这个手势在中国表示"9"。在日本,表示"小偷"或"偷窃行为"。在印度尼西亚,表示"心肠坏""吝啬"。在泰国、新加坡、马来西亚,表示"死亡"。

(7)大拇指和食指搭成圆圈:将大拇指和食指搭成一个圆圈,再伸直中指、无名指和小指。这一手势在美国和英国经常使用,相当于英语中的OK,一般用来征求对方意见或回答对方所征求的话,表示"同意""赞扬""顺利"和"了不起"。在中国,这个手势表示数目"0"或"3"。在法国,表示"零"和"一钱不值"。在泰国,表示"没有问题"。在日本、韩国、缅甸,表示"金钱"。另外,有些国家用这一手势来表示"圆""洞"等。

## 任务4.3 表情礼仪

**礼仪名言引入**

一旦学会了眼睛的语言,表情的变化将是无限的。

——泰戈尔

### 任务目标

(1)了解表情的核心要素。
(2)了解目光和微笑的作用。
(3)掌握目光与微笑的基本规范。

### 任务描述

请三位同学上台展示自己的笑容,并请其他同学谈谈感受。

## 任务准备

(1) 场地准备：多功能礼仪实训室。
(2) 用品准备：大镜子，椅子桌子若干，椅子摆放。
(3) 仪容仪表准备：与课人员着正装，女生过肩长发应扎起。

## 背景知识

### 一、不同目光的含义

在人与人之间进行交流时，目光的交流总是处于最重要的地位。在不同场合与不同情况下，应运用不同的目光。

见面时，无论是熟人，还是陌生人，无论是偶然遇见，还是约定见面，首先要以闪烁光芒的目光正视对方片刻，面带微笑，显示出喜悦、热情。

对初次见面的人，还应微微点头，行注目礼，表示出尊敬和礼貌。

在集体场合开始发言讲话前，要用目光扫视全场，表示"我要开始讲了，请予注意"。

不同目光的含义也不一样。

(1) 交谈时注视对方，意味着对其重视。
(2) 走路时双目直视、旁若无人，表示高傲。
(3) 频频左顾右盼，表示心中有事。
(4) 对来访者只打招呼不看对方，表示工作忙而不愿接待，相互正视片刻表示坦诚。
(5) 互相瞪眼表示敌意。
(6) 斜着扫一眼表示鄙视。
(7) 正视、逼视表示命令。
(8) 不住地上下打量表示挑衅。
(9) 白眼表示反感。
(10) 眼睛眨个不停表示疑问。
(11) 双目大睁表示吃惊。
(12) 眯着眼看既可表示高兴，也可表示轻视。
(13) 左顾右盼、低眉偷窥表示困惑。
(14) 行注目礼表示尊敬。
(15) 俯视对方表示保持尊严。
(16) 频繁而又急速地转眼，表示内疚、恐惧或撒谎。
(17) 视线有规则并且频繁，表示思考。
(18) 游离不定的目光传达的信息是心神不宁等。

目光是受感情制约的，在与人交往中学会正确地运用目光，关键是把握好自己的内心感情。把握得当，目光才能更好地发挥作用。

### 二、目光的注视位置

与人交往时，不能死盯住对方的某个部位，或不停地在对方身上上下打量，这是极为失礼的。注视对方什么位置,要依据传达什么信息、造成什么气氛而异,依据不同场合、不同对象而异。

### (一) 公务注视区间

公务注视区间是指在进行业务洽谈、商务谈判、布置任务等谈话时采用的注视区间。范围是以两眼的底线、前额上部为顶点所连接成的三角区。由于注视此部位能达到严肃认真、居高临下的效果,所以常为企图处于优势的商人、外交人员所采用,以便帮助他们掌握谈话的主动权和控制权。

### (二) 社交注视区间

社交注视区间是指人们在普通社交场合采用的注视区间。范围是以两眼为上线,以下颚为顶点所连接的倒三角区。由于注视这一区域最容易形成平等感,创造良好的社交氛围,人们常在茶话会、舞会、联欢会以及其他一般社交场合运用。注视谈话者的这一区域,能使谈话者轻松、自然,能比较自由地把自己的观点、见解表达出来。

### (三) 亲密注视区间

亲密注视区间是指具有亲密关系的人在交谈时采用的注视区间。范围是对方的眼睛、嘴部和胸部。恋人之间、亲朋好友之间,注视这些区域能激发感情,表达爱意。

## 三、微笑的魅力

微笑是人们对美好的事物表达愉悦情感的心灵外露,是善良、友好、赞美的象征。

微笑是友谊之桥,萍水相逢时,微笑能使对方觉得你像老朋友一样亲切友好。

微笑表现出对他人的理解、关心和爱,是礼貌修养的外在表现,是谦逊、含蓄、自信的反映,是心理健康的标志。

微笑是积极、乐观的一种情绪,在服务岗位上微笑待客,既能创造出一种和谐融洽的现场气氛,又可以感染服务对象,使其备感亲切和温暖。

当服务对象提出一些不好回答或不便回答的问题时,微微一笑,不作回答,更能显示出它的特殊功能。

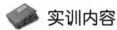 实训内容

### 一、基本训练

#### (一) 目光礼仪训练

与陌生人初次见面时,可将目光放在鼻梁上,眼神较自然。

对于上级或是你很尊敬的人,可将目光放在两眼上端的额头上,有略微仰视的效果。

较熟悉的老朋友,目光自然,不必拘束。

旅游服务人员要主动、亲切、温和、大方地用目光来表达你的热情、关注。

将视线经常停留于对方的前额到嘴部的三角形区域之间,并与其经常保持目光交流,以洞悉其真实需求。

## （二）微笑训练

对镜练习：发自内心的微笑，使脸部的变化、肌肉的动态以及眉、眼、嘴的动作在微笑时和谐统一，表露真诚、友善、愉快的心态，做到笑到、目到、眼到、心到、意到、神到、情到。

诱导练习：调动感情，发挥想象力，或回忆美好的过去，或憧憬更加美好的未来等，使微笑源自内心，有感而发。做到"诚于中而形于外"，切不可故作笑颜，假意奉承，做出"职业性的笑"。

发自内心的微笑既是一个人自信、真诚、友善、愉快的心态表露，同时又能造就一种富有人情味的融洽气氛，它能温暖人心，消除冷漠，有助于获得理解和支持。

## 二、训练重点

（1）运用目光切忌目光时上时下、游离不定、目光涣散、左顾右盼，这是傲慢、怯懦、蔑视、漫不经心的表现，是服务中忌讳的眼神。

（2）正确的正视能使客人体会出旅游服务人员的自信和坦诚，这不仅向客人传递了尊重、友好之情，而且也使客人备感信赖与欢欣。

（3）发声练习微笑，发"一""七""西"等音，使微笑时眉、眼、面部肌肉、口形和谐统一、自然大方。

（4）讲话练习表情的综合运用，克服羞涩和胆怯心理，使目光和微笑能准确传递热情、友好的信息。

（5）给微笑一个理由，使不微笑成为不可能。

## 三、注意事项

### （一）目光的注视时间

与人交谈时，不可长时间地凝视对方。一般情况下，50%的时间注视对方，另外50%的时间注视对方脸部以外的5～10厘米处。对东方人也可保持1/3的时间注视对方，必须根据交流的对象和场合把握好注视的时间。

### （二）目光的注视位置

旅游服务人员应采取公务正视与社交正视相结合的方法，将视线经常停留于交往对象的前额到嘴部的三角形区域之间，与对方经常保持目光接触，不得左顾右盼。

### （三）微笑要真诚

微笑要发自内心，向对方表现自己的诚意；微笑要能感染人，向他人传递自己的善意。

### （四）微笑要适度

微笑要适度，不能随心所欲，不加节制，想怎么笑就怎么笑。只有笑得得体、笑得适度，才能充分表达友善、真诚、和蔼、融洽等美好情感。

### （五）微笑要适宜

微笑应注意场合和对象，不能以一笑应万变。比如，特别严肃的场合，不宜笑；当客人做错了事、说错了话时，不宜笑；当客人无论由于何种原因处于尴尬时，不宜笑。

## 任务考核

请选择一幅你最喜欢的笑脸图片,说明理由。

### 趣味常识

#### 微笑的魅力

威廉·史坦哈已经结婚18年了,从早上起来到他要上班的这段时间,他很少对自己的太太微笑,也很少跟她说话。史坦哈觉得自己是百老汇最闷闷不乐的人。

后来,在史坦哈参加的继续教育培训班中,他被要求准备以微笑的经验发表一段谈话,于是决定亲自试一个星期看看。

于是,每天史坦哈在出门上班的时候,都会对住宅的电梯管理员微笑着说一声"早安";他以微笑跟大楼门口的警卫打招呼;他对地铁的检票小姐微笑;当他站在交易所时,他对那些以前从没见过自己微笑的人微笑。

史坦哈很快就发现,每一个人也对他报以微笑。他以一种愉悦的态度,来对待那些满肚子牢骚的人。他一面听着他们的牢骚,一面微笑着,于是问题就容易解决了。史坦哈发现微笑带给了自己更多的收入,每天都带来更多的钞票。

史坦哈跟另一位经纪人合用一间办公室,对方是个很讨人喜欢的年轻人。史坦哈告诉那位年轻人自己最近在微笑方面的体会和收获,并声称自己很为所得到的结果而高兴。那位年轻人承认说:"最初跟您共用办公室的时候,我认为您是一个闷闷不乐的人。直到最近,我才改变看法:当您微笑的时候,充满了慈祥。"

人生智慧:你的笑容就是你好意的信使。你的笑容能照亮所有看到它的人。对那些整天都紧锁眉头、愁容满面、视若无睹的人来说,你的笑容就像穿过乌云的太阳,尤其对那些受到上司、客户、老师、父母或子女的压力的人,一个笑容能让他们觉得一切都是有希望的,世界上是有欢乐的。

世界上的每一个人都在追求幸福,有一个可以得到幸福的可靠方法,就是以控制你的思想来得到。幸福并不是依靠外在的情况,而是依靠内在的情况。记住:微笑能改变你的生活。如果你不喜欢微笑,那怎么办?就强迫自己微笑。如果你是独自一个人,强迫你自己吹一段口哨或哼一首小曲,表现出你似乎已经很快乐的状态,这就更容易使你走向快乐。

旅游服务
礼仪

项目2

# 餐饮接待服务礼仪

## 任务 1

# 中餐礼仪

**礼仪名言引入**

尊人立莫坐,赐坐莫背人。蹲坐无方便,席上被人嗔。

——王梵志

### 任务目标

(1) 了解中餐的用餐方式。
(2) 掌握中餐用餐的席位排列礼仪。
(3) 掌握中餐用餐礼仪和要求。

### 任务描述

(1) 能根据不同接待情景运用桌次和席次礼仪为客人安排席位。
(2) 运用中餐用餐礼仪,按照要求大方得体地在中餐厅用餐。

### 任务准备

(1) 场地准备:中餐实训室。
(2) 用品准备:中餐完整摆台(整套)。
(3) 仪容仪表准备:与课人员仪容仪表严格按照旅游职业人员要求进行整理。

### 背景知识

中华饮食,源远流长。中国自古就有"礼仪之邦"的美誉,中国人讲究"民以食为天",饮食礼仪自然成为饮食文化的一个重要部分。中国的饮宴礼仪始于周公,经千百年的继承和发展,最终形成了大家普遍接受的一套进餐礼仪演进。随着中西饮食文化的不断交流,中餐不仅是中国人的主流饮食,而且也越来越受到外国人的青睐。看似平常的中式餐饮,用餐时的礼仪却是别有一番讲究的。中餐礼仪因宴席的性质不同而不同;不同地区的餐饮礼仪也是千差万别。

## 一、中餐的用餐方式

### (一) 根据用餐的规模划分

1. 正式宴会

正式宴会是一种隆重而正规的宴请。它是为宴请专人而精心安排的,在比较高档的饭店,或是其他特定的地点举行的,讲究排场、气氛的大形聚餐活动。其对到场人数、穿着打扮、席位排列、菜肴数目、音乐演奏、宾主致辞等,往往都有十分严谨的要求。

2. 便宴

便宴适用于正式的人际交往,更多见于日常交往。它的形式简单,偏重于人际交流,而不注重规模、档次。一般来说,它只安排相关人员参加,不邀请配偶,对穿着打扮、席位排列、菜肴数目往往不作过高要求,也不安排音乐演奏和宾主致辞。只要用餐者讲究公德,注意卫生、环境和秩序,在其他方面就不用介意过多。

3. 家宴

家宴是指在家里举行的宴会。相对于正式宴会而言,家宴最重要的是要制造亲切、友好、自然的气氛,使宾主双方轻松、自然、随意,增进彼此交流,加深了解,促进信任。通常,家宴在礼仪上往往不作特殊要求。为了使来宾感受到主人的重视和友好,基本上要由女主人亲自下厨烹饪,男主人充当服务员;或男主人下厨,女主人充当服务员,共同招待客人,使客人产生宾至如归的感觉。

### (二) 根据餐具的使用划分

1. 分餐式

分餐式是指在用餐的整个过程中为每一位用餐者所上的主食、菜肴和酒水以及所提供的其他餐具,一律每人一样一份,分别使用,避免混杂、共享或共用,适合各种宴会。

2. 公筷式

公筷式是指用餐时,主食、菜肴等不必每人一份,但在取用时,不可以用自己的餐具直接取食,而应借助于带有特殊标记的、公用的餐具先取适量放入自己的食碟、汤碗内,再用自己的餐具享用。

3. 自助式

自助式是指不排席位,也不安排统一的菜单,把能提供的全部主食、菜肴、酒水陈列在餐台上,由用餐者根据个人喜好,选择、加工、享用食物。采取这种方式可以节省费用,而且礼仪讲究不多,宾主都方便。在举行大型活动、招待为数众多的来宾时,这样安排用餐也是明智的选择。

4. 混餐式

混餐式是指多个人共同用餐,主食、菜肴被放在公共的碗、盘中,由用餐者根据自己的喜好用自己的餐具直接取食。注意,以此种方式举办宴会,尤其是宴请外国朋友是不适合的。

## 二、中餐的时空选择

### (一) 中餐的时间选择

1. 民俗惯例

中餐根据人们的用餐习惯可分为早餐、午餐、晚餐三种。

2. 主随客便

主人要从自己的客观能力出发,优先考虑被邀请者,特别是主宾的实际情况。如果可能,应该先和主宾协商一下,力求两厢方便。至少应提供几种时间上的选择,以表示自己的诚意,并要对进餐时间进行必要的控制。

3. 适当控制

用餐时间不可无限制,一般正式宴会的用餐时间以 1.5~2 小时为宜,非正式宴会和家宴的时间为 1 小时左右,而便餐的时间仅为半小时左右。

### (二) 中餐的空间选择

1. 环境优雅

宴请不仅仅是为了"吃东西",也要"享文化"。如果用餐地点档次过低、环境不好,即使菜肴有特色,也会使宴请大打折扣。在可能的情况下,一定要选择在清静、优雅的环境下用餐。

2. 卫生条件

在确定社交聚餐的地点方面,一定要看卫生状况。如果用餐地点太脏、太乱,不仅卫生问题让人担心,还会破坏用餐者的食欲。

3. 交通方便

在交通方面,应考虑有没有公共交通线路通过,有没有停车场,是不是要为聚餐者预备交通工具等一系列的具体问题,以及该地点的设施是否完备等。

### (三) 中餐的席位排列

1. 宴请时的桌次排列

(1) 由两桌组成的小型宴请。当两桌横排时,桌次是以右为尊,以左为卑。这里所说的右和左,是由面对正门的位置来确定的。当两桌竖排时,桌次讲究以远为上,以近为下。这里所说的远近,是以距离正门的远近而言的。

(2) 由三桌或三桌以上所组成的宴请。在安排多桌宴请的桌次时,除了要注意"面门定位""以右为尊""以远为上"等规则外,还应兼顾其他各桌距离主桌的远近。通常,距离主桌越近,桌次越高;距离主桌越远,桌次越低。在安排桌次时,所用餐桌的大小、形状要基本一致。除主桌可以略大外,其他餐桌都不要过大或过小。

为了确保在宴请时赴宴者能及时、准确地找到自己所在的桌次,可以在请柬上注明对方所在的桌次,在宴会厅入口悬挂宴会桌次排列示意图,安排引位员引导来宾按桌就座,或者在每张餐桌上摆放桌次牌(用阿拉伯数字书写)。

高规格的中餐宴会多使用大圆桌。由于到席的人数较多,所以就存在场地的布置问题,应该根据餐厅的形状和大小以及赴宴的人数安排场地,桌与桌之间的距离以方便服务人员服务为宜。主桌应该位于面向餐厅正门的位置,可以纵观整个餐厅或者宴会厅。一定要将主宾入席和退席的线路设为主行道,应该比其他的通道宽一些。不同桌数的布局方法有所区别,但一定要做到台布铺置一条线、桌腿一条线、花瓶一条线,主桌突出,各桌相互照应,均匀、美观分布,并且要预留出服务人员为客人服务的空间。宴会的桌次安排与布置如图 2-1 所示。

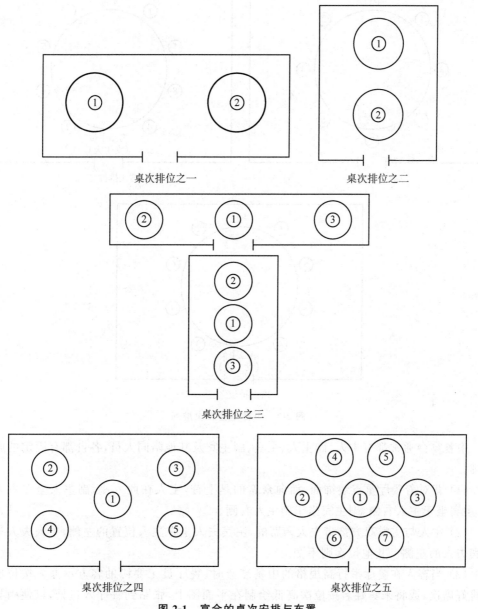

图 2-1　宴会的桌次安排与布置

## 2. 宴请时的位次排列

在宴会上，位次具体是指同一餐桌上席位的高低，也叫席次。中餐宴会上的席次安排讲究面门为上、右高左低（主宾居右）、中座为尊、观景为佳、临墙为好，好事成双，各桌同向。这也是宴会上安排客人席位的规则，虽主席位的安排上有这些讲究，但在实际安排中要灵活应用。中餐宴会席次安排如图2-2所示。

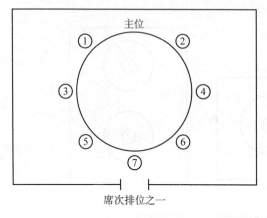

席次排位之一

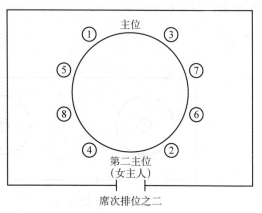

席次排位之二

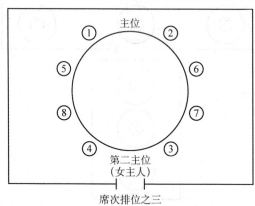

席次排位之三

图2-2 中餐宴会席次排列

中餐宴会通常都有主人、副主人、主宾、副主宾及其他陪同人员，各自都有固定的席次安排。

（1）背对着餐厅重点装饰面、面向众席的是上首，主人在此入座，副主人坐在主人对面，主宾坐于主人右侧，副主宾坐于副主人右侧。

（2）主人与主宾双方携带夫人入席的，主宾夫人坐在主人位置的左侧，主人夫人坐在主宾夫人的左侧。其他位次则不变。

（3）当客人在餐厅举行高规格的中餐宴会时，餐厅员工要协助客方承办人按位次大小排好席次，或将来宾姓名按位次高低绘制在平面图上，张贴到餐厅入口处，以便引导宾客入席就座。

根据上面位次的排列方法，圆桌位次的具体排列可以分为以下两种具体情况。

每桌一个主位的排列方法：特点是每桌只有一名主人，主宾在主人右边就座，每桌只有一个谈话中心。

每桌两个主位的排列方法：特点是主人夫妇在同一桌就座，以男主人为第一主人，女主人为第二主人，主宾和主宾夫人分别在男、女主人右侧就座。每桌客观上形成了两个谈话中心。

另外，如果主宾身份高于主人，为表示尊重，也可以安排主宾坐在主位，主人坐在主宾的位子上。同时，为了便于来宾准确无误地在自己位次上就座，除招待人员和主人及时加以引导外，应在每位来宾所属座次正前方的桌面上，事先放置醒目的桌牌。举行涉外宴请时，桌牌应以中、英文两种文字来书写。我国的惯例是，中文在上，英文在下。必要时，桌牌的两面都应书写用餐者的姓名。

举行多桌宴请时，每桌都要有一位主桌主人的代表在座，位置一般和主桌主人同向，有时也可以面向主桌主人。各桌位次的尊卑根据距离该桌主人的远近而定，以近为上，以远为下。各桌距离该桌主人相同的位次，讲究以右为尊，即以该桌主人面向为准，以右为尊，以左为卑。每张餐桌上所安排的用餐人数应限在十人以内，最好是双数。比如，六人、八人、十人。人数如果过多，不仅不容易照顾，而且也可能因拥挤而让客人感觉不便，甚至失礼。

## 三、中餐的点菜礼仪

### （一）点菜礼仪

1. 量入为出

点菜时，不仅要吃饱、吃好，而且要适可而止。如果为了讲排场、装门面，在点菜时大点、特点，甚至乱点一通，不仅对自己没好处，而且还会招人笑话。所以，在点菜时，一定要心中有数，力求做到不超支、不乱花钱、不铺张浪费。可以点套餐或包桌，这样费用固定，菜肴的档次和数量相对固定；也可以根据个人预算，在用餐时现场临时点菜，这样做自由度较大，而且可以兼顾各人的口味。

2. 互相体谅

点菜时，被宴请者要告诉宴请者，自己没有特殊要求，请随便点，这实际上正是对方欢迎的，或是自己点一个不太贵、又不是大家忌口的菜，再请别人点。对于别人点的菜，无论如何都不要挑三拣四。

3. 上菜次序

中式菜肴品种繁多，极其丰富，主要流行菜系之说。中国菜系具有明显的地方特色和民族特色，所以虽然都是中式菜肴，但因地域的不同，上菜的次序也会有所不同。通常，首先是冷盘，接下来是热炒，随后是主菜，然后上点心水果，最后上果盘。南方如广东等地区以粤菜为主，上菜次序中汤是放至第一位的，而如北方一些地区，山东鲁菜，汤则是放在主菜后面上的。如果上咸点心的话，应上咸汤；如果上甜点心的话，就要上甜汤。不管是不是吃大餐，了解中餐标准的上菜次序，不仅有助于在点菜时巧作搭配，而且还可以避免因为不懂而出纰漏、闹笑话。

## （二）菜单准备

### 1. 宜选的菜肴

（1）有中餐特色的菜肴。在为客人推荐菜肴时，特别是有外宾的时候，要先介绍有中餐特色的菜肴，像炸春卷、煮元宵、蒸饺、狮子头、宫保鸡丁等，虽不是珍馐美味，但因为具有鲜明的中国特色，从而受到众多外宾推崇。

（2）有本地特色的菜肴。比如西安的羊肉泡馍，湖南的毛家红烧肉，上海的红烧狮子头，北京的涮羊肉，在这些地方宴请外地客人时，选这些特色菜，要比千篇一律的生猛海鲜更受好评。

（3）本餐厅的特色菜。很多餐厅都有自己的特色菜。上一份本餐厅的特色菜，能说明主人的细心和对被请者的尊重。

（4）主人的拿手菜。举办家宴时，主人可以当众露一手，多做几个自己的拿手菜。其实，所谓的拿手菜不一定十全十美。只要主人亲自动手，单凭这一条，足以让对方感觉到你的尊重和友好。

### 2. 忌选的菜肴

（1）宗教禁忌。信奉不同的宗教，会有不同的饮食禁忌。例如，穆斯林禁食猪肉，并且不喝酒。国内的佛教徒不吃荤腥食品，不仅禁食肉，而且还禁食葱、蒜、韭菜、芥末等气味刺鼻的食物。有些人出于健康的考虑，对某些食品也有所禁忌。比如，患心脏病、脑血管、脉硬化、高血压和卒中后遗症的人，不适合吃狗肉，肝炎病人忌吃羊肉和甲鱼，患胃肠炎、胃溃疡等消化系统疾病的人也不适合吃甲鱼，高血压、高胆固醇患者要少喝鸡汤等。

（2）地方禁忌。对于这一点，在安排菜单时也要兼顾。比如，湖南人普遍喜欢吃辛辣食物，少吃甜食。英美国家的人通常不吃动物内脏、动物的头部和脚爪。

（3）职业禁忌。有些职业，出于某种原因，在餐饮方面往往也有各自不同的特殊禁忌。例如，驾驶员在工作期间不能喝酒。

（4）个人禁忌。有些人在饮食方面会有特殊的要求。例如，有的人不吃肉，有的人不吃鱼，有的人不吃蛋等。对这些人，要给予照顾。

## 四、中餐餐具使用礼仪

使用筷子用餐是中国的传统，古时筷子被称为"箸"，在人类文明史上是一项值得骄傲和推崇的科学发明。在长期的生活实践中，人们对筷子的使用也形成了一些礼仪讲究和禁忌。

### （一）使用筷子的礼仪

#### 1."三长两短"

在餐桌上，将筷子长短不齐地摆放是不吉利的象征，俗称"三长两短"。其意思是代表"死亡"。因为在中国传统习俗中人死后要被装进棺材来以示生命的可贵。棺身由前后两块短木板，两旁侧帮加棺底三块长木板所组成，五块木板刚好是"三长两短"，所以筷子长短不齐地摆放则被视为不吉利的事情。

2."定海神针"

"定海神针"是指在用餐时用一只筷子去插盘子里的菜品,这也是不合礼仪的,被认为是对同桌用餐人员的一种羞辱。在吃饭时做出这种举动,与在欧洲当众对人伸出中指的意思是一样的,这也是不礼貌的。

3."泪箸遗珠"

"泪箸遗珠"实际上是指用筷子往自己盘子里夹菜时,手不利落,将菜汁滴落在其他菜里或桌子上。这种做法被视为严重失礼,同样是不可取的。

4."当众上香"

往往是出于好心,帮别人盛饭时,为了方便省事把一副筷子插在饭中递给对方,被称为"当众上香"。这会被人视为大不敬,因为中国的传统是为死人上香时才这样做,如果把一副筷子插入饭中,无疑是被视同于给死人上香一样,所以说,把筷子插在碗里是绝不被接受的。

5."品箸留声"

把筷子尖含在嘴里来回嘬,并不时地发出咝咝声响,这种行为被称为"品箸留声",被视为一种无礼的做法。因为在吃饭时用嘴嘬筷子本身就是一种无礼的行为,再配以声音就更是令人生厌。所以一般出现这种做法都会被认为是缺少家教,同样不礼貌。

6."击盏敲盅"

"击盏敲盅"的行为被看作是乞丐要饭,其做法是在用餐时用筷子敲击盘碗。因为过去只有要饭的才用筷子击打要饭盆,使其发出的声响配上嘴里的哀告,以引起行人注意并给予施舍。这种做法被视为极其无礼的事情,为他人所不齿。

7."执箸巡城"

"执箸巡城"是指用筷子来回在菜盘里巡回,不知从哪里下筷为好。此种行为是典型的缺乏修养的表现,显得目中无人,极其令人反感。

8."迷箸刨坟"

"迷箸刨坟"是指拿着筷子在菜盘里不住地扒拉,以寻找猎物,就像盗墓刨坟的一般。这种做法同"执箸巡城"相近,都属于缺乏教养的做法,令人生厌。

9."仙人指路"

"仙人指路"是一种错误的执箸方法,而用大拇指和中指、无名指、小指捏住筷子,而食指伸出,这在北京人眼里叫"骂大街"。在中国,伸出食指指点对方时,大都带有指责的意思。所以说,拿筷子时食指伸出,无异于指责别人,这如同骂人,是不被允许的。还有一种情况也是这种意思,那就是吃饭时用筷子指人。

10."交叉十字"

"交叉十字"是指在用餐时将筷子随便交叉放在桌上,这是对同桌其他人的全部否定,就如同学生写错作业,被老师在本上打叉子的性质一样,不能被他人接受。除此以外,这种做法也是对自己的不尊敬,因为过去吃官司画供时才打叉子,这无疑是在否定自己,也是不可行的。

### 11. "落地惊神"

"落地惊神"是指失手将筷子掉落在地上,这是严重失礼的一种表现。因为中国人认为,祖先们全部长眠在地下,不应当受到打搅,筷子落地就等于惊动了地下的祖先,这是大不孝,所以这种行为也是不被允许的。

### 12. "颠倒乾坤"

"颠倒乾坤"是指用餐时将筷子颠倒使用,这种做法是非常被人看不起的,正所谓饥不择食,饿得都不顾脸面了,将筷子使倒,这是绝对不可以的。

## (二) 使用匙的礼仪

匙又称餐匙。在使用时尽量不要用其取菜。暂时不用餐匙时,应置于自己的食碟上或筷子架上。不要把它直接放在桌子上,或让它在食物中"立正"。用餐匙取食物时,不要过满,且立即食用,不要把它再次倒回原处。若取用的食物过烫,不可用餐匙将其折来折去,也不要用嘴对食物吹来吹去。食用餐匙里的食物时,尽量不要把餐匙放在嘴里或反复吸吮它。现在还有一种用法,就是用作公匙和分羹,公匙多在中餐中取食食物使用;分羹则是服务人员或主人为客人分餐而用。

## (三) 使用碗的礼仪

中国人在用餐时,使用碗也很讲究,不要将碗端起来进食,尤其不要用双手端起来进食。食用碗内的食物时,应以筷子、匙加以辅助,切勿不用任何餐具以嘴吸食。碗内若有食物剩余时,不可将其直接倒入口中,也不可用舌头来舔食碗中的食物。暂时不用的碗内食物不宜乱扔。不能将碗倒扣过来放在餐桌上。

## (四) 使用盘子的礼仪

一般盘子在桌子上的位置是不宜搬动的。不要一次盛放过多的食物,看起来凌乱不堪。不要将多种菜肴堆放在一起,弄不好彼此"相克""串味",不好看也不好吃。不宜将入口的残渣、骨、刺吐在地上、桌子上,而应将其放在盘子前端,必要时再由服务人员拿走,并更换新的盘子。

## (五) 辅餐具使用礼仪

用餐前,服务人员会为每人送上一块湿毛巾。使用湿毛巾时,只能用其擦手,不能用其擦汗、擦脸、擦嘴。口布垫到盘子下或放到腿上。原则上,口布是用来擦拭嘴巴的。

使用水杯时要记住:不要用水杯盛酒,不要倒扣水杯,喝入口中的水不能再吐回去。

在宴席上,上鸡、龙虾、水果时,有时会送上一小盂水(铜盆、瓷碗或水晶玻璃缸),水上漂有玫瑰花瓣或柠檬片,供洗手用(曾有人误认为是饮料,以致成为笑话),不能饮用。洗手时两手轮流沾湿指头,轻轻涮洗,然后用餐巾或小毛巾擦干。

使用牙签时要注意:不要当众剔牙;非剔不可时,应以一只手掩住口;剔出的东西,切勿当众观赏或重新送进口中;也不要长时间叼着牙签。

 实训内容

(1) 中餐宴会摆台台位设计(老师安排不同形状的场地和桌数)。

(2) 中餐用餐席位安排(老师给予不同的任务角色)。
(3) 展示中餐中使用筷子的礼仪和禁忌(提供桌子、碗、筷子和盘子)。
(4) 中餐餐间用餐礼仪。

## 任务考核

结合所学的有关中餐礼仪知识,理论联系实践,设置中餐厅模拟场景,根据中餐礼仪中的进餐礼仪和禁忌事项,由学生自设情景,编成小品,分角色扮演,让学生在演练中再次明确中餐用餐礼仪及要注意遵守的事项。老师评价并进行考核。

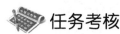

### 豆腐脑是甜？是咸？南方北方大不同

豆腐脑即是豆腐花,又称老豆腐、豆花,是利用大豆蛋白制成的高养分食品,主要分为甜、咸两种吃法。一般来说,甜食主要分布于中国南方(江南是咸的)、中国香港及中国台湾,咸食则为中国北方。

**关于咸味**

将豆腐脑加入卤或佐料,各地略有不同,各地的口味不同主要取决于卤或佐料。咸的一般是加入咸味的佐料,北方有加入肉馅的,还有加入芹菜、榨菜、黄花菜、木耳的;沿海有用海带丝、紫菜、虾皮的;还有放入麻酱、辣椒油、香菜、酱油、醋的;也有放韭菜花、蒜泥、葱花的等。其中在河南还有一种加入胡辣汤的,称为"豆腐脑胡辣汤两掺",极富地方特色;而四川的麻辣豆花,麻辣鲜香,也别有风味。

**关于甜味**

甜的一般是加入糖浆或砂糖、红糖,夏天通常将豆腐花放凉了吃,冬天则加入热糖水食用,有人为了驱寒还会在糖水中加入姜汁,或是为了口感加入绿豆、红豆、各色水果,或是粉圆一起食用。更新颖的吃法会加上巧克力糖浆,满天星制成"巧克力豆花",中国香港还有配以黑芝麻糊的"芝麻糊豆腐花",有人根据它的外形形象地将其称为"太极豆腐花"。

**咸甜口味分布**

甜:湖南、湖北、广西、广东、福建、中国澳门、中国香港、海南、中国台湾。
咸:北京、天津、河北、黑龙江、吉林、辽宁、内蒙古、江苏、浙江、上海。
辣:重庆、贵州、甘肃。
有甜有咸:河南、山东、江西、安徽、新疆。
有甜有咸还有辣:陕西、山西、四川、云南。

# 任务 2
# 西餐礼仪

西餐礼仪

> **礼仪名言引入**
>
> 尊人与酒吃,即把莫推辞。性少由方便,圆融莫遣之。
>
> ——王梵志

### 📁 任务目标

(1) 了解西餐的用餐方式。
(2) 掌握西餐用餐的席位排列礼仪。
(3) 掌握西餐用餐礼仪和要求。

### 📓 任务描述

(1) 能运用桌次和席次礼仪根据不同接待情景为客人安排席位。
(2) 能运用西餐用餐礼仪,按照要求大方得体地在西餐厅用餐。

### 📚 任务准备

(1) 场地准备:西餐实训室。
(2) 用品准备:西餐完整摆台(西餐宴会摆台)。
(3) 仪容仪表准备:与课人员、学生仪容仪表严格按照旅游职业人员要求进行整理。

### 📝 背景知识

西餐是饮食形式的一个类型,近年来西餐以健康、合理的食品搭配受到越来越多国人的喜爱,同时,西餐追求严谨、有趣、优雅的审美环境和氛围,也使之成为社交的一种手段和方式。学习和掌握西餐礼仪规范有助于提高国人人际交往的整体素质。

中餐吃气氛,西餐吃情调。在这情调的背后蕴含的是西餐文化和西餐礼仪。在欧洲,所有和吃饭有关的事,都备受重视,因为它同时提供了两种最受赞赏的美学享受——美食与交谈。除了菜品精美、口感精致之外,用餐时酒与菜的搭配也非常有讲究,优雅的用餐礼仪,闲适和放松的心态,自由地、尽情地享受环境和美食,正确使用餐具、酒具,都是享受西方美食的必修课。

## 一、西餐的座次

西餐台是可以拼接的,餐台的大小和台形的排法,可根据人数的多少和餐厅的大小来进行布置,一般为长台。人数较多时宴会的台形可有多种,图2-3为几种常见的台形。

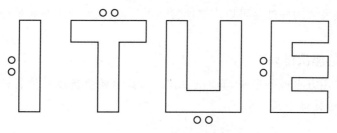

图2-3 西餐宴会摆台常见台形

### (一)座次排列的规则

在绝大多数情况下,西餐的座次问题更多地表现为位次问题。排列西餐的位次,一般应依照一些约定俗成、人所共知的常规原则进行。了解了这些基本规则,就可以轻松地处理位次排列问题。

1. 女士优先

在西餐礼仪里,女士处处备受尊重。在排定用餐位次时,主位一般应请女主人就座,而男主人则须退居第二主位。而且在入座礼仪中,一般是服务人员和在场的男士为女士先拉椅入座。

2. 恭敬主宾

在西餐中,主宾极受尊重。即使用餐的来宾之中有人在地位、身份、年纪方面高于主宾,但主宾仍是主人关注的中心。在排定位次时,应请男、女主宾分别紧靠着女主人和男主人就座,以示尊重,更便于进一步得到照顾。

3. 以右为尊

在排定位次时,以右为尊依旧是基本原则。就某一特定位置而言,其右侧之位理应高于其左侧之位。例如,应安排男主宾坐在女主人右侧,应安排女主宾坐在男主人右侧。以右为尊在西餐礼仪中的应用与在中餐礼仪中的应用是类似的。

4. 距离定位

一般来说,西餐桌上位次的尊卑,往往与其距离主位的远近密切相关。在通常情况下,距主位近的位子高于距主位远的位子,即越靠近主人的位置越是尊位。

5. 面门为上

面门为上有时又叫迎门为上,是指面对餐厅正门的位子,通常在序列上要高于背对餐厅正门的位子。但在真正的应用中也要灵活处理,有些场地有2个或2个以上门的,可以装饰面及电视等位置来确定,如面向舞台、靠近舞台为尊位,有利于看电视的位置为尊位,不能简单地就依据门的位置来定主位。

6. 交叉排列

用中餐时,用餐者通常与熟人或者恋人、配偶在一起就座,但在用西餐时,这种情景便不复存在了。正式一些的西餐宴会,一向被视为交际场合,重视"交际"二字的真正意义。所以在排列位次时,要遵守交叉排列的原则。依照这一原则,男女应当交叉排列,生人与熟人也应当交叉排列。因此,一个用餐者的对面和两侧,往往是异性,而且还有可能与其不熟悉。这样做最大的好处是可以广交朋友。不过,这也要求用餐者最好是双数,并且男女人数各半。

**(二) 具体的座次排列**

西餐一般采用方桌或条形桌,有时也用圆桌,甚至还会拼成其他各种图案。不过,最常见、最正规的西餐桌当属长桌。

1. 长桌

以长桌排位,主要有两种方法:方法一,男、女主人在长桌中央对面而坐,餐桌两端可以坐人,也可以不坐人;方法二,男、女主人分别就座于长桌两端,如图 2-4 所示。

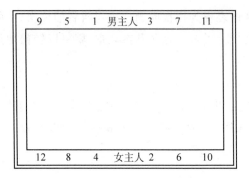 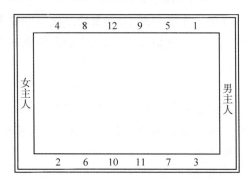

图 2-4 西餐长桌座次排列

如用餐人数较多时,还可以参考以上方法,用长桌拼成其他图案,以便安排大家一道用餐,如图 2-5 所示。

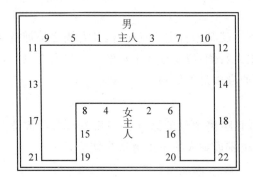 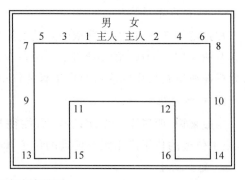

图 2-5 西餐长桌座次排列

## 2. 圆桌

西餐中,圆桌排位的情况并不多见。在隆重而正式的宴会里,尤为罕见。如果使用圆桌则与中餐宴会座次安排相同。

## 3. 方桌

以方桌排列位次时,就座于餐桌四面的人数应相等。在一般情况下,一桌共坐 8 人,每侧各坐两人的情况比较多见。在进行排列时,应使男、女主人与男、女主宾对面而坐,所有人均各自与自己的恋人或配偶坐成斜对角。

## 二、西餐的菜序

西餐菜单上一般有以下几类,分别是开胃菜、面包、沙拉、汤、副菜(如海鲜)、主菜(如肉类)、点心、咖啡与茶等。在点餐时应先确定主菜。主菜如果是鱼,开胃菜就选择肉类,从而在口味上比较富有变化。除非食量特别大,其实不必从菜单上的单品菜内配出全餐,只要开胃菜和主菜各一道,再加一份甜点就够了。不要汤,或者省去开胃菜,也是很理想的组合。正式的全套西餐上菜顺序如下。

### (一)开胃菜

第一道菜是开胃菜,也称为开胃品或"头盘"。开胃品的内容一般有冷头盘和热头盘之分,常见的品种有鱼子酱、鹅肝酱、熏鲑鱼、奶油鸡酥盒、焗蜗牛等。因为是要开胃,所以开胃菜一般都有特色风味,味道以咸和酸为主,而且数量少,质量较高。

### (二)面包

西餐的第二道菜就是面包。面包要用手取,注意取自己左手前面的。用左手拿起面包,用右手撕开,再把奶油涂上去,一小口一小口地吃。不可用面包蘸汤吃,也不可用手拿或用叉子叉一整块咬着吃。吃三明治时,小块的三明治和烤面包可用手拿着吃,大块的则在吃前应先切开。配卤汁吃的热三明治需要用刀和叉切成小块,再用叉子叉着小块的三明治蘸取卤汁吃。食用面包配有专门的黄油刀,放置在面包盘靠右侧 1/3 处,如图 2-6 所示。

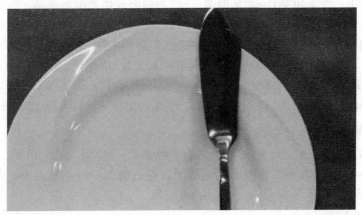

**图 2-6 黄油刀**

### (三) 沙拉

西式沙拉可细分为开胃沙拉、配菜沙拉、主菜沙拉、餐后沙拉。欧美国家,沙拉酱汁有好几百种之多,所以根据酱汁的不同,沙拉又有许多不同的做法。比如凯萨酱、罗勒鳀鱼酱、尼斯酱常作开胃沙拉;芥末油醋汁、千岛沙拉酱、大蒜油醋汁常作配菜沙拉;苹果芥末油醋汁、塔塔酱、白酒醋香草酱常作主菜沙拉;马士卡彭沙司酱、酸奶美乃滋、草莓酱汁常作餐后沙拉。

### (四) 汤

汤是西餐的"开路先锋",只有开始喝汤时才算是正式吃西餐了。西餐的汤大致可分为清汤、奶油汤、蔬菜汤和冷汤四类。其品种有牛尾清汤、各式奶油汤、海鲜汤、美式蛤蜊汤、意式蔬菜汤、俄式罗宋汤、法式焗葱头汤等。冷汤的品种较少,有德式冷汤、俄式冷汤等。

### (五) 副菜

鱼类菜肴一般作为西餐的第三道菜,也被称为副菜。其品种包括各种淡(海)水鱼类、贝类及软体动物类。通常水产类菜肴与蛋类、面包类、酥盒菜肴品都称为副菜。因为鱼类等菜肴的肉质鲜嫩,比较容易消化,所以放在肉类菜肴的前面,叫法上也和肉类菜肴主菜有区别。西餐吃鱼类菜肴讲究使用专用的调味汁,品种有鞑靼汁、荷兰汁、白奶油汁、大主教汁、美国汁和水手鱼汁等。如果第一道菜上过贝壳类食物,那么这道菜就可以省掉。面包一般为切片的,可根据个人嗜好涂抹各种果酱、黄油或奶酪。

### (六) 主菜

肉、禽类菜肴是西餐的第四道菜,也被称为主菜。主菜有热有冷,但应以热菜为主。在比较正规的正餐中,大体要上一个冷菜、两个热菜。

冷菜是指蔬菜类菜肴。蔬菜类菜肴可以安排在肉类菜肴之后,也可以和肉类菜肴同时上桌,所以可以算为一道菜,或称为一种配菜。蔬菜类菜肴在西餐中称为沙拉。和主菜同时服务的沙拉,称为生蔬菜沙拉,一般用生菜、西红柿、黄瓜、芦笋等制作。沙拉的主要调味汁有醋油汁、法国汁、千岛汁、奶酪沙拉汁等。

两个热菜中一个是鱼菜,一个是肉菜,一般为烤肉或烤禽配备蔬菜。肉类菜肴的原料取自牛、羊、猪、小牛崽等各个部位的肉,其中最有代表性的是牛肉或牛排。牛排按其部位又可分为沙朗牛排(也称西冷牛排)、菲利牛排、T骨形牛排、薄牛排等。其烹调方法常用烤、煎、铁扒等。肉类菜肴配用的调味汁主要有西班牙汁、浓烧汁、蘑菇汁、白尼斯汁等。禽类菜肴的原料取自鸡、鸭、鹅,通常将兔肉和鹿肉等野味也归入禽类菜肴。禽类菜肴品种最多的是鸡,有山鸡、火鸡、竹鸡,可煮、炸、烤、焖,主要的调味汁有黄肉汁、咖喱汁、奶油汁等。

### (七) 甜品与点心

西餐的第五道菜是点心。吃过主菜之后一般要上一些诸如蛋糕、饼干、土司、馅饼、三明治之类的小点心,让没有吃饱的人填饱肚子。吃饱的人可以不吃点心。甜品最常见的是布丁、冰淇淋、提拉米苏等。

### (八) 咖啡与茶

西餐的最后一道是热饮。此为"压轴戏"。最正规的热饮是红茶或黑咖啡。二者选其一，可以在餐桌上喝，也可以到客厅或休息厅喝。喝咖啡一般要加糖和淡奶，茶一般要加香桃片和糖。

### 三、西餐的餐具礼仪

#### （一）刀叉使用礼仪

1. 刀的使用

刀是用来切割食物的，不要用刀挑起食物往嘴里送。切记右手拿刀。如果用餐时，有三种不同规格的刀同时出现，正确的用法是：带小锯齿的刀是用来切肉制食品；中等大小的则用来将大片的蔬菜切成小片；而那把小巧的，刀尖是圆头的、顶部有些上翘的小刀，则用来切开小面包，然后用它挑些果酱、奶油涂在面包上面。拿刀叉时以食指按在柄上，其余手指握住柄部，用以切割餐点。

2. 叉的使用

一般叉都是配合刀一起使用的，要左手拿叉，叉起食物往嘴里送时动作要轻。捡起适量食物一次性放入口中。用叉捡起食物入嘴时，牙齿只碰到食物，不要咬叉，也不要让刀叉在齿上或盘中发出声响。

3. 刀叉的使用

西餐讲究吃一道菜用一副刀叉，分别由外侧向内侧取用。吃黄油用的餐刀，一般没有与之匹配的餐叉。它的正确位置是横放在用餐者左手的正前方的面包盘中的。吃鱼和吃肉用的刀叉，应当餐刀在右，餐叉在左，分别纵向摆放在用餐者面前的餐盘两侧。吃甜品用的刀叉，最后使用。一般放在用餐者面前的餐盘的正前方。

#### （二）餐匙使用礼仪

在正式场合下，餐匙有多种，小的是用于咖啡和甜点心的；扁平的用于涂黄油和分食蛋糕；比较大的，用来喝汤或盛碎小食物；最大的是公用匙，用于分食汤的，常见于自助餐。

使用餐匙的优雅方式：喝浓汤时餐匙横拿，由内向外轻舀，不要把勺很重地一掏到底，勺的外侧接触到汤。喝时用嘴唇轻触餐匙内侧，不要端起汤碗来喝。汤将喝完时，左手可靠胸前轻轻将汤碗内侧抬起，汤汁集中于碗底一侧，右手用勺舀清。

#### （三）餐巾使用礼仪

1. 质地色彩

西餐餐巾一般采用布的面料，餐巾布方正平整，色彩素雅。

2. 使用方法

餐巾布可以用来擦嘴或擦手，要以对角线叠成三角形状，或平行叠成长方形状，污渍应全部擦在餐巾的内面，外表看上去一直是整洁的。要离开席位时，有两种情景：一种是中途短暂离开，等下还要继续享用餐的，将餐巾折成长条形搭在椅背上面，要将干净的一面向外，回来把餐巾放在腿上可继续享用餐。另一种是吃完离开，可取下餐巾布随意叠成方块或三角形，或随意抓成一团放在盘侧或桌角。同样要将干净的一面向外。

### 3. 用途

餐巾用来保护服装的清洁,用来擦嘴,用来遮羞,还用来暗示。一是暗示用餐开始,当女主人铺开餐巾时就等于宣布用餐开始;二是暗示用餐结束,当主人将餐巾放在桌子上时,就是用餐完毕的意思;三是暗示暂时离开,这时要将餐巾放在本人的椅面上。

## 四、西餐的用餐礼仪

### (一)餐前礼仪

#### 1. 女主人示意开始

应等全体客人面前都上了菜,女主人示意后才开始用餐。在女主人拿起她的餐匙或叉子以前,客人不得食用任何一道菜。

#### 2. 铺好餐巾

如果餐巾较大,应双叠放在腿上;如果较小,则可以全部打开。把餐巾围在颈上或系在胸前是比较传统的做法,显得不大方,现在已不用这种方式。可用餐巾的一角擦去嘴上或手上的油渍,但绝不可用餐巾揩拭餐具,在主人家用餐巾擦拭餐具是一种失礼的表现,意味着对主人的不信任。

#### 3. 注意坐姿

进餐时,女士要坐得优雅,男士要坐得绅士,身体要坐正,不可过于向前倾斜,也不要把两臂横放在桌上,以免碰撞旁边的客人。

### (二)餐中礼仪

#### 1. 正确使用刀叉

(1) 使用刀叉吃扒时,应右手持刀,左手持叉。美国人在累的时候可以换过来用;而欧洲人则不可以换着用。只用叉时可用右手拿。使用刀时,不要将刀刃向外。更不要用刀送食物入口。切肉时,应用刀的锯齿边轻轻切,不可以用刀剁肉,应避免刀切在瓷盘上发出响声。用刀叉将扒切成小块,边切边吃。不要一口气都切成小块后再吃,也不要用叉子将整块肉送至嘴边,边咬边吃。

中途放下刀叉,应将刀叉"八"字形摆放在盘子上。未吃完时不要把刀叉合并放在盘中,这样摆服务员会以为你用餐完毕帮你收走餐具,即使还有许多好吃的你都没有吃,你也不能说"我还没吃完",会很丢面子的。刀叉不要十字交叉摆放,西方人认为这很晦气。

(2) 享用鸡肉和龙虾时,用叉子叉住外壳,用刀将外壳剥离,这样方可用叉取肉送入口中,勿要一口气都切成小块后再吃,也不要用叉子将整块肉送至嘴边,边咬边吃,骨头需用手指从口中取出,放在盘子的边上,吐出的所有骨渣等应堆放在一起,不能吐在桌子上。

(3) 西餐中的鱼一般都已去了骨刺,吃起来很方便,但如果上的鱼是整条鱼,这时可以用左手拿着叉子,右手拿着刀子,先切去鱼头,用刀叉吃完上边,去除中骨,再吃下边,千万不能把鱼整个翻身来吃。已经入口的肉骨或鱼刺,不要直接吐入盘中,而要用叉接住后轻轻放入盘中,或者尽可能不引人注意地用手取出,放在盘子的边沿上,不能扔在桌上或地上。水果核也应先吐在手心里,再放入盘中。

(4) 吃意粉和面条时,可叉子、调羹并用,先用叉子把少量(四五根)面条缠绕成团状,再以调羹辅助送入口中。

(5) 沙拉既可作第一道菜,又可作配菜和间隔菜。对沙拉中大块(片)的蔬菜,先用叉和刀将其切成小块(片)再进食。对沙拉中的豌豆可用刀先把豌豆推到叉上再进食。而美国的吃法是干脆就用叉子舀着吃。

2. 用手取食礼仪

在餐桌上,食物都应用刀叉去取。只有芹菜、小萝卜、青果、水果、干点心、干果、糖果、炸土豆片、玉米、田鸡腿和面包等可以用手拿着吃。取面包应该用手去拿,然后放在旁边的面包碟中或大盘的边沿上,绝不要用叉子去叉面包。取黄油应用黄油刀,而不要用个人的刀子。黄油取出要放在旁边的小碟里,不要直接往面包上抹。不要用刀切面包,也不要把整片面包涂上黄油,而应该一次掰下一小块,吃一块涂抹一块。

3. 喝水和喝汤礼仪

喝水时,应把口中的食物先咽下去。不要用水冲嘴里的食物。用玻璃杯喝水时,要注意先擦去嘴上的油渍或口红以免弄脏杯子。喝汤时,可以将盘子倾斜,然后用汤匙由身体内往身体外方向慢慢地舀取,然后将勺直直地送入口中,不能吸吮,不能发出响声。喝茶或喝咖啡时,不能用匙舀着喝,也不要把汤匙放在杯子里,应将小匙放在咖啡碟和茶杯碟上。

4. 接受服务

当女主人或服务人员为你添菜时,你可以将盘子连同放在上面的刀叉一起传递给她或者交给服务员。如果她不问你,你就不能主动要求添菜,那样做很不礼貌。当服务人员依次为客人上菜时,走到你的左边,才轮到你取菜。如果服务人员站在你右边,就不要取,那是轮到你右边的客人取菜。取菜时,最好每样都取一点,这样会令女主人愉快。如果实在不喜欢吃某种菜,也可以说:"谢谢您,可以了。"西方上菜一般是按开胃菜、汤、主食、沙拉、水果的顺序。你可不要一上来猛吃,后面的还没有吃到,你就已经吃不进去了。餐桌上有些食品,如面包、黄油、果酱、泡菜、干果、糖果等,应待女主人提议方可取食。大家轮流取食品时,男客人应请他身旁的女客人先取,或者问她是否愿意让你代取一些。进餐时,不能越过他人面前取食物。如需要某种东西时,应在别人背后传递。

5. 餐桌禁忌

不要在餐桌前擤鼻涕或打嗝。如果打喷嚏或咳嗽,应向周围的人道"对不起"。在餐桌上不要剔牙。如果有东西塞了牙非取出不可,应用餐巾或用手将嘴遮住,最好等没有别人在场时再取出。进餐时,始终保持沉默是不礼貌的,应该同身旁的人有所交谈。但是在咀嚼食物时不要讲话,即使有人同你讲话,也应咽下口中食物后再回答。谈话时可以不放下刀叉,但不可拿着刀叉在空中摇晃,也不可用刀叉指着别人。吃饭时要尽量避免高谈阔论。

### (三) 餐后礼仪

用餐完毕后,客人应等女主人从座位上站起后,再陆续离席。在进餐中或宴会结束前离席都不礼貌。起立后,男士应帮助女士把椅子归回原位。餐巾可以很随意地放在桌上,不需要照原来的样子折好。男士在这时候可以为女士取外套和随身包等物品。

### 实训内容

(1) 西餐用餐席位安排(老师给予不同的任务角色)。
(2) 西餐餐巾的使用礼仪。
(3) 西餐用餐中使用刀叉的礼仪。
(4) 西餐餐间的用餐礼仪。

### 任务考核

西餐用餐整个流程的礼仪展示：设置西餐餐厅模拟场景，全班进行分组训练，以小组为单位，根据西餐的用餐程序，分成不同的组。各组示范操作西餐用餐礼仪。老师评价并进行考核。

具体分组演练任务可参照表 2-1。

表 2-1　西餐用餐礼仪分组演练任务表

| 项目 | 具体任务 | 内容和要求 | (需要)准备的物品 |
| --- | --- | --- | --- |
| 中餐用餐礼仪 | 任务1：引领入座礼仪(中西餐相同) | 此礼仪在中西餐用餐礼仪中通用，属国际礼仪，请同学们分配不同角色来体现女士优先，为女士拉椅子等礼仪 | 自备：服装、包类等道具<br>老师提供：中西餐餐桌 |
| | 任务2：品尝中餐菜肴和用中国餐具的礼仪 | 中餐餐具以筷子为主，也有勺子，比如筷礼仪，用勺子喝汤等礼仪，公共餐具礼仪，吃菜等用餐礼仪，可中西餐对比来体现 | 自备：菜肴，可自备一些菜叶，素菜类的切成小片，汤可用水代替<br>老师提供：筷子、勺子、盘碗、托盘、各类酒杯 |
| 西餐用餐礼仪 | 任务3：餐巾的应用和礼仪；吃黄油和面包的礼仪 | 餐巾在西餐中的应用礼仪，中餐也用餐巾，但是应用有不同，可中西餐比较示范模拟，吃黄油和面包的方法有好几种，同学们可自行收集资料 | 自备：面包自备，面包店买6个小圆圆的面包。黄油可购买不同的果酱代替<br>老师提供：餐巾、小毛巾、黄油刀和盘子 |
| | 任务4：吃沙拉和水果的礼仪 | 西餐中沙拉分好几种，可以准备不同盘的沙拉讲解，有蔬菜和水果类的，少数也有肉类的，同学们自行安排准备。水果的种类也很多，挑选常见的，比如葡萄等小粒的，香蕉、苹果等大个的，橙子等。吃沙拉可有2位组员准备不同的沙拉示范，水果可由4位同学准备四种或更多种不同的说法进行讲解 | 自备：沙拉和水果要用到的材料自备，提前制作好，切小块，有沙拉酱更好。水果请提前准备好要用的状态，比如洗干净，是否需要提前切成小块的，根据收集的资料准备<br>老师提供：各类装盘和沙拉刀、叉子等 |
| | 任务5：用刀叉和吃牛扒的礼仪 | 这里涉及的是两个礼仪动作：一个是西餐中如何用刀叉；另一个是如何吃牛扒。3位同学示范吃牛扒，其余同学示范刀叉的应用礼仪，可根据人数同学们自行调整 | 自备：同学们自备3份牛扒，可到面包店购买汉堡包类夹着的肉饼等都可<br>老师提供：西餐摆台，所有的刀叉和盘子等 |

续表

| 项目 | 具体任务 | 内容和要求 | （需要）准备的物品 |
|---|---|---|---|
| 西餐用餐礼仪 | 任务6：喝汤和吃意粉的礼仪 | 组员自行分配好各自要操作表演的小任务，几位同学示范喝汤，其他同学示范吃意粉，汤可用饮用水来代替，意粉可用煮好的米粉或者方便面代替 | 自备：白开水和米粉或者方便面等<br>老师提供：汤碗、汤勺、各类托盘 |
| | 任务7：吃甜点与喝咖啡的礼仪 | 甜点分很多种，包括蛋糕、冰淇淋、小饼干、布丁等。咖啡，可到超市购买。喝咖啡要用到糖和奶，可准备也可不备 | 自备：甜点、咖啡<br>老师提供：甜品勺和甜品叉、咖啡杯套装 |
| 饮酒礼仪 | 任务8：中西餐的饮酒礼仪 | 收集齐全，可分开讲授，也可对比进行讲授 | 自备：白开水<br>老师提供：各类酒杯 |

各组学生演练任务操作评分标准如表2-2所示。

表2-2 演练任务操作评分标准

| 编号 | 考核任务 | 评价标准（分值） | | | | |
|---|---|---|---|---|---|---|
| | | 仪容仪态礼仪(10) | 准备情况(20) | 组员配合情况(20) | 讲解情况(20) | 模拟演练情况(30) |
| 1 | 任务1：引领入座礼仪 | | | | | |
| 2 | 任务2：品尝中餐菜肴和用中国餐具的礼仪 | | | | | |
| 3 | 任务3：餐巾的应用和礼仪；吃黄油和面包的礼仪 | | | | | |
| 4 | 任务4：吃沙拉和水果的礼仪 | | | | | |
| 5 | 任务5：用刀叉和吃牛扒的礼仪 | | | | | |
| 6 | 任务6：喝汤和吃意粉的礼仪 | | | | | |
| 7 | 任务7：吃甜点与喝咖啡的礼仪 | | | | | |
| 8 | 任务8：中西餐的饮酒礼仪 | | | | | |

## 趣味常识

### 刀叉的故事

美国乃至整个西方世界的人吃饭用刀叉是众所周知的，中国人曾以此来嘲笑蛮夷粗鲁，吃个饭还舞刀弄枪。直到鸦片战争后被列强用大炮、火枪砸开国门，中国人方才改变了对刀叉的看法。还记得虎门销烟中林则徐曾说过："一个吃饭都使用铁器的民族，不可小觑啊！"

事实上，西方人使用刀叉的历史并不长，而且推广和使用还曾遭受过非常大的政治及宗教阻力。在13世纪以前，西方人基本都用手进餐，说白了就是下手抓饭。有趣的是，这个习俗还配套相应的规定，罗马人就有着社会各阶级在进餐时使用手指多寡的区分。平民必须使用五指抓食，有教养的贵族则只用三个手指，无名指和小指不可沾到食物。这个规定一直沿用到16世纪。据说伊丽莎白女王一世也是用手进餐，足见此规定对西方社会影响之大，也体现了封建社会等级制度的刻板严格。

在西方世界，刀叉最早应是在11世纪意大利的塔斯卡地区出现。可惜这种在当时先进的餐具并不被神职人员看好，天主教认为人类只可以使用手去触碰上帝赐予的食物，使用刀叉则是对上帝的亵渎。据意大利史料记载：一位威尼斯贵妇人曾在使用刀叉后数日内暴死。其实很可能是由瘟疫所致，而史料上的神职人员却给出了"天谴"这一解释，以此警告大家不要使用刀叉。刀叉的推广在西方世界一直受到宗教势力的打压，在很长一段时间内，西方人普遍认为使用刀叉是对上帝不敬，并且一个男人使用刀叉是非常"娘娘腔"的行为。这种情况直到18世纪法国大革命时才得以改观，由于法国贵族对刀叉的偏爱，使之成为"与众不同"的代名词，刀叉的身价瞬间暴增，成为上流社会的奢侈品，此后逐渐成为西方餐饮中的必备餐具和饮食文化中不可或缺的一部分。

## 任务 3

# 餐饮服务礼仪

**礼仪名言引入**

在宴席上最让人开胃的就是主人的礼节。

——莎士比亚

 **任务目标**

(1) 掌握中西餐饮接待中引位员接待客人的服务礼仪。
(2) 掌握中西餐饮接待中值台员接待客人的服务礼仪。

 **任务描述**

(1) 接待客人进入餐厅,正确地为客人进行领位服务。
(2) 用正确的方式和接待礼仪为客人进行餐饮服务。

 **任务准备**

(1) 场地准备:中餐实训室和西餐实训室。
(2) 用品准备:餐桌、餐椅和餐巾。
(3) 仪容仪表准备:与课人员、学生都着正装,仪容仪表严格按照职业人员要求来进行准备。

 **背景知识**

餐饮礼仪的应用可谓源远流长。据文献记载可知,至少在周代,饮食礼仪就已形成一套相当完善的制度,特别是经曾任鲁国祭酒的孔子的推崇,餐饮礼仪成为历朝历代表现大国之貌、礼仪之邦、文明之所的重要方面。从古至今,礼仪等社交规则也在随着社会的变化而变化。

餐饮礼仪在中国人的生活秩序中占有着非常重要的地位,用餐不单是满足基本生理需要,也是头等重要的社交方式。为此,掌握一些中式餐饮规则便显得特别重要了。无论你是旅游工作者,还是主人,抑或是一位客人,都必须掌握一些餐饮社交中的规则。

现代社会旅游业越来越发达,餐饮服务业也日益发展,客人(游客)与餐饮业的联系越来越多,对服务水平的要求也越来越高,餐饮中的接待服务礼仪是客人直接感受到的服务质量和服务态度。在客人用餐时,良好的餐饮服务礼仪可以拉近旅游工作者同游客之间的距离,让客人满意,以提高旅游接待工作的满意度。

## 一、环境布置

餐厅是客人就餐的主要场所,是饭店的重要服务部门,同时,服务员也直接对客人提供面对面的服务。饭店的环境也是饭店餐饮文化的具体体现,如餐桌的布置、温度、音乐背景、气氛、卫生、安全等;服务员的气质、服饰、礼貌、技巧等综合因素,构成了这种文化氛围。环境布置是完善餐饮文化和体现饭店文明程度的过程。

## 二、迎宾引位员的礼仪

迎宾领位程序由主动接触客人、引客入座两部分所组成。两者相辅相成、相互呼应。这种服务需要职业道德意识作为其执行的基础,其职业思想反映在程序中的具体规范就是礼貌服务、友好服务、超值服务等。

### (一) 仪态

餐饮部迎宾人员一般为女性。女性迎宾员一般身着旗袍,斜挎欢迎彩带,化淡妆,不佩戴饰物,开餐前15分钟做好开门迎客的准备。神情专注,反应敏捷,注视过往宾客。当客人走近餐厅约1.5米处时,应面带笑容,热情问候,一视同仁。

### (二) 问候

迎宾人员应主动问候,男女宾客若一起进来,应先问候女宾,再问候男宾。询问顾客是否有预订,并核实人数。客人离开餐厅时,应礼貌道别。

### (三) 迎位

客人进门后,立即向前迎候,面带微笑地说"女士(夫人、先生),您好!"或"晚上好!""请问,有预订吗?""请问,一共几位?"

### (四) 引位

手持清洁的菜单、酒单走在客人前面,将客人引导到餐桌边。引位时,应说"请跟我来""这边请""里边请",并用领位手势示意,把客人引领到适当的位置入座或进入包房。

### (五) 候位

如果餐位已满或有客人需要等人聚齐时,可以先请客人在沙发上等候,一般不安排拼桌,以免客人觉得尴尬。餐厅是让客人舒服闲适、无拘束地用餐的地方,服务员应帮助客人选择合适的餐位。

(1) 遇重要宾客光临,可将其引领到餐厅最好的靠窗、靠里的位置或雅座,以示恭敬与尊重。

（2）遇夫妇或情侣到来，可将其引领到餐厅一角安静的餐桌就座，便于客人小声交谈。

（3）见到服饰华丽、打扮时髦和容貌漂亮的女士，要将其引领到众多客人均可看到的中心位置就座，这样既可满足这部分客人的心理需求，又能使餐厅增添华贵的气氛。

### （六）入位

当引领客人来到餐桌前时，应为客人拉椅让座，示意性地为一两位客人拉椅就可以了。具体做法：双手将椅子拉出，右腿在前，膝盖顶住椅子后部，待宾客屈腿入座的同时，顺势将椅子推向前方。如客人中既有男士又有女士，应先为女士提供拉椅服务，然后才为男士进行拉椅服务。

安排客人入座，应注意以下技巧。

（1）聚会客人安排到中间的大餐桌上。

（2）带小孩的宾客尽量安排到靠墙角、不易乱跑的位置上。

（3）年老、体弱的客人，尽可能安排在离入口较近的位置，以便于其出入。

（4）遇到全家或众多亲朋好友来聚餐时，安排引领到餐厅靠里的一侧或包房，这样既便于安心进餐，又不影响其他客人的用餐，以示礼貌。

（5）靠近厨房出入口的位置，是最不受客人欢迎的位置，用餐高峰时，应对安排在这里的客人多说几句礼貌话，以示关心与热情。

## 三、值台人员的接待礼仪

### （一）准备礼仪

1. 实物准备

做好准备工作：开瓶夹，额外多备一支铅笔或钢笔。

待客人入座后，应为客人斟茶、递香巾，茶要倒到水杯容量的三分之二处，香巾要放在小碟内，用夹钳递给顾客。

如果顾客不慎将餐具掉到地上，应主动拾起并为客人换上干净的餐具。

2. 点菜礼仪

递送菜单时态度要恭敬，应先将菜单打开至正页第一页，然后按照客人的正向方向递给客人。男女一起用餐时，应先将菜单递给女士，很多人一起用餐时，应先把菜单递给主宾。

接受客人点菜时，应微笑地站在客人一侧，上身稍向前倾，手持点菜本或点菜宝或iPad，认真听取客人选定的菜肴，并做好记录，客人点完菜后，服务人员应复述一遍，以免出差错。

如客人点的菜在菜单上没有列出时，应尽量设法满足，不可一口回绝"没有"，可以说："请您稍等，我马上和厨师商量一下，尽量满足您的要求。"

在客人点菜时，服务人员除了按基本程序和基本要求为客人服务之外，还应具备向客人推荐菜肴的能力和灵活处理特殊问题的能力，认真观察客人，敏锐地判断客人是只想饱餐一顿还是来享受美食的。可向身份地位高的人推荐高档菜品,向专家学者推荐清淡食物,以提高客人的平均消费额,进而增加餐厅的利润。

### (二)上餐的礼仪

斟酒、上菜要严格按操作规程进行:客人点菜 10 分钟内凉菜要摆上台,热菜不超过 20 分钟。

#### 1. 上菜

上菜的位置在陪坐之间,避开主人和主宾,上菜应在客人的右侧。双手将菜品摆放到餐桌上,不能放下后推盘,要将新菜转到主人主宾之间以示尊重。上菜结束后,后退一步,同时报菜名,配以标准的介绍手势,派菜时先客人后主人;先女宾后男宾。从主宾开始顺时针依次派菜。派菜应站到宾客左侧,站立要稳,呼吸均匀,操作自如,做到一勺准。切忌越过客人头顶上菜。如宴会上菜,应按主桌在前,陪桌在后的顺序进行。菜上齐后,应告诉客人"菜已上齐,请慢用"以示尊重。

#### 2. 斟酒

宴会的斟酒,要按先主宾后主人、先女宾后男宾的次序进行。开拉酒水饮料瓶盖时,应在客人的侧后方朝外拉开,倒香槟酒或其他冰镇酒时,要用餐巾包好酒瓶再倒,以免酒水喷洒或滴落在客人身上。

#### 3. 走菜员的礼仪

安放餐具及上菜等一律用托盘,不应用手直接端拿,以免手指触及碗碟、菜肴,影响食品卫生。走菜繁忙时,天再热也不得挽袖卷裤,以示对客人的尊重。走菜时,要注意步姿的端正和自然,遇到客人要主动礼让,保证菜点和汤汁不洒不滴。

#### 4. 撤盘服务

要征得客人同意之后再撤,并按逆时针顺序进行,从左侧用左手将盘子撤下。撤下的餐具要放到就近的服务桌上的托盘里,不要当着顾客的面来清理盘中剩菜或将盘子在餐桌上堆起很高再撤。

### (三)送客和翻台的礼仪

#### 1. 送客

送客是礼貌服务的具体体现,表示餐饮部门对宾客的尊重、关心、欢迎和爱护,在星级饭店的餐饮服务中是不可或缺的项目。其要点如下。

(1)客人不想离开时绝不能催促,也不要做出催促宾客离开的错误举动。

(2)客人离开前,如希望将剩余食品打包,则应积极配合,绝不要轻视他们,光盘行动是社会所提倡的。

(3)客人起身时,应主动为其拉开座椅,礼貌地询问他们对服务是否满意。

(4)要帮助客人穿戴外衣、提携东西,提醒他们不要遗忘物品。

(5)要礼貌地向客人道谢,欢迎他们再来。

(6)要面带微笑地注视客人离开,或亲自陪送客人到餐厅门口。

(7)领位员应礼貌地欢送客人,并欢迎他们再来。

(8) 遇特殊天气,处于饭店之外的餐厅应有专人安排客人离店。如亲自将客人送到饭店门口、下雨时为没有雨具的客人打伞、扶老携幼、帮助客人叫出租车等,直至客人安全离开。

(9) 对大型餐饮活动的欢送要隆重、热烈,服务员应穿戴规范,列队欢送,使客人真正感受到服务的真诚和温暖。

2. 翻台

翻台就是在客人用餐结束后,服务员收拾餐具、整理餐桌,并重新摆台的过程。翻台往往是在其他客人仍在进餐的过程中进行的,或是在等位客人准备入席时进行的,所以,翻台的操作规范和效率是该程序的重要标准。可以说,一个餐厅翻台率的高低和翻台速度的快慢,能够反映出其营业水平和接待能力的优劣。翻台服务中应注意的要点如下。

(1) 翻台应及时、有序,按酒具、小件餐具、大件餐具的顺序进行。

(2) 翻台时如发现客人遗忘的物品,应及时交还给客人或上交有关部门。

(3) 翻台时,应注意文明作业,保持动作平稳,不要损坏餐具、物品,也不应惊扰正在用餐的客人。

(4) 翻台时应注意周围的环境卫生,不要将餐纸、杂物、残汤剩菜等乱洒乱扔。

(5) 提高翻台的速度,要尽量减少客人的等候时间。

## 实训内容

(1) 中餐接待中迎宾人员的迎客就座礼仪展示(模拟)。

(2) 中餐服务中为客人斟酒倒茶的礼仪展示。

(3) 中餐服务中餐间服务的礼仪展示。

(4) 西餐服务中为客人服务餐巾的礼仪展示。

(5) 西餐服务中餐间服务的礼仪展示。

## 任务考核

中餐服务礼仪展示:老师可根据中餐服务流程分成若干个环节,每个环节为一个礼仪任务,分配给各组,每组领一个任务,进行考核。

### 趣味常识

#### "全聚德"的故事

老北京人曾流传过这样一句话:不到长城非好汉,不吃全聚德烤鸭真遗憾。现在我们已脱离了那个为填饱肚子而吃饭的年代,去全聚德,更应该"品味"其饮食文化。

#### "德"字为什么少一横

"全聚德"原名叫"德聚全",是一位山西人在北平前门外肉市胡同开的一家干鲜果脯店。后来河北冀县人杨全仁来到肉市来摆摊售卖鸡鸭,到了同治三年(1864年),杨全仁盘下了这家干鲜果脯店,开始经营烤鸭。风水先生建议杨全仁改"德聚全"为"全聚德",意思是全心全力,聚而无散,重视商德,童叟无欺。

但是你注意过吗?"全聚德"的牌匾上"德"字少了一横,这是为什么呢?

当年,杨掌柜请来秀才钱子龙来书写牌匾,因那时杨全仁已雇了13个伙计,加上自己一共14个人,为了让大家安心干活,同心协力,所以让钱秀才少写了一横,表示大家心上不能横一把刀。

### 全聚德的烤鸭

当年,京杭大运河送皇粮的船只漏下的粮米落入河中,在北京积水潭一带就汇聚了一部分靠养鸭捕鱼为生的农民,全聚德就从农户手中进购鸭子。现在全聚德集团用鸭量非常大,就与周围养殖户签订了养鸭回收合同。为了加快北京鸭的生长,缩短喂养周期,全聚德烤鸭用填鸭,喂养三个月出笼,每只平均5.5~6斤,北京鸭体形丰满,肉质鲜嫩,适合用来做烤鸭。

全聚德烤鸭是挂炉烤制,宰杀好的鸭先晾坯,鸭坯晾得越干,烤制的鸭皮越焦脆金黄。烤鸭用枣木、梨木等果木为燃料,全聚德对果木大小位置也有要求,必须是3斤多重的果木树干,因果木燃烧无烟且果木香味易渗透到鸭子中,鸭子入炉前,先在开膛部位浇入一壶开水,入炉后,要用挑杆有规律地调换鸭子的位置,以使鸭子受热均匀,周围都能烤到,挂炉烤鸭外烤内煮,外焦里嫩,符合多数人的口味。

### 吃烤鸭的讲究

烤鸭不像烧鸡、扒鸡,烤炙时没有添加任何佐料儿,没有咸淡味,吃时必须配上佐料吃。那么,吃烤鸭有什么讲究呢?

首先是吃烤鸭的季节。真正吃烤鸭,讲究的是春、秋、冬三季。冬、春二季,鸭肉比较肥嫩,而秋季天高气爽,无论温度、湿度都最适宜于制作烤鸭。秋天的鸭子也比较肥壮,正所谓"秋高鸭肥,笼中鸡胖"。夏天空气湿度大,人们本就不喜油腻,鸭坯上也常会湿漉漉的,这样烤出来的鸭皮不松脆,发艮。

其次是烤鸭的片法。烤鸭制作技巧一半在烤,一半在片。在全聚德,一般是人等鸭子,客人入座后,如果需要烤鸭,服务员马上通知鸭班,鸭班开始烤鸭,等五十分钟后,客人就可吃到热喷喷的烤鸭了。烤鸭现片现吃,吃到嘴里,皮是酥的,肉是嫩的,最为鲜美。片鸭的方法有三种:第一种是杏仁片,这是最传统的片法,片好的鸭肉如杏仁;第二种是柳叶条;还有一种是皮肉分吃,鸭皮又酥又脆又香,鸭肉薄而不碎,裹在荷叶饼中食之,酥香鲜嫩。吃鸭肉有三种佐料儿:第一种为甜面酱加葱条,可配黄瓜条、萝卜条等。第二种是蒜泥加酱油,也可配萝卜条等。蒜泥可以解油腻,烤鸭蘸着蒜泥吃,在鲜香之中,更增添了一丝辣意,风味更为独特,不少顾客特别偏爱这种佐料儿。第三种是白糖,这种吃法适合女士和儿童。

最后是主食。在全聚德,主食有两种:主要是荷叶饼,还有空心芝麻烧饼。将片好的鸭子蘸上甜面酱,卷荷叶饼吃是最传统的吃法。全聚德荷叶饼的饼面没有糊点和生白点,用手拿起来,对着光线照一下,饼薄厚均匀,放在盘中,可以清楚看见盘子上的"全聚德"标识。饼不破裂,筋道有咬劲儿。空心芝麻烧饼可以"中餐西吃",在烧饼上放一层鸭肉，夹上两片随热菜吃的青菜，一起夹好，用手抓起来吃，是不是有点中式鸭肉汉堡包的感觉。

一只鸭可以"四吃"，吃完鸭肉，可将片烤鸭时流在盘子里的鸭油做成鸭油蛋羹，第三吃是将烤鸭片皮后较肥的部分片下切成丝，回炉做鸭丝烹掐菜；第四吃是将片鸭后剩下的鸭架加冬瓜或白菜熬成糟骨鸭汤，这种汤鲜香味美，营养价值极高。

## 任务 4
## 酒水礼仪

**礼仪名言引入**

礼之于人,犹酒之有蘖也。

——孔子

 **任务目标**

(1) 了解中西餐常用的酒类和酒菜的搭配知识。
(2) 掌握用餐中的饮酒礼仪。
(3) 掌握酒吧礼仪知识。

 **任务描述**

(1) 在中西餐用餐中正确地运用饮酒礼仪。
(2) 同客人去酒吧时正确地运用酒吧礼仪。

**任务准备**

(1) 场地准备:中餐实训室、西餐实训室和酒吧实训室。
(2) 用品准备:各类酒品、各类匹配酒水的酒杯、温酒和冰酒器具、启酒器、餐巾等。
(3) 仪容仪表准备:与课人员、学生仪容仪表严格按照旅游职业人员的要求进行整理。

 **背景知识**

在生活交际和工作交际中,免不了喝酒吃饭。谈起喝酒,很多人都有过切身体会,以茶待客,以酒会友,古往今来酒水一直在人际交往中扮演着重要角色。现代人在交际过程中,已经越来越多地发现了酒的作用。的确,酒作为一种交际媒介,迎宾送客,聚朋会友,彼此沟通,传递友情,发挥了独到的作用,所以,探索一下酒桌上的奥妙和酒水礼仪知识,有助于提高交际形象和素养,取得交际的成功。酒水礼仪可以说是用餐的细节之处,一个人内在修养如何,常常可以通过这些细节来展现出来。

## 一、酒水的种类

### （一）白酒

在国内,白酒是饮用最普遍的一种酒,它可以净饮干喝,也可以用来佐餐。白酒一旦和其他酒类如啤酒、汽水、可乐等饮料同饮,就很容易醉。

在正式场合最好用专门的"肚量不大"的瓷杯或小玻璃杯盛酒,此类杯专业称为"烈性酒杯"或烈酒杯。喝白酒时,不用加温、加冰,适合在常温下饮用,也不必水稀释。

### （二）啤酒

啤酒是公元前3世纪由苏美尔人发明的一种饮料。在国外,人们并不把它当作酒,因此,啤酒是不上宴席的。在国内,啤酒在社交聚会中频频露面。

饮用啤酒一般用啤酒杯,常见的有扎啤杯、小麦杯、皮尔森杯、品脱杯等。饮用啤酒的最佳温度在10℃左右,这时的啤酒泡沫最丰富,香气浓郁,口感舒适。

### （三）葡萄酒

根据色彩的不同葡萄酒可以划分为白葡萄酒、红葡萄酒、桃红葡萄酒三种。根据其糖分含量的不同又可以将其分为干、半干、微干、微甜、半甜、甜等几种。现在干葡萄酒最为流行。葡萄酒的酒精含量一般在8°～15°。法国的波尔多地区是世界著名的葡萄酒产地。喝不同的葡萄酒,在温度上有不同的要求。白葡萄酒宜在8℃～13℃饮用,故应当加冰块。红葡萄酒则在6℃～18℃饮用,故不宜加冰块。葡萄酒不仅用来佐餐,也可以单独饮用。喝葡萄酒要用杯身突出(即大肚)的高脚玻璃杯,用手指捏着杯脚避免碰触杯身。注意,喝葡萄酒时兑可乐或雪碧等饮料的做法是不正确的。

### （四）香槟酒

香槟酒也称发泡葡萄酒,或者"爆塞酒"。实际上它是一种以特种工艺制成的、富含二氧化碳的、起泡沫的白葡萄酒。它的酒精含量约在11°～13°。香槟酒在8℃时饮用为佳,故饮用之前最好放在冷柜中冷冻片刻。开瓶时,可稍微摇晃后启瓶塞。饮用香槟酒,使用笛形或郁金香形的高脚杯,并以手捏住杯脚。香槟酒可以用来佐餐、祝酒,也可单独饮用,或者在庆典、仪式上用来助兴。

### （五）白兰地酒

白兰地酒又称蒸馏葡萄酒。它的酒精含量约为40°,色泽金黄,香醇甜美。世界上著名的白兰地酒品牌有马爹利、轩尼诗、人头马、拿破仑等,都产于法国,储藏时间较长者为佳。白兰地酒可称为是洋酒中的"贵族"。与白酒不同,以白兰地酒为代表的洋酒都是以盎司来计量的,故它不讲究"酒满敬人"。饮用白兰地酒的最佳温度为8℃～12℃,故应将其盛在专用的大肚、收口、短脚杯内,先以右手托住杯身观其色彩,并以手掌为其加温。随后,待其香味洋溢时,闻过之后再小口品尝。若将其一饮而尽,则会被视为没有品位的"草莽英雄"。

### （六）威士忌酒

威士忌酒是一种用大麦、小麦、黑麦、玉米等谷物发酵酿造而成的烈性蒸馏酒。它的口味浓烈、刺激,酒精含量约为 40°。英国苏格兰地区生产的威士忌酒最为出名。威士忌酒可以干喝,不过加入冰块、苏打水或姜汁后味道会更好。喝威士忌时,最好使用专门的平底小玻璃杯,耐心细致地慢慢品尝。喝威士忌时,不仅可以自斟自酌,也可以去酒吧里喝。

### (七)鸡尾酒

鸡尾酒是目前中国人在社交场合接触较多的一种酒水。准确地讲,鸡尾酒并非某一种类的酒,而是一种混合型的酒。它用各种不同的酒,与果汁、汽水、蛋清、糖浆等其他饮料按照一定的比例,采用专门的技法调配而成。鸡尾酒中的知名酒有数千种,如马提尼、曼哈顿、红粉佳人、血腥玛丽、亚历山大、螺丝起子、天使之吻等。鸡尾酒的口味有浓有淡,酒精含量有多有少,但其共同特点是异彩纷呈、层次分明、闪烁不定,好似雄鸡之尾,故被称为鸡尾酒。饮用鸡尾酒可以去酒吧,也可以在餐聚时饮用。为了便于观赏其独具特色的丰富色泽,最好用高脚广口的玻璃杯去盛鸡尾酒。鸡尾酒因其可呈现丰富多彩的颜色、千奇百怪的造型,而易被大众接受,特别符合年轻人的个性需求,因此成了流行时尚的酒水。

## 二、酒菜的搭配

### (一)中餐酒菜的搭配

在无特殊规定的情况下,中餐一般用白酒、啤酒、葡萄酒这三种酒。且中餐一般提供红葡萄酒,以增加喜庆气氛,符合中国人喜红的习惯。通常在用餐者的餐桌正前方,摆着大小不等的三只杯子,自左至右依次是白酒杯、葡萄酒杯、水杯。在酒菜搭配上,中餐的要求不多,一般可任意选用。正规的中餐宴会一般不上啤酒,但在便餐、大排档中饮用啤酒的情况比较多,啤酒搭配凉菜比较好。

### (二)西餐中酒菜的搭配

在正规的西餐宴会上,酒水是主角,西方用餐离不开酒水,而且它与菜肴的搭配也是非常严格的。西餐宴会上所有的酒水一般可以分为餐前酒、佐餐酒、餐后酒三类。一般来说,不同菜肴搭配不同酒水,上一道菜换一种酒,不同的酒要使用不同的酒杯。在用餐者面前餐桌上右边餐刀的上方,大多会横排放着三四只酒杯。按照由外侧向内侧的顺序取用。一般香槟酒、红葡萄酒杯和白葡萄酒杯及水杯往往必不可少。

1. 餐前酒

在餐前选用配制酒和开胃酒,一般是鸡尾酒、味美思和香槟酒。冷盘和海鲜搭配白葡萄酒,肉禽野味选用红葡萄酒,甜食要选用甜型葡萄酒或汽泡酒。酒的搭配原则是:低度酒在先,高度酒在后;有气在先,无气在后;新酒在先,陈酒在后;淡雅风格在先,浓郁风格在后;普通酒在先,名贵酒在后;白葡萄酒在先,红葡萄酒在后,并最好选用同一国家、地区的酒作为宴会用酒。

2. 佐餐酒

佐餐酒在原则上是"白肉配白酒,红肉配红酒"。白葡萄酒适合于开胃菜等小菜或者虾、螃蟹、贝类、鱼等菜。炖牛肉等味浓的肉食菜,配红葡萄酒。油炸的肉食,配味淡的红葡萄酒。按国别选酒也是可以的:法国菜选法国的葡萄酒,意大利菜选基安蒂葡萄酒,吃腊肠和火腿肠为主的德国菜,应选德国的葡萄酒。上最后一道菜或甜品时用香槟。

3. 餐后酒

餐后酒主要是指餐后饮用的可帮助消化的酒类,一般用于餐后闲聊的时候喝。餐后酒主要有奶酒、薄荷、君度等利口酒,也有白兰地、威士忌、朗姆酒等蒸馏酒,其中白兰地被誉为"洋酒之王"。

## 三、饮酒礼仪

### (一) 斟酒

服务员来斟酒,你不必拿起酒杯,但不要忘了向服务员致谢。如果是主人亲自斟酒,则必须端起酒杯致谢,甚至要起身站立或欠身点头致谢。也可以使用"叩指礼",也就是用右手拇指、食指、中指捏在一起,指尖向下,轻叩几下桌面表示谢意。主人亲自斟酒要注意:面面俱到,一视同仁;斟酒适量,白酒和啤酒都可以斟满,其他酒不用斟满;最后要注意顺序,先主宾,再副主宾,依次其他客人,但在西方要遵守女士优先的原则。除主人和服务人员外,其他客人一般不宜自行为他人斟酒。不同类型的酒品,用的杯具不同,斟酒量也各不相同。

### (二) 敬酒

1. 祝酒词

敬酒就是祝酒,是指在正式宴会上,由主人向来宾提议,为某个事由而饮酒。在饮酒时,通常要讲一些祝愿、祝福的话,甚至主人和主宾还要发表一篇专门的祝酒词。祝酒词内容越短越好。敬酒可以随时在饮酒的过程中进行。如果致正式的祝酒词,应在特定的时间进行,并且不要影响来宾的用餐。祝酒词适合在宾主入座后、用餐前开始,也可以在吃过主菜后、甜品上桌前进行。在他人敬酒或致辞时,其他一切在场者应一律停止用餐及饮酒。

2. 敬酒次序

一般情况下,敬酒应以年龄大小、职位高低、宾主身份为先后顺序,一定要充分考虑敬酒的顺序,分明主次。即使和不熟悉的人在一起喝酒,也要先打听对方的身份或是留意别人对他的称号,避免出现尴尬。如果你有求于席上的某位客人,对他自然要倍加恭敬。但如果在场有更高身份或年长的人,也要先给尊长者敬酒。

3. 尊重对方

如果因为生活习惯或健康等原因不宜喝酒,可以委托亲友、部下、晚辈代喝或者以饮料、茶水代替。作为敬酒人,要充分体谅对方,在对方请人代酒或用饮料代替时,不要强迫对方喝酒,也不应该好奇地"打破砂锅问到底"。要知道,别人没主动说明原因就表示对方认为这是他的隐私。

### (三) 干杯礼仪

1. 站立

在饮酒特别是祝酒、敬酒时进行干杯,需要有人率先提议,可以是主人、主宾,也可以是在场的人。提议干杯时,应起身站立,右手端起酒杯,也可同时用左手托扶杯底,面带微笑,目视祝酒对象,说出祝福的话。有人提议干杯后,要手拿酒杯起身站立。即使是滴酒不沾,也要拿起酒杯,以示尊重客人和尊重场合。将酒杯举到眼睛高度,说完"干杯"后,将酒一饮而尽或喝适量。然后,还要手拿酒杯和提议者对视一下,表示干杯敬酒这个过程结束。

2. 敬酒

在中餐里,干杯前可以象征性地和对方碰一下酒杯;碰杯时,应该让自己的杯口低于对方的杯口,以表示你的尊敬之意。当离对方比较远时,可以用酒杯杯底轻碰桌面,以示和对方碰杯。如果主人亲自敬酒干杯后,要回敬主人,和他再干一杯。

在西餐里,祝酒干杯时一般只用香槟酒,葡萄酒杯一般不用于碰杯祝酒,并且不能越过身边的人而和其他人祝酒干杯。特别在宴会上,人们只祝酒不劝酒,只敬酒而不真正碰杯。使用玻璃杯时尤其不能碰杯。

3. 酒量适度

饮酒不醉为君子。在饮酒前,对自己的酒量要心知肚明,不管遇到何种情况都不要超水平发挥。在正式的宴会上,应主动限制到自己酒量的一半。导游人员要限制到酒量的1/3。拒酒时要依理拒酒。不要耍酒疯,不要灌酒,不要酗酒,不要划拳等。特别注意,如果要开车,就不要喝酒,甚至是低酒精的饮料也不要喝。2013年1月1日起,新修订的《机动车驾驶证申领和使用规定》正式实施,其中有有关饮酒驾驶最新处罚条文。酒后驾驶分两种:酒精含量达到20mg/100ml但不足80mg/100ml,属于饮酒驾驶;酒精含量达到或超过80mg/100ml,属于醉酒驾驶。目前,饮酒驾驶属于违法行为,醉酒驾驶属于犯罪行为。

## 四、酒会的规则

### (一) 酒会的特点

酒会一般以酒水为主,主要是鸡尾酒,酒会上所提供的点心菜肴均以冷的食物为主,因此也被称为冷餐会。出席酒会时,不必准时,不限衣着,来宾到场与退场的时间一般自己掌握。酒会上不为用餐者设立固定的座位,因此不用排桌次、位次。用餐者一般须站立,有一些座位供疲劳者稍作休息。酒会中自由交际,自由选菜,自由选择酒水和饮料,营造自由、闲适、灵活的用餐和交际氛围。

### (二) 酒会的用餐方式

标准酒会的菜序为:开胃菜、汤、热菜、点心、甜品、水果。鸡尾酒可以在餐前或吃完甜品后喝。排队取食,多次少取,力戒浪费,禁止外带,适度交际。

## 五、酒吧礼仪

### (一) 酒吧的一般常识

酒吧分为站立酒吧、服务形酒吧、鸡尾酒廊、宴会酒吧。酒吧服务用具有开酒器、冰桶、酒篮和各种葡萄酒杯。常见的T形开酒器,效果较差,常常搞坏软木塞,专业的酒吧员工一般喜欢用杠杆式的开酒器。使用冰桶时一般在桶里放3/4的冰和水以利于冰酒。酒篮只适合于红葡萄酒。酒吧常见酒的最佳饮用温度如下。

中国白酒：常温 18~24℃。
啤酒：6~8℃。
甜酒或起泡酒：6~8℃（如苏玳贵腐甜白、香槟、卡凡、阿斯提可、麝香葡萄酒）。
中等或中低等酒体的葡萄酒：9~10℃。
酒体饱满或橡木桶陈酿的白葡萄酒：11℃。
果味浓郁的红葡萄酒：12℃。
年轻的西班牙和葡萄牙葡萄酒：13℃。
中等或中低等酒体的红葡萄酒：14~16℃。
香味浓郁的红葡萄酒：17℃。
酒体丰腴，强劲：18℃。

另外，由于酒龄不同，产地不同，葡萄品种的不同，以及在木桶中培养时间的不同，最佳饮用温度也会有所不同。一般来讲，酒龄越短，温度应越低；酒龄越长，温度应越高，但也与众多因素有关。

### （二）点酒时的服务礼仪

**1. 递酒单**

在呈递酒单时，先要向客人问候，然后将酒单放在客人的右边。如果是单页的酒单，应将酒单打开后递上；如果是多页的酒单，可以合拢后递上，放置在客人的前面，然后为客人翻开至第一页，大致为客人介绍一下菜单的分类情况，再由客人自行选择。同时将今日特色菜和特别介绍推荐给客人参考。

**2. 做记录**

给客人写点菜单时（现有很多餐厅用点菜宝或 iPad 等工具点菜），要略弯腰站在客人的右侧记录，不可把票簿和笔或其他点菜工具放在客台上书写，写完后要把客人所点的酒水食品等复述一遍给客人并表示感谢。

**3. 特殊要求**

客人有特殊要求时看是否能够满足，可适当建议，应随时照顾到客人的感受。

### （三）开瓶的礼仪

开瓶的技巧也是一种艺术、一种享受，不同的酒品、不同的装瓶，其开瓶的方法与开瓶时的礼仪讲究也有所不同。

**1. 快捷开瓶**

开瓶时要站在男主人右侧。右腿伸进两把椅子中间，身体稍侧，向客人展示商标以后再开塞，要注意瓶口始终不能对着客人，以防酒喷出洒在客人身上。

**2. 香槟酒开瓶**

开瓶时，左手斜拿瓶颈，与地面约成 45°角，大拇指压紧塞顶，用右手转动瓶颈上的金属小环使之断裂，然后把金属丝和箔拔去，再用左手捏紧瓶塞的上段，用右手转动酒瓶，让瓶内的压力轻轻地将瓶塞顶出来。①用大拇指去感受瓶内气压，大拇指一直要顶住瓶塞；②当瓶塞慢慢往外出时，离开瓶口的一刹那会发出叹息声，葡萄酒业内形象地称为"贵妇的叹息"，而不是很多人认为的"清脆"的响声。注意不要拧瓶塞或拔瓶塞，以防瓶塞破裂后爆出来。当瓶塞被拔出后,要让瓶身保持45°倾斜,以防酒从瓶子内溢出。

3. 红葡萄酒开瓶

用小刀沿瓶口突出圆圈下切除封盖,用布将瓶口擦拭干净。将开瓶器的螺旋体插入软木塞中心点,缓缓地转入,转入的过程中螺旋器要与木塞一直保持一致。如用蝴蝶形开瓶器,当螺旋体渐渐进入软木塞时,两边的把手会渐渐升起,当把手到达顶点时,轻轻地将它们扳下,把软木塞拔出,这里应用的是"杠杆原理"。将把手扳下,以便另一端的爪子可以扣住瓶口,然后缓慢地提起把手,将软木塞拉出来。开瓶时,如软木塞断裂,请用"两夹形开瓶器"把瓶塞夹出来。

### (四) 斟酒的礼仪

1. 送酒与试酒

服务人员要将酒瓶擦干净,特别要把塞子屑和瓶口部位擦干净。嗅一下瓶塞的味道,变质的酒有异味。瓶子破裂或变质的酒要及时更换。用托盘装托已开瓶的酒水饮料时,要将较高的瓶子放在里面靠在胸前,较低的瓶子放在外面,这样容易掌握托盘的重心。

一定避免送错或再次询问。西餐斟酒一般要先倒少许给主人或点酒人的杯子里供他们先试尝,待主人或点酒人同意用这种酒后,方可开始斟酒。

2. 斟酒

斟酒时,要站在客人身后右侧,面向客人,左手托盘或左手拿一块折成正方形或长方形的小餐巾,右手持瓶,用右手侧身斟酒。注意身体不要紧贴客人,也不要离得太远。

一般不要用布把瓶身包起来。服务人员的手也不要触及客人酒杯的杯口。在斟酒时,瓶口不要碰触酒杯,用右手抓住酒瓶的下方,瓶口略高于杯口1~2厘米,斟完后将瓶口提高3厘米,旋转45°后抽走,使最后一滴酒均匀分布于酒瓶瓶口以免滴在桌子上,斟酒完毕应以酒布擦拭酒瓶。具体可以从以下两个方面来注意。

(1) 顺序。如果是宴会,要先斟给坐在主人右边的一位,即主宾,再按逆时针方向绕桌斟酒,主人的酒最后斟。如果有携带夫人的外宾参加,要注意先给夫人斟酒,体现女士优先。高级宴会的斟酒顺序是先主宾,后主人,再斟其他客人。

(2) 斟酒量。中餐以满杯为敬酒,其实白酒、啤酒等斟满杯一般是指八成满,而西餐则不同。西餐斟白葡萄酒最好不要超过酒杯的2/3,红酒不超过1/3,香槟酒先斟1/3再斟1/3。

3. 不同酒的斟酒方法

(1) 斟香槟酒。分两次斟,第一次先斟1/3杯,待泡沫平息后再斟1/3即可。

(2) 斟啤酒。斟酒速度要慢,必要时,可以分两次或将酒杯倾斜着让酒沿杯壁流下来。

(3) 斟烈性酒。在水杯内先倒上冰块。

(4) 取走不合适的酒。在一般情况下,宴会桌上不放酒,客人饮用的酒单独放置,其余的酒全部撤走。

## 实训内容

（1）中餐饮酒礼仪（用酒品种、杯子、斟酒量、饮酒方式、握杯手法等）。
（2）中餐敬酒礼仪。
（3）西餐饮酒礼仪（餐酒搭配、用酒品种、杯子、斟酒量、饮酒方式、握杯手法等）。
（4）西餐敬酒礼仪。

## 任务考核

中西餐中常用酒水，在饮酒时的握杯手法及饮酒方式展示。

老师可选择中西餐中常用酒水，倒进相应的酒杯中，展示于课堂前，可选择 3 种左右，让同学们上台取杯，进行展示，展示握杯手法及饮酒方式。酒水可用实际的酒水或者用茶水代替，用贴标标示出来。

### 趣味常识

#### 喝酒为什么要碰杯

一种说法是，喝酒碰杯是古希腊人创造的。传说古希腊人注意到这样一个事实，在举杯饮酒之时，人的五官都可以分享到酒的乐趣：鼻子能嗅到酒的香味，眼睛能看到酒的颜色，舌头能够辨别酒味，而只有耳朵被排除在这一享受之外。怎么办呢？希腊人想出一个办法，在喝酒之前，互相碰一下杯子，杯子发出的清脆的响声传到耳朵中。这样，耳朵就和其他器官一样，也能享受到喝酒的乐趣了。

另一种说法是，喝酒碰杯起源于古罗马。古罗马崇尚武功，常常开展"角力"竞技。竞技前选手们习惯于饮酒，以示相互勉励之意。由于酒是事先准备的，为了防止心术不正的人在给对方喝的酒中放毒药，人们想出一种防范的方法，即在角力前，双方各将自己的酒向对方的酒杯中倾注一些。以后，这种碰杯便逐渐发展成为一种礼仪。

旅游服务礼仪

项目3

# 住宿接待服务礼仪

## 任务 1

# 前厅接待礼仪

行李服务礼仪

**礼仪名言引入**

和蔼可亲的态度是永久的介绍信。

——培根

 **任务目标**

(1) 了解酒店前厅部的主要岗位。
(2) 掌握前厅部各岗位的礼仪规范。
(3) 熟悉前厅岗位服务人员的常用礼貌服务技巧。

 **任务描述**

某日下午，C先生因商务出差来到了某饭店，直接走向酒店前台。此时，前台仅有一名服务员正在为一位客人办理退房手续，C先生只好站在旁边等待。五分钟过去了，这名服务员还在核对客人的账单，并没有理会C先生，C先生渐渐有点不满，但他并没有说什么，只是在服务台上轻轻地敲了几下。这时服务员马上反应过来，接待C先生。

请问：前厅服务人员在服务的过程中存在哪些问题？前厅服务员应该怎么做？

 **任务准备**

(1) 场地准备：多媒体教室。
(2) 用品准备：多媒体课件。
(3) 仪容仪表准备：与课人员着正装，女生化淡妆，过肩长发应扎发。

 **背景知识**

前厅位于酒店的大堂，是客人对酒店产生第一印象的场所，包括酒店大门、大堂、总服务台在内的为客人提供服务的区域，通常被称为酒店的"门面"或"橱窗"。

前厅部是酒店和客人之间建立联系的桥梁，负责销售酒店服务，组织接待客人，调度业务经营,为客人提供预订、登记、信息咨询、机场接送、行李运送、电话转接等各项服务,以及为酒店各部门提供信息的综合性服务部门。

前厅部员工是酒店形象的代表,其礼仪修养水平直接影响酒店的业务形象。因此,旅游工作人员要全面了解酒店服务礼仪规范。

## 一、礼宾部服务礼仪

礼宾部(concierge)隶属前厅部,也是房务部的一部分,通常是客人真正首先面对面接触的酒店人员,在礼宾部工作的都属于前线人员,主要为客人提供门厅迎送服务、行李服务等。

### (一)门厅迎送服务礼仪

(1) 上岗之前要认真检查仪表仪容,帽子要端正,不能随意摘下,衣服要整洁,手套要干净,皮鞋要擦亮,工号牌要佩戴在左胸前,精神饱满、挺胸收腹,双手背于身后,左手掌握住右手背,不得倚墙靠柜,不做小动作,手不得插入衣袋中,站立在正门前,恭候客人的光临。

(2) 问候客人时要面带微笑并行15°鞠躬礼,热情地说"您好,欢迎光临"。对常住客人应称呼姓氏,表示礼貌和尊重。客人乘车抵达时,应立即主动迎上,使用规范的引导手势,示意司机将车停在指定地点或客人方便下车的地点,接着一手拉开车门一手挡住车门框的上沿,以免客人碰头。开门时,用左手拉开车门70°左右。开关车门的顺序是先开朝向酒店大门一侧的后门,再开前门,最后开另一侧的后门,开门时先女宾后男宾、先外宾后内宾。开启车门的同时向客人表示欢迎,讲敬语。应注意宗教及习俗,如果是信仰佛教或伊斯兰教的客人,因教规习俗,不能为其护顶。

(3) 主动、热情、认真地做好日常值勤工作。要礼貌地按规定为来访者办事,做到热情接待、乐于助人、认真负责。一有情况,要反应迅速,主动上前关心帮助,不能置之不理。如果是下雨天,应等候在车门前主动为客人撑伞;客人进入大堂前,提醒客人在脚垫上蹭干鞋底,以免滑倒;客人随身携带雨具的,应主动帮助客人将其存放在门口的伞架上或帮客人的雨伞套上伞套。对于老弱病残及其他需要帮助的客人要适度搀扶,提醒他们小心台阶。

(4) 客人离店时,应主动点头致意。对暂时离店的客人主动问候招呼,如"一会见"。对结账离店的客人,应主动上前招呼问候并当着客人的面主动电话为其联系出租车,引导车辆停靠在客人上车和装运行李的位置。确认客人坐稳、衣裙不影响关门后,再轻关门,礼貌告别:"谢谢光临,欢迎下次再来,再见!"并躬身正立,站在靠近大门一侧汽车斜前方1米左右处,微笑着挥手向客人告别,目送客人离开,等客人走出视线后再转身离开。

### (二)行李服务礼仪

(1) 客人抵达时,热情相迎,微笑问候,帮助提拿行李。制服干净、整洁,不得在岗位上整理制服和个人衣物。客人乘坐的车辆停稳后,行李员要热情地帮助客人从车上卸下行李,检查行李有无破损,请客人核实行李件数和完好度。行李装车时,要轻拿轻放、数量准确、摆放有序,并请客人确认。注意贵重物品和易碎物品应尽量由客人自己提拿。用外侧手提拿行李,在客人斜侧方领路,保持约1.5米距离。步伐节奏与客人保持一致,并时常用手势示意客人行走的方向。注意,应保证随身行李不离开客人的视线。

(2) 客人在总台办理入住登记手续时,行李员要放下行李,站在离客人约 1.5 米的距离处,站姿端正,目视客人,随时准备为客人提供服务。客人登记完毕后,主动上前向客人或前台接待处取房卡或钥匙,记住客人房号,用规范的手势引领客人去客房。

(3) 搭乘电梯时,行李员放下行李,按下乘梯按钮,等候电梯门打开,然后一只手挡住电梯门,用标准手势请客人先进电梯,行李员随后提着行李进入电梯。在电梯轿厢内,行李员要靠控制面板一侧站立,面向电梯门,并将行李放置在不妨碍其他客人的地方。途中遇有其他客人乘坐电梯时,应当礼貌问候。途中,行李员应主动向客人简要介绍酒店的服务设施和服务项目。到达楼层时,行李员应按住电梯按钮,使门保持敞开状态,用标准手势示意客人先行,随后提着行李跟出。如果使用行李车,行李员应先将行李车推出,然后站在电梯外按住电梯按钮,用手示意客人出电梯。

(4) 行李员走在客人侧前方约 1.5 米处领路,靠边行走,将中间的道路让给客人。如果对面来了客人,行李员要主动停下,侧身问候,并用手示意客人先行。到达客房后,行李员把行李放在房门外左侧,先按门铃,再轻轻敲门并自报身份,确认房内无人后再打开房门,并先进入客房,将房卡插入取电开关,启动室内照明,检查并确认客房状态正常后,再请客人进入客房。将行李放在行李架上或客人指定的地方,请客人确认行李件数。放置行李箱时,要正面朝上,提手朝外,以方便客人打开。

(5) 根据酒店客房设施设备的具体情况向客人介绍房间电视、电话、空调、床头灯开关、客房小酒吧、卫生间内设施及电源的使用方法,告知客人写字桌上有酒店服务指南,并回答客人的提问。介绍时应根据客人的反应灵活应对。对常客只需介绍客房新增的设备和服务项目即可。介绍设备和操作方法时,应当依次介绍。介绍时不能用手指指点点,也不能隔着桌子介绍。介绍完毕后,征询客人有无其他吩咐,如没有,则与客人告别。离房前,应微笑地说:"先生(或小姐、夫人等),请好好休息,再见!"面对客人,后退一步,再转身退出房间,将门轻轻拉上。注意不能因为用力过大或随意关门的响声而造成客人的不快。

(6) 行李员需要进入房间搬运行李时,无论房门关着还是开着,均要按门铃或敲门通报,听到"请进"声,方可进入房间,并说:"您好,我是来搬运行李的,请吩咐。"当双方共同点清行李件数后,即可将行李运送至大门,并负责搬上车。如果客人与行李同行,在客人离开房间时,行李员要将房门轻轻关上,跟随客人到大门。

(7) 行李放好后,不要立即转身离去,要与门厅迎接员一起向客人热情告别。"谢谢您的光临!""欢迎下次再来!""祝您旅途愉快!"最后,将车门轻轻关上。面带笑容,目视车内客人,挥手告别,目送离去。

## 二、前台接待礼仪

前台的主要工作为接听电话、接受预订、答疑客人、安排住宿、安排用餐、会议接待、核对房态、做客房销售报表。

### (一) 接待服务礼仪

(1) 当客人来到前台 3 米远处,应予以注目礼,面带微笑,热情问候招呼:"小姐(先生),您好!欢迎光临××饭店。"然后,礼貌询问客人有无预订。如已预订,接待员应及时查阅预订记录,复述客人的订房要求,敬请客人填写住宿登记单后,尽可能地按客人要求(楼层、朝向)安排好房间,提供满意的服务。如没有预订,应询问客人的需要,并主动为客人提供帮助。

(2)如果接待高峰时段客人较多,要按先后顺序依次为客人提供服务,注意"办理第一位,询问第二位,招呼第三位",并说"对不起,请稍等"。提高服务效率,减少客人等待时间,通过表情、眼神等传递信息,使客人感受到尊重,不被冷落。

(3)礼貌地请客人出示证件,验看、核对客人的证件与登记单时要注意"请"字当头。确认无误后,应双手交还证件,并表达感谢。当知道客人姓氏后,要尽早称呼,让客人感受到热情和尊重。

(4)制作房卡,向客人递送房卡和单据、证件时按递物礼仪进行,应上身前倾,将单据、证件文字正对着客人双手递上;若客人签单,应打开笔套,笔尖对着自己,右手递单,左手送笔。

(5)如客房已满,要耐心解释,并请客人稍等,看是否有人取消订房或退房。同时,热情地为客人推荐同等级饭店,主动打电话帮助联系。

(6)VIP客人入住酒店时,要及时用电话询问客人"这个房间您觉得满意吗?""您还有什么需要,请尽管吩咐,我们随时为您服务!"以体现对重要客人的尊重。

(7)客人对酒店有意见时,往往来接待处陈述。接待员要面带微笑,表示欢迎;应凝神倾听,绝不能与客人争辩或反驳;要表达真挚的歉意,并妥善处置。

(8)及时做好客人资料的存档工作,以便在下次接待时能有针对性地进行服务。

### (二)预订员服务礼仪

(1)热情接待客人来电、来函、微信、App或上门等各种形式的预订,并及时回复,应敬语当先,主动、热情、礼貌地接待。

(2)如果接受预订,就要及时登记,填写订房单,并向客人复述,以免出现差错、遗漏。如因客满无法接受预订时,应友好、遗憾地向客人表示歉意。同时,向客人推荐附近同类型酒店。

(3)接受客人预订后,应信守订房承诺,切实做好客人来店前的核对工作,以免出现差错。

(4)如因各种原因出现订房纠纷,要理智客观地分析原因,注意礼貌,耐心解释,切忌争吵。如果是酒店的责任,要主动承担,进行内部协调,解决问题并表示歉意;如是客人的责任,要牢记"客人永远是对的"的原则,妥善处置。

### (三)问讯员服务礼仪

(1)穿着整齐,仪态大方,站立服务,精神集中,随时接受客人的问讯。

(2)客人来到问讯处,应主动打招呼,热情问候,一视同仁,依次接待问讯,务必使客人感到你是乐于助人的。

(3)接受客人问讯时,应双目平视对方眼鼻三角区,倾听要专心,以示尊重与诚意;对有急事而词不达意的客人,应劝其安定情绪后再问:"小姐(先生),请慢慢讲,我仔细听。"

对于长话慢讲、详细叙述的客人要耐心、细心,听清叙述后回答;对于语言难懂的客人,要仔细听清楚后再回答,绝不能敷衍了事或拒之门外。

(4)热情主动,微笑相迎,有问必答,百问不烦,口齿清楚,用词得当,去繁就简,节时高效。

(5)问讯员要熟悉业务,明确自己的职责,上至国内国际航班、铁路等最新时刻表和票价表,下到酒店所在地的风景名胜和日常生活、学习、工作等场所的特点、地点以及电话号码等要心中有数,以便届时能以快捷的方式向客人回答清楚。

### (四)收银员服务礼仪

(1)服饰整洁,仪容端庄,微笑站立,恭候客人的到来。切忌漫不经心,造成客人久等的难堪局面。

(2)客人来总台付款结账时,要笑脸相迎,热情问候,提供迅速、准确的服务。

(3)住店日期要当场核对,收款项目要当面说清,不能有丝毫含糊,避免客人有多收费的猜疑。

(4)如有客人提出一些饭店无法接受的要求,要婉转地予以解释,不要用强硬的态度拒绝,以免引起客人的不满。

(5)如结账的客人来得较多,要礼貌示意客人排队等候,依次进行,以免引起结算的差错。

(6)结账完毕,应向客人道谢道别:"谢谢,欢迎您再次光临!再见!"

### (五)大堂副理服务礼仪

(1)查阅客情记录。要在VIP入住客房前一天或前几天控制销售;在VIP预抵当天提前2小时检查客房状况,并根据客人的喜好布置房间。检查前厅布置。按VIP的等级对前厅布置进行检查,保证VIP抵店时,酒店大厅旋转门、感应门、推拉门处于完全开放状态,酒店大堂所在楼层至少有一部电梯处于等候状态。

(2)以积极的态度听取和处理客人的投诉。对于客人投诉的问题,要详细询问,并当面记录,以示郑重。要设身处地为客人考虑,以积极负责的态度处理客人的问题和投诉。在不违反规章制度的前提下,尽可能满足客人的要求。

(3)当客人发脾气时,要保持冷静,待客人平静后再做婉言解释与道歉,要宽容、忍耐,绝对不能与客人发生争执。接待客人要积极热忱,精力集中,以谦和、富有同情心的态度认真倾听,让客人把话讲完。

(4)对客人的任何意见和投诉,均应给予明确合理的交代,力争在客人离开酒店前解决,并向客人表示感谢。尽量维护客人的自尊,同时也要维护好酒店的形象和声誉,原则问题不能放弃立场,应机智灵活地处理问题。

 **实训内容**

### 一、基本训练

两人一组,分别模拟客人和服务员进行训练。

(1) 迎宾员服务礼仪。
(2) 行李员服务程序及礼仪。
(3) 预订员服务程序及礼仪。
(4) 接待处服务程序及礼仪。
(5) 问讯员服务程序及礼仪。
(6) 收银员服务程序及礼仪。
(7) 大堂副理服务程序及礼仪。

## 二、训练重点

(1) 对各岗位业务程序的熟练程度。
(2) 各岗位服务礼仪的具体要求。

## 三、训练后自检

(1) 坚持"敬人三A"的原则。
(2) 服务用语的"主动性、亲切性、规范性"原则。

## 任务考核

请分组根据酒店前厅部不同岗位为宾客提供住宿服务,每组选派一名同学模拟服务流程,注意全程服务礼仪的持续性。

### 趣味常识

#### 生活黑客

1. 黑客概念

黑客思维是系统思维的升级:黑客破解系统。

创新阶层(creative class),生活黑客正是创新阶层中最有主意的一群人。他们的工作和生活方式跟以前的工人非常不一样。创新阶层的成员包括艺术家、工程师、设计师、教育工作者、演员、游戏娱乐业从业者等。

创新阶层从事的是创造性的工作,必须有自己独立的思考和判断。他们不是事事都根据别人的指挥去做,很多情况下根本就没有人管束他们,一般都是自己对自己负责。他们的工作时间和工作内容都比较灵活,不太受朝九晚五的限制。创新阶层非常自信,他们无须为上班的衣着打扮担心,对行业的认同感超过对自己所在公司的认同感。

黑客精神包括以下四点。
(1) 个人主义。自己决定干什么和怎么干,而不是随大流。
(2) 理性。理解原理,推崇技术,不急不躁,不情绪化,想方设法解决问题。
(3) 实验。真正的黑客都爱折腾,他们不断刺激和试探系统的边界线,探索背后的规则。

(4) 系统。黑客把一切事物,包括自己的身体,都看成系统;系统是模块化的,可以把各个部分拆开再重组;系统是按照算法运行的,可以尝试理解这个算法。

2. 黑客流派

(1) 时间管理派

① 多相睡眠法。把一天平均分成若干段,比如分六段,每段四个小时中睡20～30分钟。这样加起来,每天只需要睡两到三个小时。

② 被动收入(passive income)和外包(outsource)。把工作外包给别人去做,这样就能享受不用自己动手的被动收入了。

③ 提高生产力的第一个原则是提高工作的意愿。意愿由期望、价值、冲动和延期决定,意愿＝期望×价值/(冲动×延期)。加强期望和价值,减少冲动和延期,你就会有更强的意愿去开始做一件事。第二个原则是避免干扰。在做事的过程中,要保持专注,不能三心二意,这就要求自己约束自己,避免干扰。干活之前把手机放到一个不容易拿到的地方,看手机的冲动就会下降。许诺一个回报,只要做完这件事,未来就可以获得一个奖励,比如可以玩电子游戏或者吃块饼干。找人来监督,比如可以把一笔钱交给朋友,如果到期未完成任务,这钱他就可以当作罚款来没收。

④ 黑客的极致做法。逐渐延长工作时间段、优先做价值感强和进度可见的工作、用直播工作过程的方式寻求监督。

(2) 极简主义派

① 黑客喜欢工具,因为工具给黑客赋能。黑客认为世界是由各种系统组成的,有工具就能应对这些系统,就可以不受限制——工具让我自由。

② 极简主义就是物品管理中的要事优先。要达到心如止水的境界,既不能受杂事的干扰,也不能受杂物的干扰,应该拥有足够少而又足够好的东西。

③ 现在有人把极简主义演化成了精要主义,不再刻意追求东西的多和少。精要主义的精要在于,不应该接受生活的默认方式,应该按照自己的设计去生活。它代表更主动、更刻意、更有纪律、更系统化的生活方式。

(3) 自动化控制派

① 量化自我(quantify self,QS)的运动。这个运动认为,想要改善某个东西,首先要能测量它。比如可以随时记录自己的体重、心率、血压等指标数据,看看都有哪些变化。

② 加州意识形态的三个信仰。

第一,人应该是自由的,不受任何体制的限制。

第二,人可以改善自我,通过个人的进步来实现自由。

第三,改善自我的手段是工具和技术。只要有足够好的工具和技术,我就能提升自我,变得更年轻、更聪明、更健康。

3. 生活哲学

(1) 个人操作系统:斯多葛哲学。它的一个主要思想是要区分能控制和不能控制的东西。外界的大多数事情是不能控制的,那就应该接受,不过分难过也不恐惧,就是简简单单地接受。而你的内心则是可以控制的，可以控制自己对事情的反应。你永远都有选择权，区分可控和不可控，做出正确的选择，需要理性。而为了学会控制内心，还需要实验：一种是亲身实验；另一种是想象实验。

（2）正念冥想：生活。黑客们相信，正念冥想能让他们获得内心的平静，不受情绪的打扰，能在有挑战性的环境中保持心态平衡，从而作出正确的判断和决策。

# 任务 2
# 客房服务礼仪

**礼仪名言引入**

小事会影响客人的感受。影响客人感受的基本都是小事,少有大事,我们的工作就是把无数的小事做好。

 **任务目标**

(1) 了解为旅游团分配客房的原则。
(2) 掌握客房分配的礼仪规范。
(3) 熟悉客房拜访的注意事项。

 **任务描述**

导游小张入职后带了第一个旅游团,为了给游客提供周到、细致的服务,他决定晚上亲自到客房拜访客人。其中,客人李先生和夫人是新婚夫妇,小张特意为他们安排了豪华夫妻房,于是他决定第一个便去拜访李先生。礼节性地敲门后,李先生打开了房门,小张没有犹豫,主动走进了客房,正在这时,李太太穿着睡衣从卫生间出来,看到小张,面露不悦之情。可是小张并未察觉,仍然热情地与李先生聊了 15 分钟才告辞。出门时,李太太用力地把门给关上了。小张这才发觉李太太的异常:我这么热情,难道他们不高兴了?

请问:小张在服务的过程中存在哪些问题?客人真的不高兴了吗?

 **任务准备**

(1) 场地准备:多媒体教室。
(2) 用品准备:多媒体课件。
(3) 仪容仪表准备:与课人员着正装,女生过肩长发应扎起。

 **背景知识**

旅游住宿业是指为旅游者提供住宿、餐饮及多种综合服务的行业。旅游住宿业与旅行社业、旅游交通业并称为旅游业的三大支柱,是人们在旅行游览活动中必不可少的"驿站"。

为游客提供舒适、体贴的住宿服务体现了导游员的服务水平及责任心。因此，导游员在阅读接待计划时应仔细分析游客名单，以便提前根据游客之间的关系、特殊要求或单男单女情况作出妥善安排，切实提供人性化服务。

## 一、客房分配原则

旅游团的客房分配应严格遵守旅游合同条款，根据旅行社与游客之间的约定提供对应的酒店及客房，并认真履行合同中游客所提出的特殊要求。对于团内有可能出现单男、单女或住单间之类的情况，导游员应强调相关规定，在给予游客心理准备后再作安排，以免引起游客不快。

## 二、客房分配礼仪规范

### （一）根据客人的特点（身份、地位、民族特点等）有针对性地排房

（1）对常客和有特殊要求的客人予以照顾。
（2）要尽量使团队客人住在同一楼层或相近的楼层，以便于同一团队客人之间的联系与管理。
（3）将残疾、年老和带小孩的客人尽量安排在离服务台和电梯较近的房间。
（4）将 VIP 客人安排在同类客房中最好的房间。

### （二）根据客人的生活习惯、宗教信仰及不同的民俗排房

（1）将内宾和外宾分别安排在不同的楼层，因为内外宾有不同的语言和生活习惯。
（2）尽量不要将敌对国家的客人安排在同一楼层或相近的房间。
（3）注意房间号码的忌讳。像西方人忌讳 13，一些地区的人忌讳带 4 的数字，在安排客房时应尽量避免。

### （三）分配好客房后，导游员应向游客作提醒

提醒的内容如下。
（1）保管好房卡，避免丢失。
（2）妥善保管随身携带的物品，现金和贵重物品存入房间或总台的保险箱内，但在离店时要注意取回。
（3）检查房间用品是否齐全，是否有破损，如有则告知服务员并要求调换。
（4）洗澡时注意安全，防止滑倒。
（5）房内物品收费项目应看清后再使用。
（6）如发现有客人刚染过头发的，提醒戴好浴帽，避免因染脏枕套而被要求赔偿。

## 三、客房分配注意事项

旅游团游客对客房要求最多的是：无烟楼层、同一楼层、离电梯近、房间大小一样及不要临街等。因此，导游员应多分析游客的心理需求，在条件许可的前提下，提供个性化服务。

（1）给内宾分房应尽量分同一房型，特别是标准间，应大小一样，最好分在同一楼层。

（2）旅游团如有领队，则最好由领队进行房间分配。

（3）给外宾分房间时，如来自马来西亚、印度尼西亚、韩国的客人，应尽量分在同一楼层或相邻的楼层，最多不超过两个楼层，并且房型差异不能超过两种，不然易遭到投诉。

（4）外宾团在安排前最好征询是否住单间，如果要求住单间，尽量安排大床房。

（5）外宾团在夏季时要给冷气佳、房间相对安静及风景较佳的房间。

（6）外宾团房间内最好配有二次消费的酒水和其他小吃。

（7）对于团队资料注明夫妻身份的，尽量提供大床房。

（8）考虑客人喜好，比如欧美客人比较怕热，中国客人喜欢窗户向南，有些客人比较注重风水等。

### 四、客房拜访注意事项

导游业务规范要求导游员热情引导旅游者进入客房，以协助有关人员随时处理旅游者进房过程中可能出现的问题。旅游团的房间一般安排得相对集中，导游员可在各个房间门口简单询问旅游者对客房的意见，注意把握时间，避免影响客人休息。考虑到客房是旅游者的私人空间，除非客人主动邀请或客人反映房内设施有问题需要导游员进入查看，一般不建议导游员进入客房。

如果因旅游团出现决策性问题需要与客人沟通，首选电话联系；次者可约客人至公共场所，如茶室、咖啡厅、酒店大堂等；不建议选择客房作为见面之所；也最好不要随便让客人来你的房间，特别是年轻的异性。

 实训内容

作为导游员，在为旅游团办理入住手续的过程中，应注意以下两点。

### 一、快

旅游团抵达酒店时往往已深受旅途劳累之困，故抓紧时间进房休整是他们步入酒店大门后最迫切的愿望。如何做到拿房快、分房快？可从以下几点着手。

（1）在下车之前，作好客房分配说明。

（2）提醒地接人员提前拿好房卡。

（3）导游应先下车，让门童去引导客人，自己先去办理入住手续。

### 二、细

导游员对酒店应作详细说明，为客人提供体贴入微的服务，避免客人退房时产生不必要的麻烦。

（1）向服务台了解清楚房间电话的使用办法。

（2）最好每个房间要两张房卡。

（3）如果时间充裕，可以把自己的房号写在客人的房卡信封上。

（4）如果导游员不住酒店，告诉客人你会在大堂等候一刻钟时间，如果房间有任何问题请立刻到大堂找导游员来协助解决。同时把早餐开放时间、出行李时间、出发时间、酒店内的设施等重述一次,如果房间里有迷你吧一类的收费项目,要强调客人留意价目表。

(5) 如果没有领队,你可以告诉客人给行李生的小费标准。

## 任务考核

请将全班同学当作自己的游客,由老师为各位同学设定身份特征,同学们可以以游客的身份提出各种要求。最后,由一名同学模拟分配客房。

## 趣味常识

### 世界上唯一一座八星级酒店[①]

阿拉伯联合酋长国宫殿酒店(Emirates Palace)是目前世界上唯一一座八星级酒店,它位于阿布扎比海滩,北面和西面临海,是一座古典的阿拉伯皇宫式建筑,具有很浓的民族色彩。这座与阿联酋总统府仅一街之隔的饭店,远看像一座巨大的城堡,拥有1300多米长的黄金海岸线。

整个酒店耗资30亿美元,内部面积达242 820平方米,共有394套客房,分为总统套间、宫殿套间、海湾豪华套间、海湾套间、钻石客房、珍珠客房、珊瑚客房和豪华客房八种。客房的地板是大理石或地毯,房间价格从600美元至13 000美元不等,外加20%的服务费。房间最小的客房面积为55平方米,最大的总统套间面积近千平方米。6套宫殿套间位于饭店的六层和七层,每套面积达680平方米。每个套间有7名专门的服务员在门外24小时待命,随时听候客人的吩咐。客人入住前,服务员会把套间里的计算机等设备的语言选择调整为客人最熟悉的语种,让卧室、客厅和餐厅里的电视播放客人喜欢的电视节目或音乐。酒店顶层的6个总统套间,只接待来自海湾地区的元首或王室成员。

酒店内含有一个面积达7000平方米、中东地区最大形的豪华礼堂,可容纳1200人开会;有一个可容纳2800人的舞厅;有12个餐厅和8个娱乐厅,配有128间厨房和餐具室,可同时接待2000多人就餐。另有40个会议室和附带12个工作间的新闻中心。从饭店通道一头走到另一头,长近千米,有时客人在饭店用餐或购物后经常找不到房间,需要找服务员领路。

这家酒店的独特之处不限于表面的豪华,还在于不为人知的管道系统。管道内蜿蜒1000多千米的蓝色、红色与绿色的光缆和电缆,以及其他多种时髦玩意儿,都在向人们证实高科技才是这家酒店最耀眼的招牌。此外,酒店拥有长达1英里的私人海滩,两座游泳池面积有数个足球场那么大。房客在海滩游泳池享受阳光时,服务生的服务甚至做到为你擦太阳眼镜,洒水雾消暑。

---

① 资料来源:南方日报,2020-08-02

# 任务 3 电话礼仪

> **礼仪名言引入**
>
> 礼貌是最容易做到的事,也是最珍贵的东西。
>
> ——冈察尔

 **任务目标**

(1) 了解电话礼仪的重要性。
(2) 掌握电话接听与拨打的一般礼仪。
(3) 熟悉旅行社前台电话的拨打与接听礼仪。

 **任务描述**

小王调到旅行社前台工作的第一天,他匆匆忙忙赶到公司上班,刚坐下吃早餐,电话铃就响起来了,小王慢慢悠悠地边吃早餐边接听了电话,原来是一个客人咨询某常规旅游线路,但是小王不知道这条线路的情况,于是跟客人说"等会儿",然后重重地撂下电话,翻找了好一会儿之后才找到线路内容及散客报价,拿起电话立即跟客人介绍线路说:"这条线路……"后来这位客人想报团旅游,请小王推荐景点并报价,小王一问三不知,最后引起客人不满,客人生气地挂断了电话。

请问:

(1) 小王在这次电话接听过程中犯了哪些错误?
(2) 如果你是小王,你应如何接听电话?
(3) 如果需要回拨电话给客人,应注意些什么?

**任务准备**

(1) 场地准备:多媒体教室。
(2) 用品准备:多媒体课件。
(3) 仪容仪表准备:与课人员着正装,女生过肩长发应扎起。

## 背景知识

在旅游企业中,电话是最常用的联络工具,使用电话不仅能够传递信息,同时也起到传递企业形象、个人形象的重要作用。工作人员在接打电话时的语音、内容、态度、表情、姿势等的整合,能够体现其个人素质与企业的管理水平、企业的形象,并影响他人对该公司品牌价值的评价。正确使用电话,合乎电话礼仪规范,已经为越来越多的旅游企业所重视。那么,常见的旅游企业电话礼仪有哪些?以下从拨打和接听电话两方面来进行分析。

### 一、拨打电话礼仪

#### (一)拨打电话前应提前准备

拨打电话,尤其是给客人拨打电话,应提前准备。如先想清楚为什么打这个电话、是否需要打这个电话、什么时候打最合适、拨通电话后可能遇见的情形、应对策略与说话内容等,为避免紧张漏词,还可将要讲的内容列出提纲。切忌想到就打,打通后不知道讲什么或忘记自己打电话的真正目的。

#### (二)选好拨打电话的恰当时间

一般情况下,恰当的通话时间是在早上 9 点钟之后,晚上 10 点钟之前,用餐时间不应拨打电话,如果对方有午睡的习惯,午睡时间也不应拨打电话。节假日期间,一般不拨打工作电话,除非是特别重要的事情,如要拨打,最好选择在早上 9 点钟之后,晚上 10 点钟之前。如果你了解对方,可根据对方的作息时间来确定最恰当的通话时间,如其上班时间是 9 点钟至 12 点钟,你可以选择 9 点 30 分至 11 点 30 分拨打对方的工作电话,避免刚上班时的匆忙与下班前的焦急。当然根据拨打电话的目的可以寻找最恰当的时间,如你希望对方比较急的时候跟你通电话以利于谈判,可以在其下班前拨打电话。

#### (三)拨打电话时应注意礼貌

拨打对方电话时先考虑拨打对方的办公电话,拨打对方办公电话联系不上时再拨打手机。拨通对方办公电话时,应说"您好",然后自报家门,说出自己要找的人,如"我是某某,请问某某先生在吗?""请问是某某公司吗?我是某某,请问某某先生在吗?"如是拨打对方的手机,可直接说出你要找的人并自报家门,如"您好,我是某某,请问您是某某先生吗?"拨打电话的时候应专心致志,且避免吃东西、喝水等动作。通话应尽量简洁,对要点需加以强调,加深对方的印象。通话时间最好控制在 3 分钟以内,避免"煲电话粥",如通话时间可能较长,需在通话刚开始时征求对方同意,如"请问您现在方便接听电话吗?可能需要跟您通话的时间会有点长。"或直接问"请问您现在方便接听电话吗?"如对方回答方便,即可继续通话,对方回答正在开会等暗示不方便长时间接听电话时,可约其方便接听电话的时间再拨打。

### 二、接听电话礼仪

#### (一)及时接听电话

及时接听,一是指一定要接听,二是指接听及时。无论是否在忙,我们都要求及时接听电话,如实在是没有空,接通电话后告诉对方自己在忙什么,跟对方约定好再通电话的时间,然后挂断电话。及时是指在电话铃响三声以内接听,但为了防止电话掉线也不要在电话未响完第一声时接听,电话铃超过三声尤其是五六声接听,或者在上班时间电话无人接听,都是不礼貌的行为,同时也影响来电者对该企业的印象。如果未能及时接听电话,应向对方道歉,如"对不起/抱歉,让您久等了"。

### (二) 接听电话的礼仪

接听电话时应先跟对方打招呼"您好。"如果对方找的是接电话者本人,可以对对方说"我就是/我是,请问您是哪位?";如果对方找的是另一个人甲,而甲恰好在附近,可以说"请稍等,他在旁边";如果找甲,而甲不在办公室或者不愿意接听电话,可以说"您好,他刚好出去了,请问需要留言吗?/替您转告吗?"在帮他人留言时应认真记下对方姓名、公司、回电号码、来电时间与留言,帮他人代接电话应保守秘密,不应将通话对象与具体内容公布出去。在与对方通话的过程中,应认真做好记录,并对重点及未听清的部分加以强调性的重复,防止电话挂了内容也忘记了。在接听电话时注意相应礼仪,如保持饱满的精神状态、站/坐好、聚精会神、不要在通话过程中吃东西等。

### (三) 挂断电话的礼貌

首先我们应知道挂电话的顺序,通常是地位高者先挂电话,如果地位相等,被求者先挂电话,如果地位相等通话内容无所谓,拨打电话者先挂电话。在接打客人电话时遵循"顾客是上帝"的原则,皆是客人先挂电话。挂电话前应礼貌道别,挂电话时动作不宜粗鲁应轻轻挂电话。挂电话后应及时处理通话约定的事情。

 **实训内容**

旅游企业生产的产品是服务,这种产品是无形的,却又无处不在,如导游的讲解服务、客房的清扫服务、餐厅的上菜服务及电话的咨询服务等,都是影响客人消费满意度的内容。工作人员如接打电话不当,不仅影响客人对企业工作人员的印象,也会影响企业在客人心目中的形象,更有甚者,影响客人对服务产品的评价,导致投诉。下面,我们以旅行社前台人员的接听电话礼仪为例,说明旅游服务工作的电话接听礼仪。

### 一、前台接听电话的基本要求

(1) 在电话附近,应放好笔、纸、各部门电话号码表、旅游线路及报价表。

(2) 所有来电必须在三声内接听,一般是由最靠近电话的工作人员接听,或由专人负责接听电话。

(3) 通话时应坐正或站直,面带微笑,听筒放在耳朵上,话筒距离唇下5厘米处,不可嚼东西,若途中必须与他人交谈,用手捂着话筒。

(4) 接听电话时应注意自身语音语调,尽量使自己的声音柔美亲切自然,音调适中,并注意礼貌用语、多用敬语、不讲粗话。

(5) 等对方先挂电话,工作人员挂电话或途中暂时放下电话找人时,均应轻放。

## 二、电话接听的程序

(1) 接通电话时应打招呼,告诉对方自己的公司名称或加上部门,如"您好,某某旅行社(前台),请问有什么可以帮到您?"

(2) 如客人是咨询常规线路,工作人员应迅速回答,如客人是咨询特殊线路,需要查阅计算机、线路本或询问旁边的工作人员,应跟客人说"请稍等",较长时间才查到,回复客人时应说:"对不起,让您久等了"。

(3) 如客人所咨询的内容超出工作人员的权力范围,应将电话转接到相应部门,如客人要求单位包团跟前台工作人员砍价,而前台工作人员无此权限时,应征得客人同意后帮客人转接电话到销售部。

(4) 如客人所咨询的是新线路、报价等工作人员无法及时回答的问题,应跟客人说明并道歉,同时记下客人的电话号码,在规定时间内回复客人线路报价。

(5) 如客人要找的人不在,应询问客人是否需要回电话或留言,若需要,应记下来电时间、来电人姓名、回电号码、留言信息等内容,如"对不起先生,某某现在不在这里,需要帮您留言吗?""请问您怎么称呼,电话号码是多少?"挂电话前需重复一下记下的内容,避免错误。

(6) 挂电话前应跟客人说"谢谢您的来电"。需回复电话时说"我们尽快答复您"。

## 三、特殊情况的应对

(1) 当我们在为客人服务时有电话打进来,我们应对客人讲"对不起,请您稍候",然后接听电话,接听电话时应尽量简洁快速,挂电话后应对客人讲"对不起,让您久等了"。

(2) 当我们在接听电话时有客人前来,应面带微笑向前来的客人致意,暗示将尽快为其服务,并请客人坐下。迅速结束电话交谈,挂电话后对客人讲"对不起,让您久等了"。

### 任务考核

(1) 由学生模拟小王按照电话礼仪规范接听客人咨询电话。
(2) 由学生模拟小王按照电话礼仪规范拨打客人电话回复线路报价。

### 趣味常识

**银行客服代表的酸甜苦辣**

他们是客人在遭遇银行卡丢失、网银转账失败等突发事件时,第一个想起的"救急特派员";他们是客人咨询理财、贷款等业务时,最信服的"信息智库";他们是一群用声音为客人排忧解困的"熟悉的陌生人"。近日,记者走进工商银行电子银行中心,全方位扫描电子银行中心工作人员的酸甜苦辣。

有人说,声音是一个人的第二张面孔,客服中心人员的声音与服务态度,同样也是商业银行的第二张面孔。在工商银行电子银行中心座席区,记者看到墙壁上用彩色画笔描绘着"让客人听见你的微笑"。

在工商银行电子银行中心，每天晚上都有120～140名员工彻夜值班。在成立不久的95588短信服务科室，目前有100名服务代表，为确保能够急客人之所急，服务代表既要尽快地答复，也要确保答复的准确。在"五一""十一"甚至是春节假期里，许多服务代表放弃了与家人团聚、与朋友出游的机会，将时间留在了工作岗位上。

据工商银行电子银行中心预测排班师赵微介绍，该行客服是7×24小时全天候服务。由于工作结束时间较晚，为了员工的安全和工作的便利，中心为员工提供宿舍供夜班员工休息，第二天继续上半天班。

下班之后直接回宿舍休息，看似方便、省事，但对员工来讲，绝对不是件轻松的事。记者在员工宿舍看到，一间宿舍少的有十多张床位，多的床位达三十张，而员工下班时间并不统一，要想在房门开开关关、人员进进出出的环境下睡得踏实并不容易。在休息了六七个小时之后，服务代表又要重新上岗，迎接新的工作。

与夜班相比，白天的客服工作紧张且繁忙。记者看到，除了中午不到半个小时的吃饭时间，客服人员几乎没有休息时间。一通电话接完，马上就会有新的电话进来，几乎连倒水、喝水的时间都没有。声音哑了，喝点水润润嗓子，脖子肩膀酸了，在接电话的间隙稍微活动一下。白班的客服工作时间是8个小时，相当于每天7个多小时在接听客人电话，长期处于耳朵听着、嘴里说着、心里想着、眼睛看着、手里敲着的高强度工作状态。

# 任务 4

# 投诉处理

> **礼仪名言引入**
>
> 礼仪的目的和作用本在使得本来的顽梗变柔顺,使人们的气质变温和,使他敬重别人,和别人合得来。
>
> ——约翰·洛克

## 任务目标

（1）了解旅游投诉的概念及处理设诉的重要性。
（2）掌握旅游投诉的处理。
（3）熟悉酒店投诉处理的一般流程。

## 任务描述

5月20日13：00,客房服务中心小陈接到518房客人的电话,客人因忘记带房卡要求服务员帮忙开门,并告诉服务员自己在附近515房间等。结果客人等了10分钟还没有服务员来开门,就在515房间再次打电话到客房服务中心时,客房服务中心小陈回答"已经开了",客人回去一看,还是没有开,第三次打电话给客房服务中心小陈,告知其并没有开门,并强调自己在515房间等,小陈告诉客人等会儿再回电话,过了5分钟左右客房服务中心回电话给客人,告诉客人服务员去开门时,因为房间里有人（房卡插着没拿）,又没有看见外面有人,所以就又回去了。客人说"我在515房间呀!"小陈埋怨道："谁叫你不在外面等啊？又不知道你是不是这里的客人,你在门口等不就成了吗？"久等开门的客人听到此话生气地把电话一挂,想"让我等这么久你还有理了,什么服务态度!"客人拨打电话到客房服务中心找客房经理投诉,客房经理小王应如何处理此次客人的投诉？

## 任务准备

（1）场地准备：多媒体教室。
（2）用品准备：多媒体课件。

(3) 仪容仪表准备：与课人员着正装，女生过肩长发应扎起。

## 背景知识

旅游投诉是指客人为维护自身的合法权益，对损害其合法权益的旅游企业以书面、电话、网络等形式向旅游行政管理部门提出意见，或直接向旅游企业以书面、电话、网络、当面口述等形式提出投诉。投诉也是客人对自己期望没有得到满足时的一种抒发方式。在旅游蓬勃发展的今天，客人的维权意识越来越强，对旅游产品期望与要求越来越高，而无论旅游服务产品多好，旅游企业及其员工都有可能接到投诉。为了旅游企业的发展，旅游企业及其员工必须认真对待客人投诉，把握好处理客人投诉的原则。

### 一、认真处理客人投诉的重要性

当客人认为其合法权益被侵犯或者对旅游企业产品的期望值高于实际心理体验值时，只有约4%的客人会选择投诉以求得到合法权益的补偿或心理平衡。旅游企业若对客人的投诉处理得当，不仅可以挽回客人对旅游企业的信心，增强其客人忠诚度，挽留住这位客人，创造再消费的机会，还可以树立旅游企业的良好形象，产生良好的口碑效应；相反，如果处理不当，则可能永远失去这位客人并形成恶性口碑效应。相关研究数据表明，如投诉处理得当，75%的投诉者会再回来消费，投诉处理不当则绝大多数投诉者不会再来消费，并将此次不满意体验告诉身边9个人以上，从而产生负面品牌影响。而那没有提出投诉的96%的客人在有其他选择机会的时候也不会回来企业消费。

因合法权益受到侵害或旅游产品不符合其期望值而导致的客人流失给旅游企业带来负面的品牌影响，同时也产生巨大的经济损失，其中企业重新开发一个新客人所需要的努力是挽留一个回头客的6倍之多。所以我们应该把握住客人投诉的机会，通过处理好客人的投诉，以改善客人对企业的印象，维持客人对企业的忠诚度，树立企业品牌形象，同时通过客人的投诉找出企业在经营管理方面的不足并加以完善，防止今后的客人产生不满。

### 二、引起客人投诉的原因及心理期望

引起客人投诉的因素有很多，主要有管理的问题、服务质量的问题、规章制度的问题、服务态度的问题、服务技能的问题、承诺不兑现的问题及客人自身情绪的问题等，这些因素一项或多项未达到客人的期望而使客人产生不满并可能投诉，客人希望通过投诉企业能满足其被尊重的心理、求补偿、赔偿心理、解决问题的心理、受重视心理、得到兑现和合理的解释心理及求发泄的心理等。在处理客人投诉时应认真分析引起投诉的原因及心理期望，对症下药。

### 三、投诉的处理

#### （一）投诉处理的原则

1. 换位思考原则

换位思考原则是指从客人角度出发考虑，做到想客人之所想，如通过换位思考我们知

道某客人来企业投诉,希望其行为被认真对待、被重视,客人冲着我们发火可能并不是针对处理投诉者本人,而是属于情绪的宣泄等,同时我们通过换位思考理解客人不满的原因,并让客人明白我们理解他的感受,避免只站在我们的角度来看待和处理问题。

2. 时效性原则

时效性原则是指迅速处理投诉问题。相关研究表明,投诉的处理越快,越能挽回客人对企业的忠诚度与满意度,并且一次性解决好投诉,比两次甚至多次解决投诉的效果更好,相反有些企业对投诉采取拖延的态度,希望通过拖延使客人没有耐性而使投诉不了了之,这会影响投诉处理的成效,影响客人再次消费的信心,最终失去客人对企业的忠诚度。拖延或处理投诉太慢会使一般投诉变成严重投诉,严重投诉没有得到及时处理可能会演变成危机,如2013年的苹果售后危机。

3. 双赢原则

双赢原则是指处理投诉要同时满足顾客的需求与企业的利益,形成企业与顾客双赢的局面。要形成双赢局面,我们应明白处理好客人投诉是创造利润而非提高企业成本,比如,满足客人合理的补偿需求,看起来是客人赢了而公司受到了部分经济损失,但某种意义上来讲是双赢局面,因为处理好客人的投诉不仅可以获得客人的再次消费与口碑宣传,还可能通过投诉处理典型案例而形成广告效应,从而使企业品牌形象得以推广,最终获得更大的企业利益。处理好投诉是令客人满意、企业收获潜在利益的双赢策略。

## (二)投诉处理的技巧

1. 用心倾听

只有用心地倾听才能知道客人投诉的原因,理解客人投诉的心情与期望,更好地解决问题。用心倾听同时也满足客人对不满事项的宣泄,并感受到我们对他的尊重。用心倾听时我们应做出表示在倾听的回应。在倾听时不可与客人争辩。

2. 做好记录

倾听客人投诉时我们应做好书面记录,这一方面表明我们非常重视此次客人的投诉,给客人一个受重视、受尊重的感觉,另一方面表明这份记录也是处理投诉的有效依据,管理者通过客人投诉记录进行分析,避免下次出现同类投诉案例。

3. 避免争论

客人投诉时很难听进他人的解释,他/她觉得自己受了委屈才来投诉,若此时我们跟客人争论辩解,一是无法使客人的不满得到很好的宣泄,二是会使客人感受不到我们处理投诉的诚意,可能还会导致投诉升级。避免使用"这是不可能的""你可能不清楚""你可能弄错了""你不要叫"这些可能会刺激客人的言语。必要时我们应诚恳道歉,因为无论是什么原因,企业都给客人带来了不好的产品消费体验。

4. 合适地选择投诉场合

如果无法在极短的时间处理客人的投诉,我们应将客人带到其他人较少的地方,如办公室等,避免场面失控及影响其他客人。在较为安静的场合,能让客人感到舒适和冷静。

## 实训内容

每个旅游企业都有其处理客人投诉的流程与规范,在接到客人的投诉时我们应根据旅游企业处理客人投诉的流程和规范进行处理。下面我们以酒店企业为例,了解客人投诉处理流程。

(1) 凡是接到客人的投诉,工作人员都应向客人道歉并行鞠躬礼,然后快速联系负责处理投诉的人员到场。

(2) 负责处理投诉的人员见到客人时需要对客人道歉并行鞠躬礼。如果发现投诉无法在短时间内处理好,应领客人到最近的办公室等地方进行处理。处理步骤如下:

① 认真聆听。通过聆听可以了解客人的不满并让客人的激动情绪得到很好的宣泄,在客人宣泄完不满情绪以前是听不进任何解释的,解决问题的关键是我们能否认真倾听客人的倾诉。

② 道歉并表示关心。通过道歉让客人知道我们已经了解到他投诉的原因。

③ 提问。通过提问收集足够多的信息,有利于我们掌握事情的真相并顺利处理客人的投诉。

④ 提出解决方案。根据客人的问题与掌握的信息,提出一个双方都可以接受的解决方案。

⑤ 询问客人意见。如果客人不满意初步所提出的解决方案,应询问客人意见,如果客人提出的意见我们有权处理,应尽快解决,如果处理不好或没有权力处理,则应立即通知有权限处理的人。

⑥ 电话回访。通过电话回访了解客人是否满意解决方案及是否还有其他问题。若有其他问题,则寻求更佳的解决方案,在结束电话时感谢客人提出的投诉意见。

(3) 投诉处理者在自己的权限范围内处理投诉问题,当发现自己无法满足客人的需要,无法解决投诉问题时应立即联系可以处理此投诉的上级人员并汇报情况,听取上级的意见处理。

(4) 投诉处理完毕后在规定时间填写投诉处理反馈表,交由相应部门存档。

## 任务考核

(1) 由同学分别扮演客房经理小王、客人与客房服务中心小陈,模拟投诉处理过程。

(2) 分析518房客人投诉产生的原因与投诉处理原则,讨论如何避免出现类似的投诉。

### 趣味常识

余斌毕业后到省城来找工作,找到一个单位,房子看起来高大漂亮。他想这个单位应该不错,但是干了不到一年,他就辞职了。辞职的原因是他发现在这个单位接到的基本上都是投诉电话。他深信一个单位长期接投诉电话,则说明之前的投诉电话没起到作用,而这样的单位肯定也不会有长远的发展,在这样的单位工作也不会有前途。

余斌不再找单位了,自己则创立了一家公司。他对公司员工说:"一定要善待每一个投诉电话。"他还制定了一套非常规范的措施,从电话接听、处理方法、处理结果、客户反馈、跟踪反映等方面做到有案可查,奖惩分明。对于不把投诉电话当回事的员工,他第一次是严重警告,第二次是坚决辞退。他说:"客户的投诉电话就是人家主动送上门来的帮助,是我们发展的宝贵智力资源,谁不把这种资源当回事,实际上就是不把自己当回事。"

开始时打到他们公司的投诉电话也不少,但随着时间的推移投诉电话也越来越少,他们公司的规模则是越来越大。现在每年的纯收入都在30万元以上。余斌说:"为什么很多企业办着办着就垮了?就是它们没有意识到,那些投诉电话就是警钟,不把警钟当回事,终有一天警钟就会变成丧钟!"

旅游服务礼仪

项目4

# 交通接待服务礼仪

# 任务 1 乘机服务礼仪

### 礼仪名言引入

礼节及礼貌是一封通向四方的推荐信。

——伊丽莎白

 **任务目标**

(1) 了解飞机在旅游业的重要地位。
(2) 掌握乘坐飞机的基本常识及座位布局。
(3) 熟悉登机的服务流程。

 **任务描述**

#### 乘客在飞机上的"雷人"举动[①]

2月17日下午,民航资源网收集并发布了一些民航人士与旅客在微博反映春运旅客在客机上的不文明举止。

微博网友"@鸡肉米饭牛肉面条"于2月8日发帖称"当天3U8878航班飞机最后10分钟进港,高度2000米左右,旅客电话响起,声音判断是山寨机,从座位上起来巡视了一圈,一个大叔在打电话,瞬间被雷到不行。过年了急切回家的心情可以理解,但是安全第一啊。"

微博网友"@风水旖旎"也反映"除夕夜飞深圳某航班,一位男性旅客擅自打开安全出口,称要透透气。结果他的行为导致航班延误,自己也被警方带走了。"

2月16日,微博网友"@某航机长"也发帖吐槽所乘飞机上有三个厕所,家长竟然让孩子在客舱中间的走道上大便,孩子已经不小了,微博上还附带了4张照片,可以看到一位穿着绿色上衣的孩子当众蹲在座位旁边大便,完事后家长还帮忙擦屁股。

---

① 儿童当众在飞机客舱走道上大便引热议.新闻晚报,2013-02-18

跟帖评论中很多网友都表示"被雷到了",并呼吁民航应尽快完善立法,对此类影响客舱环境的不文明举止予以严惩。

请问:作为旅客,在飞机上应该遵守哪些礼仪规范?

## 任务准备

(1)场地准备:多媒体教室。
(2)用品准备:多媒体课件。
(3)仪容仪表准备:与课人员着正装,女生过肩长发应扎起。

## 背景知识

### 一、民航在旅游中的重要地位[①]

交通是旅游业发展中的重中之重,民航以方便、快捷、舒适等特点成为旅游发展的助推器。旅游业的发展将为航空运输业的发展提供庞大的消费群体和广阔的市场空间。

航空运输业作为旅游产业的六大要素之一,是解决旅客出行问题和提高旅游可进入性的重要手段。虽然民航与旅游是合作共赢的关系,但现代旅游业的发展在一定程度上可进入性方面还受制于民航的发展进程。许多中小型机场所在的地区都有著名的旅游景点,因为没有直飞航班出入不方便,旅客只能依赖公路、铁路等交通工具,所以再好的产品、再好的价格、再好的目的地,还是"养在深闺无人识"。

中国目前在全世界已经开辟了142个国家和地区为旅游目的地,但是真正能够通达的只有七八十个,其他均不同程度地受到航空业发展的制约。近年来中国游客出境旅游增长迅猛,2010年1—9月中国旅客出境游同比增长了21%,这对于疲软的世界旅游市场的复苏无疑是个巨大的推动力,中国已成为拉动全球旅游业走出低谷的重要力量。

目前,航空运输方式仍是高端旅游的首选和主要载体。高端客源对整个旅游经济的发展有着巨大推动,根据"二八定律",现阶段高端客源仍是拓宽航空市场、增加客源的主力军,按旅游业发展的一般规律,一个国家人均GDP达到3000~5000美元,就将进入旅游休闲消费阶段,2009年,我国人均GDP为3700美元,国外发达国家的历史经验表明,人均GDP从1500美元增加到5000美元时,将进入产业结构和消费结构快速升级的时代,在此期间民航业将迎来黄金增长期。

旅游业对相关的基础交通设施有着很强的依赖性,航空公司(上游企业)的供给能力和产品质量对旅游业(下游企业)的生产经营有重要的影响,同时航空业的旅客是由下游

---

① 资料来源:民航与旅游紧密合作 如车之两轮、鸟之双翼.新浪网.http://mil.news.sina.com.cn/s/2010-12-06/1535622317.html

的旅行部门提供,其组织客源的能力对民航销售、收入的实现产生重要影响。从生产销售的角度来看,它们属于同一供应链上的不同环节,作为同一供应链上的不同环节,更应追求双方的长期利益最大化,那种短视的、以损害另一方利益为代价、片面追逐一己私利的行为,从长远看必将会危及双方的共同利益。

随着经济全球化和区域经济一体化的发展,以"市场开放、客源互送、优势互补、合作共赢"为原则的区域合作,已成为全球旅游界的共识。

## 二、乘机常识

### (一)乘机莫晚到

机场一般在航班起飞前的90分钟至航班起飞前的30分钟办理登机手续。因晚点而误机,民航一般会为旅客安排后续航班,但春运期间航班常常满舱,往往会安排不到空余座位,有些低折扣的机票,民航规定不予改签,所以旅客务必注意机票上的标注。

### (二)证件莫弄错

旅客如果因故导致居民身份证、军官证、警官证、士兵证、回乡证、护照等有效证件遗失,可凭户籍所在地公安机关出具的临时身份证明(证明必须贴有本人照片)乘机。16岁以下未成年人,可凭学生证、户口簿登机,驾驶证、工作证等证件被视为无效证件。

### (三)行李莫乱带

乘机旅客可免费携带行李的标准是头等舱40公斤,商务舱30公斤,经济舱20公斤,儿童票20公斤,持婴儿票的旅客无免费行李额,超过部分需交纳逾重行李费,收费标准为每公斤按公布票价的1.5%,随身带上飞机的行李不能超过5公斤,体积不得超过20厘米×40厘米×55厘米,不得托运危险品和其他违禁物品,酒类不能随身带上飞机,不能为其他旅客捎带行李。

### (四)细节莫忽视

机舱是少有的能允许脱鞋袜的公开场合。长途飞行、气压变换、血流不畅、腿脚肿痛,当然脱鞋更舒服。既是如此,就一定要在上飞机前洗干净脚部并换上清洁的袜子,以免脱鞋后让自己和旁人都无法忍受。如果登机前来不及更换,可以到洗手间换上一双拖鞋,甚至把双脚用消毒纸巾擦净,再把有味道的鞋子和袜子装在塑料袋里再回到座位并把塑料袋放在不影响他人的地方,这样就不会失礼于人了。

## 三、飞机图解[①]

办理登机手续之后导游员可依据所乘坐航班的机型及旅客的座位号来为旅客进行乘机解说。空客A330-300图解如图4-1所示。

---

① 资料来源:航空公司座位图. http://www.cabintu.com

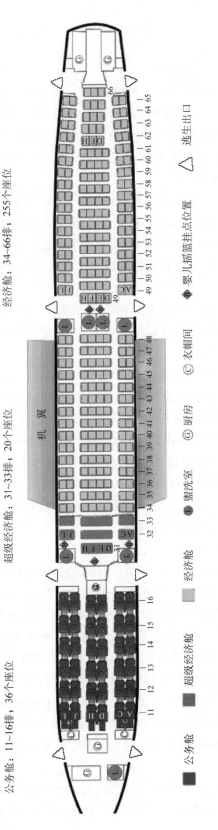

图 4-1 飞机图解

空客 A330-300（311个座位）

公务舱：11~16排；36个座位

超级经济舱：31~33排；20个座位

经济舱：34~66排；255个座位

■ 公务舱　■ 超级经济舱　■ 经济舱　● 盥洗室　Ⓖ 厨房　Ⓒ 衣帽间　◈ 婴儿摇篮挂点位置　△ 逃生出口

**实训内容**

旅客到达机场后的登机流程如下。

(1) 办理登机手续(即换登机牌)。到相应柜台,将机票、身份证交给机场值机人员。如果旅客有大件行李需要托运,经济舱 20 公斤以内的行李是免费的。要注意托运的行李不能夹带违禁物品,办完登机手续值机人员会将机票的旅客联、登机牌、行李票、身份证退回给旅客。托运的凭证一般贴在机票上,到达终点站取出行李后,会有工作人员检查托运凭证和行李上的标签是否相对应。

(2) 安全检查。通过安全检查时请出示身份证、机票和登机牌。到安检通道,通道口有个安检柜台,旅客将机票的旅客联、登机牌、身份证交给安检员,安检员审核没问题后会在登机牌上面盖章。过安检门时需将手机、钥匙等物品放入指定位置,手提行李放入传送带。旅游团在通过安检门后,导游员需提醒游客注意将有效证件、机票收好,只持登机牌进入候机厅。

(3) 候机。通过安检后找到与登机口对应的候机厅,等广播通知登机。进入隔离厅后在登机牌显示的登机区域候机,可以把身份证件、机票放置保管好,只留登机牌登机。如果旅客需要抽烟,应到吸烟室。

(4) 登机。登机时间一般在起飞前的 20～30 分钟,起飞前 5 分钟(无托运行李的旅客)或起飞前 10 分钟(有托运行李的旅客)不能到达登机口的旅客,将不能登机。

(5) 找机上位置。登机牌上有标明位置(如 5D、11C),数字代表第几排,每排的座位按 A、B、C、D、E、F 标注,飞机上的座位号标在放行李的舱壁(座位上方)。在自己的位置坐下,扣上安全带,起飞前关掉手机。旅客也可将座位卡交给空乘员,请他带领或指引入座。到了座位后将随身行李放在座位顶端的行李架。大衣或雨具可交由空乘员代为保管,沿途飞机上有任何需要,可要求空乘员帮忙。飞机起飞和降落前后颠簸得厉害,应系好安全带,座椅靠背务必放直并收起小桌板。

飞机飞行期间注意事项如下。

(1) 飞机上升。随着飞机的上升,耳朵会因高空压力而不舒服,如有耳闷、耳重、耳痛等症状,预防的有效措施有两种:一是不断地张嘴和吞咽,二是嚼几粒干果或口香糖使咽鼓管敞开。嚼吃是预防航空性中耳炎的最有效办法,也是最令人轻松愉快的措施。如有婴儿同行,则可在此时喂食牛奶。起飞后机长会通过广播致欢迎词,然后由空乘员报告预定到达时刻和注意事项。通常会以该航空公司的本国语和英语等两三种语言广播。

(2) 飞行中。在飞行时航空公司有免费饮料派发,长航线在进餐时间会有免费餐食供应,短航线只派发点心。当空乘员分发餐品时提前打开座前小桌板,以方便空乘员将菜盘放下。要自觉地将仰倒的座椅调整好,以方便后座的人进餐。如需吃素,或因宗教、个人疾病等原因必须吃特别餐的,可在订位时告知航空公司或及时告知领队。用餐完毕,不可将餐具据为己有。

(3) 如厕。洗手间依机型不同,有的在前,有的在后。OCCUPIED 表示使用中,不要再去敲门,VACANT 表示没人,可以使用。进去后一定要上锁,OCCUPIED 的信号才会亮,告诉别人厕所在使用中。"FLASH"表示用毕冲水。洗手间内,吸烟是绝对禁止的。

(4) 交谈。在飞机上不要谈论空中小姐,不要谈论坠机等空难事件。无论是经常乘坐还是初次乘飞机的人,都或多或少对空中飞行有一些恐惧心理,此时谈论空难事件,会非常惹人讨厌。在用餐的空档与邻座的人进行5~10分钟的交谈会显得自己很有人情味,但注意不要嘴里含着食物与人交谈。

(5) 换位。许多人乘坐飞机时喜欢和熟人坐在一起,上飞机后可以换位子,但是应该等大家都坐定以后再换,以免妨碍登机旅客的行进。其实,有时候和陌生人坐在一起,可以从聊天中获得新的知识和经验,也是旅行的乐趣之一,不妨试试看。

(6) 看报。如果你的邻座有人,那么你看报时不要完全展开,翻页时不要大力、大声地翻。你可以把报纸折成小方块来读,这样拿在手上也很轻便。

(7) 遮阳板的使用。飞机起飞和降落时,要拉开遮阳板,以免影响飞机安全。在欣赏电影或休息时,不要拉开遮阳板,以免影响他人看电影或休息。

(8) 下机。下机前勿忘归还飞机书报架上的杂志,等飞机停稳后再打开手机,并且,不必急于一时,在飞机未停稳时不要起身取行李,以免造成危险。下飞机时,空乘人员会站立在机舱门口送别旅客,她们会向每一位通过舱门的旅客热情地告别。此时,作为旅客应有礼貌地点头致意或问好。旅客如果有托运行李,导游员应提醒其前去领取,在往出口的通道上会有取行李的地方。

旅客如有其他问题需要帮助,可以向机场旅客服务中心、隔离厅问讯台或流动服务员咨询。

空乘人员服务标准礼仪如下。

(1) 细心。航前准备时,多一些认真。通过了解旅客的心理特点,如个性、态度、需要、动机等,为旅客提供优质的服务。旅客登机时,多一句问候。客舱检查时,多一句提醒。客舱服务时,多一个微笑。处理问题时,多一点灵活。回答疑问时,多一些耐心。旅客口渴时,多一杯温水。旅客下机时,多一句祝福。

(2) 协作。提高自己的工作效率,在做好本职工作的前提下,多帮助同事、与同事沟通才能更好地完成服务工作。

(3) 乐观。用愉悦的心情处理工作,通过乐观的情绪感染旅客,消除疲劳,创造其乐融融的环境。

(4) 礼貌。尊重旅客,从穿着到语言表情都是一个人礼貌的表现。问候用语要亲切,如"您好!大家好!下午好"等。忌打探隐私的问候语。迎送用语要真诚,"欢迎光临!欢迎再次光临!请您走好"。请托用语"请问、请稍候、请让一下、请多关照、拜托"。致谢用语"谢谢您对我们工作的配合与支持"。征询用语"请问、劳驾、我能"。应答用语"您好!这里是…!请问您有什么事情?是的、好的,我明白您的意思、我会尽量按照您的要求"。祝贺用语"节日快乐、恭喜您、祝贺您"。推托用语"对不起!我请示一下领导"。道歉用语"打扰了,对不起、抱歉、多多包涵"。

(5) 态度。使用负责任的语言、眼神、行为表达对旅客的尽心尽力,行为是态度的外在的表现,态度是空乘人员需要注意的方向。如一名乘客晕机,在客舱内头晕目眩,在你为他用毛巾擦拭清理后，及时主动地提供一杯温水，打开空调通风，或者主动提出让他换到其他宽松的座位上，都是一流的服务态度和贴心服务的体现。

## 任务考核

(1) 请说出民航总局规定的禁止乘机旅客随身携带或托运的物品。
(2) 请列举上飞机前饮食注意事项。
(3) 请指出哪些人不宜坐飞机。

### 趣味常识

**旅行大百科：机长永远不会告诉你的秘密**[①]

(1) "请乘客坐好，系好自己的安全带"这句话如果出自空姐之口十分正常，但如果你听到飞行员提醒空姐也这样做时，就一定表示有要紧事发生了。

(2) 在跑道比较短的飞机场降落时，无论你多么身强体健，都一定会在受到一番颠簸后产生强烈的呕吐感。

(3) 旅客让孩子坐在自己大腿上是极其危险的，因为一旦遇到飞机颠簸或减速，孩子很有可能从你手中甩出去，所以最好给他们也买一张票。

(4) 有机长说，他们只会告诉旅客需要知道的事，而不是让他们胆战心惊的事。因此旅客是永远不可能听到机长说"女士们、先生们，我们的引擎刚刚出了点问题"之类的话的。

(5) 人们常常会问飞行员遇到的最惊险的事情是什么，但实际上他们会告诉你绝非是哪次飞行，而是一次地面乘车之旅。

(6) 在机舱中没有哪个座位是绝对安全的，但是一位退休机长介绍，发生事故时，坐在机舱后部的乘客的死亡率最高，其次是最前面的座位。

(7) 对于有恐机症的旅客来说，最好预订早晨的航班。因为随着地面温度的升高，气流会变得越来越不稳，而在下午时分又更容易出现电闪雷鸣等坏天气。

(8) 禁止旅客在飞机上使用笔记本电脑，一方面是担心它会造成电子干扰，另一方面则是电脑一旦脱手，很有可能以很高的速度砸中其他旅客的后脑勺。

(9) 当你登上早晨7点钟的航班时，你希望飞行员个个神清气爽。但实际上他们也有可能做不到，因为他们居住的酒店条件并非都尽如人意。有的酒店周边环境十分嘈杂，有的酒店客房内还有褥虫，因此，飞行员有时候也可能整晚翻来覆去难以入眠。

(10) 飞行员们在驾驶舱内其实是不戴帽子的，他们并非人们在电视或喜剧片里看到的那样将耳机戴在帽子上，衣冠那么整齐。看到那种衣冠严整，正襟危坐的样子，他们自己也会笑出声来。

---

[①] 资料来源：腾讯旅游网. http://www.itravelqq.com/2010/1101/81729.html

# 任务 2 火车服务礼仪

**礼仪名言引入**

有礼貌不一定总是智慧的标志,可是不礼貌总使人怀疑其愚蠢。

——兰道尔

 **任务目标**

(1) 了解火车的类型。
(2) 掌握乘坐火车的常识。
(3) 熟悉火车服务礼仪的规范。

 **任务描述**

请举例说明你在乘坐火车过程中曾经遇到的不愉快经历。

 **任务准备**

(1) 场地准备:多媒体教室。
(2) 用品准备:多媒体课件。
(3) 仪容仪表准备:与课人员着正装,女生过肩长发应扎起。

 **背景知识**

## 一、火车的类型

中国火车根据行驶速度分类。车次号一般由字母开头,代表火车的种类。例如,Z 表示直达特快列车,D 表示动车组列车。

高铁、城际列车和动车都是现代化高速列车,是目前最好的一类列车。大部分列车白天的行驶速度可达 200~300km/h,有些动车夜间行驶速度可达 200km/h。

### (一)高铁动车

高铁动车是中国长途客运列车最快的列车之一,最高时速可达350km/h,但是在不同线路上,列车时速被限制在300～200km/h。举例如下。

- 北京—上海:1318km,4～5h。
- 武汉—广州:1068km,3h。
- 上海—南京:301km,70～80min。
- 郑州—西安:458km,2h。

### (二)城际列车

城际列车也是中国最快的列车之一,但是多用于两个近距离城市间的短途客运,如京津城际列车,车程约120km。

### (三)动车

动车也叫和谐号,最高时速为250km/h。动车主要运行于大城市之间快速和频繁的干线,如北京—上海、上海—苏州、深圳—广州。

### (四)直达特快

直达特快列车的最高时速可达160km/h。直达特快列车一般直接从出发站开到终点站,中途没有停靠站,只有个别列车有少量停靠站。

### (五)特快

特快列车行驶途中一般有几个停靠站,主要是大城市。特快列车的最高时速为140km/h。大部分特快列车都设有空调,有软卧、硬卧、软座和硬座四个席别。

### (六)快车

快车的最高时速为120km/h,停靠站比特快列车多。快车内设有空调,有软卧、硬卧、软座和硬座四个席别。

### (七)临客

临客列车在出游高峰期运行,如春节和国庆期间。这些列车并不出现在官方火车时刻表内。如有其他选择,建议不要乘坐临客列车,因为临客列车相对比较慢,而且容易延误。

### (八)普快或普客

普快和普客列车的车次号只有四个数字,没有字母。这两种列车是所有火车中最慢的,中途有许多停靠站,而且有些列车没有空调。

## 二、乘坐火车的常识

### (一)关于卧铺

**1. 铺位的选择,请尽量考虑中铺**

虽然下铺进出最方便,但下铺受到他人的干扰也是最大的。上铺最大的弊病在于它离灯管、通风口、喇叭太近。灯管让你无法睡懒觉,但非常利于躺着看书。

2. 睡向的选择

夏天睡卧铺,头应该朝人行道的一端。因为人行道的空气比较流通,气温较低,有利于睡眠。夜间行车,睡下铺的旅客要适当盖些卧具,不能把头靠车窗一端睡,以防受凉。

3. 关于睡上铺和中铺的注意事项

不要穿着鞋上床,如果已经这么做了,请不要在铺位上脱鞋,然后扔下来,在上自己铺位之前先确定好自己的睡向,不要企图在铺位上"掉头",以免发生危险,不要把茶杯放在中铺或者上铺,不要因为喝水方便而冒险。

4. 购买火车票的注意事项

尽量选择 T 或者 K 字开头的快车,L 开头的车次最慢,因为是临时客车,春运期间 L 开头的车比较多。在选择这样的车之前要确定自己有足够的耐性,它几乎要给所有正常车次让车。

铺位最好选择靠近车厢中部。车厢两端(例如 1 号下铺或者 30 号中铺)便于上厕所和打开水,但在夜里车厢两端的灯不关比较容易影响睡眠,频繁的过客也会让这里犹显嘈杂,厕所异味可能影响心情,甚至还有安全问题,你的行李越靠近列车门,安全系数就越低。

5. 如何正确使用厕所

不要在火车进站时上厕所,因为这个时候厕所是上锁的,目的是维护站台的整洁。

## (二) 高铁乘坐注意事项

乘坐高铁列车也有许多注意事项,疏忽了,可能造成不必要的麻烦。

1. 开车前 5 分钟停止检票

一般高铁列车沿途车站在开车前 10 分钟就停止售票,在开车前 5 分钟停止检票。旅客最好凭票提前进入候车大厅候车,动车组停稳后,持票旅客应按照"前门下、后门上"的原则快速有序上下。

2. 每人最多携带 20 千克行李

高铁列车车厢与车厢的连接处,设有放置大件行李的地方。不过动车内空间有限,没法放太多东西,乘动车尽量少带行李。成人旅客最多只能携带 20 千克的行李,儿童最多携带 10 千克行李。动车组列车旅客的携带品长、宽、高相加不超过 130 厘米,超过规定物品应办理托运。

3. 经停站不要下车

高铁列车在各经停站一般只停车一两分钟,旅客上下车的时间很短,不到站的旅客不要下车,以免耽误您的旅程。

4. 全列车禁止吸烟

高铁列车属于全封闭式车厢,全列车禁止吸烟,即使在车厢连接处或洗手间内吸烟,列车监控系统都会报警从而影响列车正常运行,所以乘坐高铁旅客全程不要吸烟。

5. 紧急情况可逃生

高铁列车每节车厢四角都设置了 1 个破窗锤和逃生窗。紧急情况下旅客可以打开破窗锤上的粘盖和胶皮扣,用力向上向外拉,用锤子砸破紧靠破窗锤的第一个车窗逃生。

考虑到安全,车门在开启状态时,车辆是无法启动的。所以旅客不要随意扳动车门,上车旅客在非紧急情况不要触动紧急制动阀、消防器材、破窗锤等安全设施,也不要在车门口处站立、停留及放置物品,以免发生危险或影响关门,影响行车安全。

6. 乘车莫忘带证件

高铁列车全线实行购票实名制,旅客应持车票和与票面所载身份信息相符的本人有效身份证件原件进站乘车。旅客乘车时铁路客运和公安人员将对旅客所持车票和有效身份证件进行查验,票、证、人不一致或无法出示有效身份证件原件的旅客,不得进站乘车。旅客上车后列车员还将出行车票抽检,核对旅客身份与车票登记信息是否一致。乘坐高铁建议旅客随身携带有效证件,以备抽检之需。

 **实训内容**

乘坐火车是常见的出游方式,导游员应该引导旅客遵守相关的基本礼仪。

### 一、候车

在火车候车大厅内旅客要注意行李的摆放,不要妨碍其他旅客通行。一人一位,不要躺在椅子上,也不要把脚跷在椅子上。在候车大厅内吃东西时最好准备好一个小垃圾袋把垃圾放进去。不随地吐痰、不随地倒水也是候车的基本礼节。

### 二、检票

检票时要自觉排队,不插队。进入站台后要站在安全线后面等候。要等火车停稳后方可在指定车厢排队上车。上车时不要拥挤、插队,更不能从车窗上车。

### 三、乘车

注意有次序地进入车厢,并按要求放好行李,行李应放在行李架上,不能放在过道或公用小桌上。

为了方便欣赏沿途风光,如果不是选择卧铺,最好挑个靠窗的位置。我国目前较为普遍使用的 22 型和 23 型客车,分别在车门附近印有 YZ22 和 YZ23 的字样。这两种型号的车厢内靠车窗的座位号是不同的。22 型车厢靠车窗的座位号的尾数逢 4、5、9、0,23 型车厢靠车窗的座位号的尾数逢 2、3、7、8。

如果自己所购买的为上铺或中铺票,在需要坐在下铺时,应先询问下铺旅客,得到允许后要道谢。上下床时动作要轻,并注意不要把下铺的床位弄脏。在其他旅客休息时不要大声喧哗,如需打电话或与人攀谈,可以到走廊上或列车两边的洗手池旁。

### 四、下车

听到到站广播后应做好下车准备,清点个人行李,但注意行李摆放不应影响其他旅客的进出。排队等候下车时不要拥挤或是踩在椅背上强行从车窗下车。

## 任务考核

(1) 请画出火车座位的座次。
(2) 如果火车旅游团有老人及小孩,导游员应注意遵循哪些服务的礼仪规范?

## 趣味常识

### 德国火车趣闻[①]

我在中国土木工程集团公司驻德国法兰克福办事处工作了4年,其间免不了经常出差,使用最多的交通工具就是火车,至今回忆起那段生活仍有许多趣事萦绕心头。

德国铁路实行全国联网售票,方式灵活,既可预订也可即时购票上车,来不及也可上车补票,车上补票不收手续费,也没有逃票的嫌疑。德国人一般都选择离家近的代销点买票,人少不用排队节省时间。德国铁路的客票有效期为一个月,在这个期限内可以随时乘坐通往目的地的任何一趟火车。如果你初到德国人生地不熟,为了乘车前心中有数,最好先到火车站去熟悉一下情况。德国火车站的售票处备有该站到发列车的运行时刻卡片,按城市名称的字母顺序排列,一目了然。手里有了这种卡片就意味着掌握了时间的主动权,以铁路为交通工具就方便多了。

我在德国时还使用过一种能享受半价优惠的铁路卡,办理铁路卡的手续非常简便,当地人凭身份证,外国人凭护照交200马克即能在火车站售票处或火车票代销点办理,经销铁路卡的部门在收款后一周之内将铁路卡寄给你,以后凭卡购票就可半价了。铁路卡的有效期为一年,全国通用,只要坐一两次火车即可收回成本,对于经常坐火车出差的人和观光客来说非常合算。铁路卡制作精致,兼具收藏和鉴赏价值。铁路卡的使用对铁路客运的经营者来说也是一件好事,可以拉动需求、吸引客源、增加收入,正所谓"失之东隅,收之桑榆",双方都是赢家。

如果没有预先订座,教你个窍门就是上车后要注意观察,火车车厢内每排座席的行李架下面都有几个插孔,孔内有卡片者说明已有人预订,没有卡片你就可以放心大胆地坐下。德国的火车一般不拥挤,但节假日或周末座席也挺紧张。车厢内的座席宽大、高靠背、扶手可调节,前座的靠背背面有一块活动的小桌板,可以翻下来放些书刊、饮料。车厢内的空调设备为旅客营造出四季如春的环境。

购票后如果离开车时间尚早,你可以在候车室和站台的座椅休息。车站和站台都是开放式的,无须检票上车。站台与车厢地板齐平,为孩子和老年人提供了不少方便。

德国东西距离约600公里,南北距离800多公里,无论从东到西,从南到北,乘火车均可一日到达。为吸引客源德国铁路推出了大城市间的城际夜车服务。城际夜车一般都在晚上10时以后发车,专为那些忙碌了一整天的上班族服务。夜间赶路,火车当旅馆,座席票价比白天的便宜,虽卧铺票价稍贵,但可以节省一夜的旅馆住宿费,经济上很划算,非常受旅客欢迎。

---

① 资料来源:方南.德国火车趣闻.《人民铁道》报,2010-01-08

## 任务 3
# 汽车服务礼仪

> **礼仪名言引入**
>
> 怀着善意的人,是不难于表达他对人的礼貌的。
>
> ——卢梭

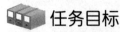 **任务目标**

(1) 了解汽车的座次安排原则。
(2) 掌握不同车形的座次安排。
(3) 熟悉汽车的接车礼仪。

 **任务描述**

导游小张拿到出团计划后从公司离开,刚好遇上李经理开车回家,由于两人同路李经理热情地邀请小张上车。小张认为副驾驶位是第一尊位,出于谦逊,小张坐到了后排。下车时李经理开玩笑地说:"小张啊,以后还得学学怎么坐车哦。"

请问:小张的做法正确吗？为什么？

 **任务准备**

(1) 场地准备：多媒体教室。
(2) 用品准备：多媒体课件。
(3) 仪容仪表准备：与课人员着正装,女生过肩长发应扎起。

 **背景知识**

### 一、汽车的座次安排

#### (一) 乘坐轿车的礼仪

轿车上的座次安排原则是右尊左卑,并以面朝车辆行进方向来定左右。当有专职司机驾车时，后排尊于前排，当主人驾车时，前排尊于后排。

### （二）乘坐越野车的礼仪

越野车的底盘比较高，所以后排比前排要颠簸，而且前排的视野也比较开阔，所以无论是主人驾驶还是专职司机驾驶，越野车都应以前排副驾驶位为尊，后排右侧次之，后排左侧为末席。

### （三）乘坐商务车的礼仪

1. 三排七人座商务车

（1）主人亲自驾车。当主人亲自驾驶商务车迎接时，副驾驶位为第1尊位、中排左侧为第2尊位、中排右侧为第3尊位、后排左侧为第4尊位、后排右侧为第5尊位、后排中间为第6尊位。

（2）有专职司机开车。当有专职司机开车时，中排左侧为第1尊位、中排右侧为第2尊位、后排左侧为第3尊位、后排右侧为第4尊位、后排中间为第5尊位、副驾驶位为第6尊位，主方的工作人员或礼宾人员一般坐第6尊位。

2. 三排九人座商务车

大型商务车一般情况下都配有专职司机。中排左侧靠窗位为第1尊位、中排右侧靠门为第2尊位、中排中间为第3尊位、后排左侧和右侧分别为第4第5尊位、后排中间为第6尊位、前排右侧靠门为第7尊位、前排中间为末席。

## 二、汽车服务礼仪

### （一）小车服务礼仪

导游应着装整洁大方，注重仪容仪表，做好服务准备工作。

客人前来乘车时，应主动问候客人，可说"您好""欢迎您"等，帮客人把行李放在后备厢里时，应轻拿轻放，如果行李过大过重，可礼貌求助司机。在车外给客人打开车门，请客人上车。

礼貌询问客人所要到达的地方，将客人的目的地重复一遍以示确认，并转达给司机。客人讲话时，导游不要随意插话，客人有事询问时，应热情告知，途中讲解应尊重客人的风俗习惯和宗教信仰。

到达目的地后，导游应先下车为客人打开车门，帮客人取出行李。

### （二）大中型客车服务礼仪

导游在接到出团计划后，应做好个人仪容仪表的准备和导游行程确认工作，并应提前与接团客车司机联系，提醒对方做好车辆准备。

提前抵达接团地点迎候客人。

主动认找旅游团，向客人致以问候，迎接客人上车，主动帮助有需要的客人搬运行李。上车后，导游应向客人介绍司机。在旅途中根据客人意见，决定是否播放音乐或录像，根据天气冷热状况并征求客人意见开放车内的暖气或冷气。如发生紧急情况或意外时，导游应先向司机了解清楚情况，再有礼貌地向客人解释并表示歉意，求得客人谅解。

到达目的地时，帮助客人拿取行李物品，提醒客人带好随身物品。如果是送团，在客人下车后应再次清理车厢,如发现有遗失物品,应尽快联系并交还客人。

 ## 实训内容

汽车是旅游交通的重要组成部分,具有机动灵活、方便、舒适、经济的特点。为保障旅途安全、舒适,导游应注意在旅游大巴上的各项服务规范[①]。

### 一、接团前的准备

(1) 了解车内设施。了解旅游车内是否有空调,是否运转正常,是否漏水。旅游车上是否有麦克风,麦克风是否可用。旅游车上是否有车载电视,是否运转良好,车上有什么VCD光盘或磁带,导游是否有必要带上一些(以喜剧片和小品类最佳),并了解座位情况,如有多少个加(夹)座,有无损坏的座位,以便在安排客人落座的时候,做到有的放矢。

(2) 接大型旅游团时,车身应贴上编号或醒目的标志,以方便客人和导游的认找。

### 二、接团时的服务

导游与司机应提前30分钟到达接团地点,并掌握旅游车停放的位置,以最方便客人乘车为准则。

#### (一) 跟团人员

如发现司机要携带家属或其他闲杂人员随团,要劝司机中止该行为或立即报告旅行社请示处理,若有副手司机或公司的业务人员(比如质监人员、实习导游)随团,要安排其坐在最前面(不能是主座)或最后面的位置,不要坐在客人当中,以防发生财物丢失或其他事情时产生嫌疑。

#### (二) 安排座位

接到旅游团后,应注意安排旅游车上座位的问题。

(1) 如果是团队,则应请领队或全陪安排。

(2) 如果是一个单位单独组团,则一定要提醒全陪把这个单位的主要负责人安排在司机座后面的那排座位上,方便上下车和与导游、司机的交流。全陪导游可以安排到最后一排车座中间的位置上。

(3) 如果是散客拼团,为了防止客人在车上争抢座位的情况发生,导游要提前说明排座顺序的原则(一般是以参团报名的先后顺序来确定乘车车座前后顺序)守住车门,点名上车。客人中如果有因年龄大或者易晕车而希望坐在前几排的座位上,导游应先征得其他客人的谅解,再行照顾。客人之间如果要调换前后左右的座位,可以让他们平等自由地协商,导游可以协助,但不可越俎代庖。

旅游车的前排几个座位因防护功能差一些,一般不要安排老人、小孩、病人、孕妇和残疾人,以防止车辆出现紧急制动时发生危险。

客人上下旅游车时,导游应站在车门的一侧帮助老人、小孩、病人、孕妇和残疾人上下车。同时导游应坚持最后上车,第一位下车,这样会更有利于照顾客人。

---

① 资料来源:焦作市贴心导游服务俱乐部。http://tiexin2008.blog.163.com/blog/static/11559264020107189401878 4/

### 三、旅游车行驶中的服务

导游应在领队或者全陪的配合下,确认全体客人已经上车并坐好之后再请司机开车。

(1) 预防晕车。导游应提醒晕车的客人提前吃晕车药。若客人晕车,可以把车窗打开一些,但不可以把头或手伸出车窗外,以免发生意外。若有客人在车厢内呕吐,导游要提醒他们把呕吐物吐进垃圾袋中。在向客人宣布长途车程所需时间时,应比实际时间富余出半个小时。

(2) 仪态规范。导游在旅游车行进中讲解时,应把腰斜靠在旅游车前排的靠背上,面向旅游者,双脚呈前后姿势靠稳,不可呈较不安全的立正姿势。如果没有靠背,则最好站在旅游车的第一排处,如果旅游车身太长,且车上又没有麦克的情况下,则最好站在旅游车的中部或者在旅游车前部讲一段时间,再在旅游车中间重讲一遍。如果车上有安全带,一定要提醒客人系好。如果旅游车的车座靠背可以向后放倒,导游要在问清楚司机后向客人讲明使用方法。

(3) 行李摆放。为了防止旅游车行李架上的行李掉落砸伤客人,导游在旅游车启动时应提醒客人或者导游自己亲自整理行李架上的行李。凡是较重的、易滚落的行李都要整理好或者放在旅游车的后排座位上或者旅游车的后备厢中。导游要隔一段时间就检查一遍行李架上的行李,以防止滑落。路况不好时,对这方面的情况尤其要注意。

(4) 车内卫生。导游要提醒客人不要把果皮纸屑直接扔在旅游车车厢内,要放入座位前专用的垃圾袋也要请吸烟的客人不要在旅游车车厢内吸烟。

(5) 清点人数。在旅游车上清点人数时,不可以用手指头指指点点地数人数,可以用目光默数,不可以发出声来或者用数空座的方法,但此时一定要注意有小孩在后排的座位上时,导游在前面有可能因为看不见而数错,这时要从旅游车的后排向前排数。

每行车 1~2 小时,遇有高速公路服务区或加油站时,导游应征求客人意见是否上厕所。只要发生了旅游者上下车的情况,导游都要在启动车辆前数人数,确认全体客人都已经上车坐稳后再请司机开车。

(6) 观景服务。遇有一些需要从特定位置观看才能达到最佳观赏效果的景观时,可以请司机放慢速度或者停车。离开旅游车时,导游要提醒客人不要将证件或者贵重物品遗留在车内。客人下车后,导游要提醒或者协助司机关好车窗、锁好车门。

(7) 导游与司机的合作。导游要尊重司机的人格和劳动,双方的工作应在一种平等友好的气氛中进行。

在旅游景点、娱乐购物场所、餐厅和酒店等地点活动时,导游要与司机商定停车地点和时间,并通知客人。如果接待外国客人,在旅游车到达景点时,导游用外文向客人宣布集合时间、地点时,要记住用中文告诉司机。

行进途中如需休息,应选择在有宽敞便道、视野开阔的地方,卫生间或出售土特产处要选择与停车位置在同一方向的,尽量不选公路对面的,避免让客人穿过车辆快速行驶的公路。通常,很多地方的司机都选择将车停在加油站里,这时就要提醒客人不要吸烟。

### 四、送团时的服务

送团时,旅游车抵达送团地点,客人下车前,导游应提醒客人带齐随身的行李物品,自已先下车,照顾客人。客人都下车后,导游要再检查一下行李架上和车座下是否还有客人遗漏的物品,若有,应立即交还。

送团后,导游要协助司机打扫旅游车内卫生,并对司机配合工作表示感谢。

## 任务考核

请对客人说明座位安排,并思考怎样的说话方式更容易让大家接受?

### 趣味常识

**汽车趣闻**

1. 世界上第一辆汽车

100多年前,在德国工程师戈特利布·戴姆勒造出世界上第一辆四轮汽车的1886年,虽然这铁定是人类文明史标志性的日子之一,但当时那个叫作"汽车"的怪物,噪音、震动厉害,也没有车篷,乘客不仅要饱受路人的嘲笑和风吹雨淋,最难堪还是每当汽车与马车并行时,那些怕被汽车抢走生意的守旧马车手,总是威风凛凛地扬起皮鞭抽打可怜的汽车司机。

2. 进入中国最早的汽车

清光绪年间,袁世凯向慈禧贺寿,献上一辆"洋汽车",第一次开了国人的眼界。这辆至今仍停放北京颐和园的"进入中国最早的汽车",黑色木质车厢,黄色木质车轮,铜质车灯,实心轮胎,酷似一辆四轮马车,最高时速每小时19公里。然而,中国历史上"第一个拥有私人轿车"的慈禧太后,竟然一次都没有坐过它。据说仅是因为那个地位卑贱的司机,竟然堂而皇之地端坐在自己前面……

# 任务 4 邮轮服务礼仪

**礼仪名言引入**

一个人的行走范围，就是他的世界。

——北岛

 **任务目标**

(1) 了解邮轮旅游的文化内涵。
(2) 掌握邮轮旅游的基本礼仪。
(3) 熟悉邮轮旅游的基本常识。

 **任务描述**

试分析以下博客所论及的中国客人存在的礼仪问题。

邮轮上很多中国客人或多或少地都缺乏所谓的邮轮气质。如今的邮轮市场面临一个矛盾，一方面邮轮公司都在积极地开辟中国市场，但另一方面大多数中国人不了解邮轮文化，甚至有的人身在邮轮上却毫不尊重它的文化。不得不承认，在现阶段如果一条顶级邮轮上的中国客人超过一定的数目，这艘邮轮的氛围便会完全不一样。

例如，出发前收到的邮轮须知上明确要求着正装参加船长欢迎晚宴，愣是有人穿着牛仔裤混在一群身着晚礼服的客人中间，还大摇大摆一副无所谓的样子。例如，在自助餐厅对海鲜等贵重菜式一哄而上，恨不得把整盘菜都拨到自家人碟里，席罢桌上浪费大量食物。又例如，公共场所大声喧哗，在禁烟区抽烟，进电梯时连"先下后上"的基本礼节都不遵守，更不用提让女士先进，事实上这种种毛病并不只体现在邮轮上，某些同胞去任何地方旅行都是这样的做派。只不过在邮轮这样半封闭性的临时社区中，与同船的客人朝夕相处，这些不得体的行为更容易凸显出跟主旋律极端不和谐的音符，因此也更容易让旁人侧目而视。

还有一些行为，虽然算不上是缺点，但是也明显地体现了中国客人跟大部分欧美客人的区别。例如，中国人在船上迎面遇见陌生人，很少会主动微笑致意或者打招呼。又例如，相当多的中国客人在船上基本不消费，他们尤其不愿意在一天五顿用餐免费的前提下在餐厅里花钱。饮料需要另外付费，所以连杯可乐也舍不得点。外宾则在用餐消费上更从容一些，他们愿意花20美金的订位费去牛扒餐厅品尝上好的牛扒；他们吃正餐的时候少不了要开一瓶葡萄酒；他们愿意放弃免费的美式咖啡，花钱点一杯自己想喝的咖啡。总而言之，绝不花钱的极端节俭在他们看来有违邮轮生活的愉悦主题。

## 任务准备

（1）场地准备：多媒体教室。
（2）用品准备：多媒体课件。
（3）仪容仪表准备：与课人员着正装，女生过肩长发应扎起。

## 背景知识

### 一、邮轮旅游

邮轮旅游是用邮轮将一个或多个旅游目的地联系起来的旅游行程。这种旅行方式始于18世纪末，兴盛于20世纪60年代。邮轮度假风潮是由欧洲贵族开创的，它的精髓在于全家人借浩瀚的海洋去寻访历史，是种优雅、闲适、自由的旅行，是欧美人最向往的度假方式之一。

邮轮是海上漂浮的度假村，省去车马劳顿，享受旅游的每分每秒。邮轮的精彩生活一般从晚上开始，盛大的晚宴、各色酒店、演出、剧场会让黑夜变得那么短暂。而中午则是邮轮的早晨，只有吃完午饭邮轮才开始热闹起来，在甲板上享受日光浴、打高尔夫、在泳池游泳、在健身房运动、在美容室做SPA、在咖啡馆聊天，如此享受生活，也让越来越多的客人乐于选择邮轮出行。

#### （一）邮轮文化

邮轮的前身是远洋客轮。在飞机尚未出现的年代，一旦客人的目的地需要跨越大海，便只能选择远洋客轮。只要上船，便至少要呆几周甚至数月。那个时候，客轮只是运输旅客的工具。1958年飞跃大西洋的飞机投入商业服务，飞机从此正式成为民用运输工具。此后，追求时间和效率的客人纷纷转投飞机，跨海客轮生意日渐惨淡，逐渐开始转型为客人提供舒适的旅行服务，这便是今天的邮轮。

#### （二）邮轮礼仪

1. 餐厅座次礼仪

邮轮餐厅座次安排，通常会以"混合编组"方式，将熟悉与不熟悉的客人同凑一桌，以增加客人结交各国新朋友的机会。如遇到态度粗鲁客人同桌，则可以要求换桌。

2. 住宿舱房礼仪

请勿高声喧哗，以免影响邻居安宁。相对地如果遇有吵闹不宁的恶邻时，也可以通知船方要求改善或换房。

3. 邮轮上晚宴的穿着礼仪

邮轮客人于每晚享用晚宴时,船方都会提前提醒客人应如何穿着。惯例规定,适宜大方得体的衣饰穿着表现,除不在国际社交场合失礼外,也可以增加邮轮旅途中的乐趣。

4. 半正式服装礼仪

邮轮公司为顾及客人的方便,目前要求上述的正式穿着已较为少见。半正式服装的规定反而较为常见,一般仅要求男士穿着西装、西裤、衬衫、打(或不打)领带。

5. 其他穿着礼仪

前往游泳池游泳或按摩浴池泡浴时,需要先于客舱房间内换穿泳装,唯在前往泳池的行进途中应披件外衣,以免有失礼数。回房前,则应于泳池畔的更衣室换装完毕,绝不可全身湿淋淋地四处走动。

## 二、邮轮旅游常识

### (一)舱房类型

(1)套房舱:有阳台、客厅,浴室有浴缸。

(2)迷你套房舱:有阳台、较小的客厅,浴室有浴缸。

(3)阳台舱:有阳台、淋浴式的浴室。

(4)外舱:有窗户、淋浴式的浴室。

(5)遮蔽外舱:有窗户(被救生艇部分或全部遮蔽)、淋浴式的浴室。

(6)内舱:无窗户,有淋浴式的浴室,大小和外舱相同。

除了舱房内的大小不同外,船上所有的服务都是一样的,不会因舱等的不同而有差别待遇。

### (二)费用

缴纳的船费已包括船上的餐点、晚间的歌舞表演、住宿、各停靠港的港口税,船上大部分的公用设施都是免费的。

需要另外付费的地方有:酒精类的饮料、碳酸饮料、调理咖啡、冰淇淋、特定的餐厅需付订位费、个人消费(如购物、洗衣、上网、电话等)、船上服务人员的服务费(每天每人11美元)、岸上观光费用及团体客人需付领队小费(给付标准请参考旅行社之旅游须知)。

### (三)消费

在登船检查时,客人需出示信用卡(VISA卡、万事达卡、美国运通卡、大来卡、OPTIMA卡、DISCOVER卡)。之后会核发个人的船卡,用来做客人在船上的消费记录。使用船卡消费,费用会自动转到客人所登记的信用卡机构。其中VISA卡、万事达卡、美国运通卡可以直接在船上的相片及相片冲洗店、免税商店使用,旅行支票也可以在旅客服务处兑现。

### (四)晕船

邮轮旅行不必担心晕船。因科技的进步,目前大型邮轮上均有平衡翼,事先得到精准的气象信息的能力和有效的医药使大多数的晕船情形都被消除。并且较为成熟的邮轮航行路线一般都是世上最平静的海域。

## 实训内容

中国游客对邮轮旅游的认识还处于初级了解阶段,导游可从以下方面为游客提供建议。

### 一、选择邮轮

(1) 每个邮轮品牌都有自己的精准定位,同一个品牌旗下的不同船只的配置也不一样。购买邮轮旅游产品前先做足功课,选择符合自己层次的品牌,在可能的情况下尽量挑选其中装备最先进的船只,而不是濒临淘汰的产品。

(2) 了解所选邮轮的工作语言,如文字和广播会不会有中文版本。有些中国游客较少的邮轮不提供中文服务,邀约游伴时最好约个英文好的一起上船,以便帮助沟通。不过即便是那样的邮轮上,在餐厅等也可以要求要会说中文的侍应生或者中文菜单。

(3) 要不要带上孩子,是有幼儿的家庭在计划旅行前最常犹豫的一个问题。通常来说只要孩子超过 3 岁,大人完全应该带他(她)上邮轮。为了能让父母们轻松度假,邮轮上会有专业人士负责替家长看管孩子及组织各种游戏,家长可以把这项服务理解成邮轮上的免费幼儿园。

(4) 邮轮上的着装要求比起其他旅游方式来说相对复杂。因为你需要根据不同的场合准备正式服装、半正式服装及休闲装。另外邮轮上组织的活动有时也会对服装有特定要求,例如,上船以后客人才被通知某晚的甲板 Party 为配合相应主题要求穿白色或体现亚洲风情的装束,所以多带点衣服备用非常必要。

(5) 对行程中需要上岸观光的地点要提前做功课,了解其主要旅行路线及景点,以便上船后能有的放矢地及时购买相应的观光团票。

(6) 上邮轮时护照会被收走,直到行程结束才交回客人手中。建议出发前带上自己的护照复印件,以备旅途过程中的不时之需。

### 二、旅途生活

(1) 登上邮轮的第一件事是安家。把衣服一件件挂进衣橱,袜子、内衣及各色杂物放进抽屉,洗漱用品分门别类地在浴室里摆放好。然后把空箱子塞进床底,直到下船那天才取出来。这个行为本身有它的文化逻辑,在接下来十多天的旅程中,这个房间就是旅途中的家,客人要在这里过真正的生活,而不再是一个随时需要收拾行李奔波的匆匆旅人。

(2) 在享受托儿服务前需要先带孩子去儿童中心注册,了解相应的规定及注意事项,有的邮轮会要求注册时带上家长的护照复印件。

(3) 客房里有针对每个观光日而设计的旅游路线资料,需要尽早阅读并及时预订自己所选择的团票,因为某些线路选择的人较多,如果报名晚有可能名额已满,有的地方即使打算自助游,也需要购买相应的团票以解决交通问题。

(4) 每天晚上都会收到第二天的活动安排通告,可以提前阅读做好计划。

(5) 不同的餐厅对于用餐时段有不同的规定,有的餐厅还会安排分批就餐。餐厅又分为免费和需付订位费两种。选择餐厅之前需要了解具体情况。

(6) 邮轮上的免税店及特色商店在行程中有特定的营销计划,如有的邮轮为鼓励购物会在初上船的两天提供折扣,接下来不同的时间又会对不同类别的商品进行促销,因此不急需的物品可以择机而购,没必要一次性购齐。另外,客房里通常会备有导购小册子,里面附有关于各类消费的优惠券可供使用。

## 任务考核

(1) 试比较不同的交通方式带来的服务礼仪异同。
(2) 请推荐一个邮轮的旅游产品。

## 趣味常识

**揭秘世界最豪华邮轮:剧院赌场攀岩场样样俱全**

长1180英尺(约合360米),宽154英尺(约合47米),高出吃水线213英尺(约合65米),世界最大且造价最昂贵的"海洋绿洲"号邮轮历经3年时间建造,于2009年11月开始处女航。这艘巨轮设计别出心裁,带有剧院、赌场、商店、游泳池、露天公园及攀岩场地。

1. 最大最贵

"海洋绿洲"号由美国皇家加勒比邮轮公司订购,总部位于挪威奥斯陆的造船业巨头STX造船公司2006年开始建造这艘巨轮。"海洋绿洲"号造价大约14亿美元,长360米,宽47米,吃水线上高65米。邮轮大小为"泰坦尼克"号的5倍,连美国军方"尼米兹"级航空母舰都相形见绌。这艘巨形邮轮共有十几层,可容纳2000余名船员和6000多名客人,载客量比已运营的最大邮轮多出近五成。

2. 最"花哨"

"海洋绿洲"号邮轮拥有7个主题社区,其中包括中央公园、步行街、百老汇、健身中心,运动中心、娱乐中心和青少年活动场所等。每个主题社区都包含不同寻常的元素,拥有赌场、商店、剧院、酒吧、跳水池、溜冰场和攀岩场地等许多陆地上才有的设施。客人可以享受迥然不同的体验。《华盛顿邮报》一名记者率先体验了一次,他描述说自己时而感觉置身于拉斯维加斯,时而感觉自己进入一个充满奇思妙想的体育馆。

"海洋绿洲"号邮轮拥有第一座海上公园,客人茶余饭后可以徜徉于花草树木当中,邮轮上还有儿童喜欢玩的旋转木马。

皇家加勒比邮轮公司负责人费恩说,他们打造"海洋绿洲"号就是为打破人们对于邮轮的固有看法,当客人发现邮轮上有这么多事情可做时,他们会觉得坐船旅行只是次要目的。

邮轮工作人员告诉《华盛顿邮报》记者"我们的愿望当然是客人不想下船,因为这艘邮轮本身就是目的地。"邮轮评论家卡罗琳·布朗说,当客人四处行走时,会忘记自己身处船上。

项目5

# 游览接待服务礼仪

# 任务 1　见面礼仪

## 任务 1.1　称呼礼仪

> **礼仪名言引入**
>
> 善气迎人，亲如弟兄；恶气迎人，害于兵戈。
>
> ——管仲

称呼礼仪

### 任务目标

（1）认识称呼礼仪在迎客服务中的重要性。
（2）了解称呼礼仪的内容。
（3）正确选择称呼的方式。
（4）了解使用称呼的注意事项。

### 任务描述

某年 4 月 26 日，广东肇庆市旅游部门出台规定，今后在肇庆导游不能再称呼客人为"帅哥""靓女"，对境外客人要慎用可能引起歧义的"同志"称呼。

请问：在带团过程中应该如何称呼旅游团成员？

### 任务准备

（1）场地准备：多功能礼仪实训室。
（2）用品准备：无。
（3）仪容仪表准备：与课人员着正装，女生过肩长发应扎起。

### 背景知识

人际交往，礼貌当先，与人交谈，称呼在前。一声响亮、热情、得体的称呼常常能够唤醒客人沉闷的心情，让客人如沐春风。

称呼是指人们在日常交往应酬中所采用的彼此之间的称谓语。称呼应当谨慎，稍有差错，便贻笑于人。恰当地掌握和运用称呼，是迎客服务中不可忽视的一个重要环节，是社交活动中的一种基本礼貌。

称呼要表现出尊敬、亲切和文雅,使双方心灵沟通、感情融洽、缩短彼此距离。选择正确、恰当的称呼,能够体现对客人的重视和尊重,同时也体现自身的服务修养与服务品质。

## 一、称呼的类别

### (一)姓名称呼

姓名,即一个人的姓氏和名字。姓名称呼是使用比较普遍的一种称呼形式。其用法大致有以下几种情况。

(1)全姓名称呼,即直呼其姓和名,如"王晓一""张婷婷"等。全姓名称呼有一种庄严感、严肃感,一般用于学校、部队或其他郑重场合。一般地说,在人们的日常交往中指名道姓地称呼对方是不礼貌的,甚至是粗鲁的。

(2)名字称呼,即省去姓氏,只呼其名字,如"晓一""婷婷"等,这样称呼显得既礼貌又亲切,运用场合比较广泛。

(3)姓氏加修饰称呼,即在姓之前加一修饰字,如"老王""小张""大刘"等。这种称呼亲切、真挚,一般用于在一起工作、劳动和生活中相互比较熟悉的人之间。

过去的人除了姓名外还有字和号,这种情况直到新中国成立还很普遍。这是相沿已久的一种古风,古时男子20岁取字,女子15岁取字,表示已经成人。平辈之间用字称呼既尊重又文雅,为了尊敬不甚相熟的对方,一般宜以号相称。

### (二)亲属称呼

亲属称呼是对有亲缘关系的人的称呼,中国古人在亲属称谓上尤为讲究,主要有以下称呼的规范。

对长辈、平辈绝不称呼姓名、字号,而按与自己的关系称呼,如祖父、父亲、母亲、胞兄、胞妹等。

有姻缘关系的,前面加"姻"字,如姻伯、姻兄、姻妹等。

称别人的亲属时,加"令"或"尊"字,如尊翁、令堂、令郎、令爱、令侄等。

对别人称自己的亲属时,前面加"家"字,如家父、家母、家叔、家兄、家妹等。

对别人称自己的平辈、晚辈亲属,前面加"敝""舍"或"小"字,如敝兄、敝弟、舍弟、舍侄、小儿、小婿等。

对自己亲属谦称,可加"愚"字,如愚伯、愚岳、愚兄、愚甥、愚侄等。

随着社会的进步,人与人之间的关系发生了巨大变化,原有的亲属、家庭观念也发生了很大的改变。在亲属称谓上已没有那么多讲究,只是书面语言上偶用。现今我们在日常生活中使用亲属称呼时,一般都是称自己与亲属的关系,十分简洁明了,如爸爸、妈妈、哥哥、弟弟、姐姐、妹妹等。

有姻缘关系的,在当面称呼时也有了改变,如岳父——爸、岳母——妈、姻兄——哥、姻妹——妹等。

称别人的亲属时和对别人称自己的亲属时也不那么讲究了,如您爹、您妈、我哥、我弟等。不过在书面语言上,文化修养高的人还是比较讲究的,不少人仍沿袭传统的称呼方法,显得高雅、礼貌。

### (三)职务称呼

职务称呼就是以交往对象的职务相称,以示身份有别,敬意有加,这是一种最常见的称呼。主要有以下三种形式。

(1)用职务称呼,如"刘局长""李科长""阳经理""王院长""罗书记"等。

(2)用专业技术职务称呼,如"曲教授""王工程师""范会计师""张医师"。对工程师、总工程师,还可称"刘工""张总"等。

(3)职业尊称,即用其从事的职业工作当作称呼,如在学校称"杨老师""王老师",在医院称"谢大夫""姜大夫",在工厂称"赵师傅"等。

如果按学位称呼的话,可以称为"侯博士""魏博士"等,而其他的学士、硕士学位,是不能作为称呼来用的。

另外,也有直接以被称呼者的职业作为称呼,如老师、教练、医生、会计、警官等。

### (四)性别称呼

一般约定俗成地按性别的不同分别称呼为"小姐""女士""先生"。其中"小姐""女士"二者的区别在于:未婚者称"小姐",不明确婚否者则可称"女士"。

## 二、国际交往的称呼礼仪

国际交往中,因为国情、民族、宗教、文化背景的不同,称呼显得千差万别。一是要掌握一般性规律,二是要注意国别差异。

接待外宾时,一般对男子称"先生",对女子称"女士"。已婚女子称"夫人",未婚女子统称"小姐",对戴结婚戒指的年纪稍大的可称"夫人"。这些称呼可冠以姓名、职称、衔称等,如"布朗先生""珍妮小姐""议员先生"等。

对地位高的官方人员,一般为部长以上的高级官员,按国家情况称"阁下",如"总统阁下""部长阁下""大使先生阁下"等。而在美国、德国、墨西哥等国,则没有称呼"阁下"的习惯,可统称为"先生"。在日本只有对教师、医生、年长者、上级和有特殊才能的人才称"先生"。

在君主专制国家,按习惯称国王、王后为"陛下",称王子、公主、亲王为"殿下",对有公、侯、伯、子、男等爵位的人士既可称"爵位",也可称"阁下"或"先生"。

对军人一般称"军衔"或"军衔加先生",知道姓名的可冠以姓和名,如"上校先生""艾伦少校""大卫中尉先生"等,对高级军官,如将军、元帅等还可称"阁下"。

对教会的神职人员,一般可称教会的职称或姓名加职称或职称加先生,如"凯威神父""传教士先生""牧师先生"等。有时主教以上的神职人员也可称"阁下"。

此外,对医生、教授、法官、律师以及有博士学位的人士,既可单独以这类职业名称相称呼,也可以在其前面冠以被称呼者的姓氏,如"波特教授""法官先生""辛格博士"等。

欧美一些国家有直呼其名的习惯,朋友之间还可直呼教名,这是一种亲切友好的表示。但如果我们与外国客人初次相识就直呼其名,就显得冒昧无礼了。

## 三、称呼的选择与使用

在服务工作中,选择称呼要合乎常规,适应服务环境,符合客户要求,不能一概而论,也不能随意使用。在有些环境下,称呼越亲切客人越满意,如在服务场所称呼一声"大姐"透着亲切随和。而有些环境却需要以称呼体现职位和尊重,如在一些会议接待场合,过于亲切、通俗的称呼如"大姐""大哥"等就不适合使用,"王部长"这样的称呼更能体现会议的规格。对待不同的外国客人,也要有针对性地称呼,一般要使用该国约定俗成的称呼习惯。

### (一)选择和使用称呼要讲究场合

在服务中使用称呼是要讲究场合的,同时,还要考虑客户的感受。如果是在雅间服务,可能客人会不介意服务人员称呼他"李处"。但是在大堂等公众场合,他会更倾向于被称呼为"先生"。如果李董事长去开会,他希望会议接待人员称呼他"李董事长",如果他去超市买东西,年轻的女导购称呼他"大哥",他也会觉得很正常。在一些高端的服务场合,如果称呼客人为"帅哥""美女",就会显得不合时宜,"先生""女士"这样的称呼就比较恰当。

### (二)选择和使用称呼要讲究对象

接待团体服务中,称呼时要看对象,选择符合对方心理需求,让对方听起来感觉亲切的称呼,因此可以根据客人的工作性质、年龄和性别等把握好分寸,准确称呼。如果接待的客人是来自党政单位的,可以称呼"领导""干部";来自学校的,可称呼"老师""同学";来自公安系统的,可称呼"警官";来自群众的,年纪稍大的可称呼"大姐""大哥""大爷""大妈"。这样称呼对方听起来要比简单的"先生""女士"亲切得多。

### (三)选择和使用称呼要讲究距离

选择和使用称呼要讲究距离,这里所讲的"距离"指的是与被称呼者的亲近关系,即服务的推进过程。随着服务的深入,称呼应有所区别。

如初次迎宾时,选择使用的称呼是泛尊称,如"先生""小姐""大爷""大妈"等。随着进一步后续细致的服务,已经明确知道对方的名字、职务和身份,可以根据实际情形改称客人的姓加职务、姓加先生/小姐/女士或姓加俗称,比如"田总""范先生""李姐",以显示对熟悉客人的针对性服务。每个人都喜欢有专属感的服务,一个简单的称呼就能达到这样的效果。

姓氏服务是现在很多服务企业比较讲究的,为了给老客人以熟悉感和亲切感,在为一些熟悉客人和 VIP 客人服务时应使用姓氏服务,也意味着当已经知道客人姓"田"时就不能简单地称呼"先生",而是亲切友好地称呼"田先生"。

### (四)使用称呼时要端正态度

称呼可以反映出一个人的态度和教养,与客人融洽愉快的关系是我们所向往的,而这往往从一个得体的称呼开始,一个得体的称呼除了要称呼准确外,在称呼时还要注意自己的表情和声音,让在场的人感觉到你既热情、落落大方,又不卑不亢。

称呼客人时,目光要平视客人、面带微笑、身体微微前倾,这会让客人感觉亲切,受尊重。另外,还要注意说话的声音,如果声音比较低沉、语气比较平静,客人可能就会觉得不被重视,没有受到尊重和礼貌相待,但如果称呼得过于热情,又会被认为为人势利,同时也会引起其他客人的反感。曾有一网站报道:一位客人去北京香山旅游,带队的导游只让他们在大门外看了看香山的红叶,一位大爷生气了,指责导游在忽悠他们,后来导游就把这位大爷叫成了干爹,三天的旅途导游一口一个干爹,让这位大爷无法开口抱怨了。如此亲热的称呼真是让人哭笑不得,因此在称呼客人时要考虑平等原则,要不卑不亢、亲切热情。

一个得体的称呼,会令彼此如沐春风,为以后的相处打下良好的基础。否则,会令对方心里不悦,影响到彼此的关系。

## 四、使用称呼的注意事项

### (一) 不要使用错误的称呼

称呼错误的原因主要在于粗心大意、用心不专。常见的错误称呼有以下两种。

(1) 误读就是念错姓名。如"仇(qiú)""查(zhā)""盖(gě)"等。为了避免这种情况的发生,对于不认识的字,事先要有所准备,如果是临时遇到,就要谦虚请教。

(2) 误会主要指对被称呼者的年纪、辈分、婚否以及与其他人的关系做出了错误判断。比如,将未婚妇女称为"夫人",就属于误会。相对年轻的女性,都可以称"小姐",这样对方也乐意听。

### (二) 不要使用过时的称呼

有些称呼具有一定的时效性,一旦时过境迁,若再使用难免贻笑大方。新中国成立后,人们往往相互称呼"同志",倍感亲切。但在现代中国社会和西方国家,"同志"有另一层意思,因此,除了党政机关还会使用"同志"称呼外,社交场合一般不用,以免引起误会。

### (三) 不要使用不通行的称呼

有些称呼具有一定的地域性,比如,北京人爱称人为"师傅",山东人爱称人为"伙计",中国人把配偶、孩子经常称为"爱人""小鬼"。但是,在南方人听来,"师傅"等于"出家人","伙计"肯定是"打工仔"。而外国人则将"爱人"理解为"情人",将"小鬼"理解为"鬼怪""精灵"。若这样称呼,容易造成误解。

### (四) 不要使用庸俗的称呼

在人际交往中,有些称呼在正式场合切勿使用,如"哥们儿""姐们儿""死党""铁哥们儿"等,逢人便称"老板"也显得不伦不类。

### (五) 不要用绰号作为称呼

不要使用外号,尤其是某些带有侮辱性的外号,如"大傻""肥妞""四眼鸡""北佬""黑鬼"等。要是刚被介绍给他人,开口就说"你就是有名的大傻吧?"还不把对方给气晕。国人惯用"老外"这一称呼,外国人也多不喜欢。

### (六) 不要随便地称呼他人姓名

对于初识之人,最好不要一上来就称呼"老张"或"小王"。不要直接叫对方的姓名,尤其不要直呼对方的名字。

### (七) 工作场合对服务对象称呼应一视同仁

无论多么熟悉的客人,不管服务的对象与自己有怎样的渊源,在工作场合都应保持应有的距离,因为每一次服务行为不止被一个服务对象关注,如果对待客人都称呼"先生""女士",突然对某一客人称呼"姐"时,可能对其他的客人就是一种伤害。

项目 5　游览接待服务礼仪　143

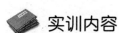实训内容

一、选择和填写称呼的方式

以下是你所带旅游团的具体情况,请根据实际情况将称呼方式填写在表 5-1 中。

表 5-1　称呼方式

| 团号 | 具 体 情 况 | 初次见面时称呼 | 进一步服务时称呼 |
|---|---|---|---|
| 团一 | 由某市副市长带队,领着各局局长到河源万绿湖旅游 | | |
| 团二 | 某职业技术学院某系组织女职工到河源万绿湖旅游,其中有教授、博士和普通教师 | | |
| 团三 | 某中学某班级组织到河源万绿湖旅游 | | |
| 团四 | 由某市老体协带队,领着老人们到河源万绿湖旅游 | | |
| 团五 | 群众组成的散客团到河源万绿湖旅游,其中有中年夫妇带着小孩及几位年轻人 | | |
| 团六 | 某国总统及部长一行到河源万绿湖旅游 | | |

二、恰当地使用称呼

6～8 人为一组,一人扮演导游,其余成员扮演客人,情景模拟迎客服务时称呼的情景及认识以后个别称呼的情景。请配合上表情和语音,对你所选择的称呼进行表演,小组成员可轮流进行。

任务考核

(1) 根据具体情况选择称呼的方式。
(2) 恰当地使用称呼礼仪。

趣味常识

## 称 谓 大 全

1. 对长辈

对长辈的称呼见表 5-2～表 5-4。

表 5-2　亲属

| 称呼对象 | 称　　呼 | 自　　称 | 向第三者介绍该对象时称谓 | 对朋友、同事、同学的相应对象的称谓 |
|---|---|---|---|---|
| 父亲的祖父 | 曾祖父(老爷) | 曾孙、曾孙女 | 家曾祖父 | 令曾祖父 |
| 父亲的祖母 | 曾祖母(老奶) | | 家曾祖母 | 令曾祖母 |
| 祖父 | 祖父(爷爷) | 孙、孙女 | 家祖父 | 令祖父 |
| 祖母 | 祖母(奶奶) | | 家祖母 | 令祖母 |

续表

| 称呼对象 | 称呼 | 自称 | 向第三者介绍该对象时称谓 | 对朋友、同事、同学的相应对象的称谓 |
|---|---|---|---|---|
| 父亲 | 父亲（爸爸、爹） | 儿、女儿 | 家父 | 令尊 |
| 母亲 | 母亲（妈妈、娘） | | 家母 | 令堂 |
| 母亲的祖父 | 外曾祖父（老姥爷） | 外曾孙、外曾孙女 | 外曾祖父 | 令外曾祖父 |
| 母亲的祖母 | 外曾祖母（老姥姥） | | 外曾祖父 | 令外曾祖母 |
| 母亲的父亲 | 外祖父（姥爷） | 外孙、外孙女 | 外祖父 | 令外祖父 |
| 母亲的母亲 | 外祖母（姥姥） | | 外祖母 | 令外祖母 |
| 母亲的兄弟 | 舅父（舅舅） | 外甥、外甥女 | 舅父 | 令舅父 |
| 母亲兄弟的妻子 | 舅母（妗妗） | | 舅母 | 令舅母 |
| 母亲的姐夫、妹夫 | 姨父（姨夫） | 姨甥、姨甥女 | 姨夫 | 令姨父 |
| 母亲的姐妹 | 姨母（姨） | | 姨母 | 令姨母 |
| 丈夫的祖父 | 祖父（爷爷） | 孙媳 | 家祖父 | 令祖父 |
| 丈夫的祖母 | 祖母（奶奶） | | 家祖母 | 令祖母 |
| 丈夫的父亲 | 父亲（爹） | 媳 | 家父 | 令尊 |
| 丈夫的母亲 | 母亲（娘） | | 家母 | 令堂 |
| 丈夫的伯父 | 伯父（大爷） | 侄媳 | 家伯父 | 令伯父 |
| 丈夫的伯母 | 伯母（大娘） | | 家伯母 | 令伯母 |
| 祖父的哥哥 | 伯祖父（大爷爷） | 侄孙、侄孙女 | 家伯祖父 | 令伯祖父 |
| 祖父的嫂嫂 | 伯祖母（大奶奶） | | 家伯祖母 | 令伯祖母 |
| 祖父的弟弟 | 叔祖父（爷爷） | 侄孙、侄孙女 | 家叔祖父 | 令叔祖父 |
| 祖父弟弟的妻子 | 叔祖母（奶奶） | | 家叔祖母 | 令叔祖母 |
| 祖父的姐夫、妹夫 | 祖姑夫（姑爷） | 内侄孙、内侄孙女 | 祖姑父 | 令祖姑父 |
| 祖父的姐妹 | 祖姑母（姑奶） | | 祖姑母 | 令祖姑母 |
| 祖母的兄弟 | 舅爷 | 外甥孙、外甥孙女 | 舅爷 | 令舅爷 |
| 祖母兄弟的妻子 | 舅奶 | | 舅奶 | 令舅奶 |
| 父亲的哥哥 | 伯父（大爷） | 侄子/儿、侄女 | 家伯父 | 令伯父 |
| 父亲的嫂嫂 | 伯母（大娘） | | 家伯母 | 令伯母 |
| 父亲的弟弟 | 叔父（叔叔） | 侄子/儿、侄女 | 家叔父 | 令叔父 |
| 父亲弟弟的妻子 | 叔母（婶婶） | | 家叔母 | 令叔母 |
| 父亲的姐夫、妹夫 | 姑父（姑夫） | 内侄、内侄女 | 姑父 | 令姑父 |
| 父亲的姐妹 | 姑母（姑姑） | | 姑母 | 令姑母 |
| 丈夫的叔父 | 叔父（叔叔） | 侄媳 | 家叔父 | 令叔父 |
| 丈夫的叔母 | 叔母（婶） | | 家叔母 | 令叔母 |
| 妻子的祖父 | 岳祖父（爷爷） | 孙婿 | 岳祖父 | 令岳祖父 |
| 妻子的祖母 | 岳祖母（奶奶） | | 岳祖母 | 令岳祖母 |
| 妻子的父亲 | 岳父（老丈人、爹） | 婿 | 岳父 | 令岳父 |
| 妻子的母亲 | 岳母（丈母娘、娘） | | 岳母 | 令岳母 |
| 妻子的伯父 | 伯父（大爷） | 侄婿 | 伯父 | 令伯父 |
| 妻子的伯母 | 伯母（大娘） | | 伯母 | 令伯母 |
| 妻子的叔父 | 伯父（叔叔） | 侄婿 | 叔父 | 令叔父 |
| 妻子的叔母 | 叔母（婶） | | 叔母 | 令叔母 |

表 5-3　老师

| 称呼对象 | 称　呼 | 自　称 | 向第三者介绍该对象时称谓 | 对朋友、同事、同学的相应对象的称谓 |
|---|---|---|---|---|
| 老师 | 老师 | 学生 | 敝师 | 令师 |
| 老师的妻子 | 师母 | | 敝师母 | 令师母 |
| 老师的父亲 | 师祖父（爷爷） | 孙辈学生 | 敝师祖父 | 令师祖父 |
| 老师的母亲 | 师祖母（奶奶） | | 敝师祖母 | 令师祖母 |
| 师傅 | 师傅 | 学徒（徒弟） | 敝师傅 | 令师傅 |
| 师傅的妻子 | 师母（师嫂） | | 敝师母 | 令师母 |

表 5-4　其他长辈

| 称呼对象 | 称　呼 | 自　称 | 向第三者介绍该对象时称谓 |
|---|---|---|---|
| 祖父母辈常来往的同学、同事、朋友 | 爷爷 | 晚辈（×××） | 祖父（母）的同学（同事、朋友） |
| | 奶奶 | | ×（姓）老 |
| 父母常来往的同学、同事、朋友 | 大爷、叔 | 晚辈（×××） | 父（母）亲的同学（同事、朋友） |
| | 大娘、婶（姨） | | 老×（姓） |
| 同学、同事、朋友的祖父、祖母 | 爷爷 | 晚辈（×××） | 同学（同事、朋友）的祖父（母） |
| | 奶奶 | | ×（姓）老 |
| 同学、同事、朋友的父母 | 伯父（大爷） | 晚辈（×××） | 同学（同事、朋友）的父（母） |
| | 伯母（大娘） | | ×（姓）老 |
| 同事中同祖父母年龄相当者 | 爷爷 | 晚辈（×××） | 同事中的长辈 |
| | 奶奶 | | ×（姓）老 |
| 同事中与父、母年龄相当者 | ×伯、×叔、×姨 | 晚辈（×××） | 同事中的长辈 |
| | 大爷、叔叔、婶婶 | | 老×（姓） |

2．对平辈

对平辈的称呼见表 5-5～表 5-7。

表 5-5　亲属

| 称呼对象 | 称　呼 | 自　称 | 向第三者介绍该对象时称谓 | 对同学、朋友相应对象的称谓 |
|---|---|---|---|---|
| 丈夫 | 名字（汉子、男人） | 名字 | 丈夫 | 某兄 |
| 妻子 | 名字（媳妇） | | 妻子（爱人） | 某嫂 |
| 哥哥 | 哥哥 | 弟弟、妹妹 | 家兄 | 令兄 |
| 嫂嫂 | 嫂嫂 | 弟妹 | 家嫂 | 令嫂 |
| 弟弟 | 弟弟（兄弟） | 兄 | 家弟 | 令弟 |
| 弟弟的妻子 | 弟妹（小叔妻子） | 姐 | 家弟妹 | 令弟妹 |
| 姐姐 | 姐姐 | 弟、妹 | 家姐 | 令姐 |
| 姐夫 | 姐夫 | 内弟、妹 | 家姐夫 | 令姐夫 |
| 妹妹 | 妹名字 | 兄、姐 | 家妹 | 令妹 |
| 妹夫 | 妹夫名字 | 内兄、内姐 | 家妹夫 | 令妹夫 |
| 伯叔父的儿子 | 堂兄、堂弟名字 | 堂兄、堂弟 | 家堂兄、家堂弟 | 令堂兄、令堂弟、令堂嫂、令堂妹 |
| 伯叔父的儿媳 | 嫂嫂（名字） | 堂姐、堂妹 | 家堂嫂、家堂妹 | |
| 伯叔父的女儿 | 堂姐、堂妹 | 堂兄、堂弟 | 家堂姐、家堂妹 | 令堂姐、令堂妹 |

续表

| 称呼对象 | 称 呼 | 自 称 | 向第三者介绍该对象时称谓 | 对同学、朋友相应对象的称谓 |
|---|---|---|---|---|
| 伯叔父的女婿 | 堂姐夫、堂妹夫 | 堂姐、堂妹 | 家堂姐夫、堂妹夫 | 令堂姐夫、令堂妹夫 |
| 姑舅姨的儿子 | 表兄、表弟 | 表弟、表妹 | 表兄、表弟 | 令表兄、令表弟 |
| 姑舅姨的儿媳 | 表嫂、表弟妹 | 表兄、表姐、表嫂 | 表嫂、表弟妹 | 令表嫂 |
| 姑舅姨的女儿 | 表姐、表妹 | 表弟、表妹 | 表姐、表妹 | 令表姐、令表妹 |
| 姑舅姨的女婿 | 表姐夫、表妹夫 | 表兄、表嫂、表姐 | 表姐夫、表妹夫 | 令表姐夫、令表妹夫 |
| 妻子的哥哥 | 内兄（哥哥） | 妹夫（弟） | 内兄（哥哥） | 令内兄 |
| 妻子的嫂嫂 | 嫂嫂 |  | 嫂嫂 | 令嫂 |
| 妻子的姐姐 | 姐姐 | 妹夫（弟） | 姐姐 | 令姐 |
| 妻子的姐夫 | 襟兄（姐夫） | 襟弟（弟） | 襟兄 | 令襟兄 |
| 妻子的弟弟 | 名字（小舅子） | 姐夫 | 内弟（名字） | 令内弟 |
| 妻子的弟媳 |  | （名字） | 弟妹（名字） | 令弟妹 |
| 妻子的妹妹 | 名字（小姨子） | 姐夫 | 妹妹 | 令妹 |
| 妻子的妹夫 |  | （名字） | 襟弟 | 令襟弟 |
| 丈夫的哥哥 | 哥哥 | 弟弟 | 哥哥 | 令兄 |
| 丈夫的嫂嫂 | 嫂嫂 | 妹妹 | 嫂嫂 | 令嫂 |
| 丈夫的姐姐 | 姐姐 | 弟、妹 | 姐姐 | 令姐 |
| 丈夫的姐夫 | 姐夫 | （名字） | 姐夫 | 令姐夫 |
| 丈夫的弟弟 | 弟弟（兄弟、名字） | 嫂（名字） | 弟弟 | 令弟 |
| 丈夫的弟妇 | 弟妹（老×媳妇、名字） |  | 弟妹 | 令弟妹 |
| 丈夫的妹妹 | 妹妹（小姑子、名字） | 嫂（名字） | 妹妹 | 令妹 |
| 丈夫的妹夫 | 妹夫（名字） |  | 丈妹夫 | 令妹夫 |

表 5-6　同学

| 称呼对象 | 称 呼 | 自 称 | 向第三者介绍该对象时称谓 | 对同学、朋友相应对象的称谓 |
|---|---|---|---|---|
| 男、女同学 | 学姐、学兄（或统称同学） | 学弟、学妹（或统称同学） | 敝同学 | 令同学 |
| 男、女学徒 | 师兄（哥） | 师弟 | 敝师兄 | 令师兄 |
|  | 师姐（姐） | 师妹 | 敝师姐 | 令师姐 |
| 同学的丈夫 | 某兄（哥哥） | 弟、妹（名字） | 敝同学 | 令同学 |
| 同学的妻子 | 嫂嫂 |  |  |  |
| 同学的兄弟姐妹 | 某兄（哥）姐 | 弟妹（名字） | 敝同学的兄弟姐妹 | 令同学的兄弟姐妹 |

表 5-7　同事、朋友

| 称呼对象 | 称 呼 | 自 称 | 向第三者介绍该对象时称谓 | 同学、朋友相应对象的称谓 |
|---|---|---|---|---|
| 男、女同事 | 某同志、某兄（名字） | 弟、妹（名字） | 敝同事 | 令同事 |
|  | 某同志、某妹 |  |  |  |
| 男、女朋友 | 某兄（名字） | 弟、妹（名字） | 敝友 | 令友 |
|  | 某姐（名字） |  |  |  |

### 3. 对生人

对生人的称呼见表5-8。

表5-8 生人

| 对　　象 | | 称　呼（口头） |
|---|---|---|
| 老年人 | 男 | 老大爷、老汉 |
| | 女 | 老大娘、老婆婆 |
| 比自己父亲大者 | 男 | 大爷 |
| | 女 | 大娘 |
| 比自己父亲小者 | 男 | 叔、老叔 |
| | 女 | 婶、阿姨 |
| 与自己年龄相同者 | 男 | 老哥、老弟 |
| | 女 | 老姐、老嫂 |
| 儿童 | 男 | 小孩 |
| | 女 | 小女 |
| 青年 | 男 | 年轻人 |
| | 女 | 小姐 |

## 任务1.2 介绍礼仪

**礼仪名言引入**

夫君子之行，静以修身，俭以养德。非淡泊无以明志，非宁静无以致远。

——诸葛亮

 **任务目标**

（1）了解介绍礼仪应把握的原则。
（2）掌握介绍礼仪的顺序、时机和分寸。
（3）掌握介绍礼仪的措辞和神态。
（4）掌握使用介绍礼仪的注意事项。

 **任务描述**

你是天地旅行社的导游，你在接待一个由医生组成的旅行团。作为介绍人，请对客人作自我介绍、他人介绍及集体介绍。

## 任务准备

(1) 场地准备：多功能礼仪实训室。
(2) 用品准备：有关介绍的视频教学资料。
(3) 仪容仪表准备：与课人员着正装，女生过肩长发应扎起。

## 背景知识

介绍是社交场合中互相了解的基本方式，是人们互相认识不可缺少的手段。礼仪专家金正昆先生曾说"介绍是礼仪之桥"，强调人与人打交道时，介绍是一座必经的桥梁。

在旅游服务工作中，正确的介绍可以使素不相识的人相互认识，也可以通过落落大方的介绍，显示良好的交际风度，拉近与客人之间的距离，为进一步开展服务工作获得良好的首因效应。

### 一、自我介绍

自我介绍就是在工作或社交场合自己担任介绍的主角，将自己介绍给其他人，以使他人了解自己的相关信息。

在旅游接待中进行必要的自我介绍，有时是十分有效的沟通手段。在为客人服务之前先介绍自己，以方便客人需要服务时及时找到自己，及时的自我介绍表示了一种体贴和友好的态度，同时，把名字通报给客人，对服务工作的品质也是一种约束，当自己的姓名被客人了解后，服务者身上的责任感会大大增强，姓名的介绍犹如一种服务承诺，服务者因为这个承诺，工作也会更有压力和动力。

#### （一）自我介绍的时机

1. 需要让其他人了解、认识本人时

如应聘新工作时、开会发言时、进行商务谈判时、参加聚会时都需要自我介绍，酒店的电话总机接线员和总台预订员，在接打电话时必须首先报出单位或部门，也属于自我介绍的形式。

2. 本人希望结识他人时

在一个聚会中，如果你对一个不相识的人感兴趣想与他认识，但无人引荐只好自己充当介绍人，将自己介绍给对方，此时就应该做自我介绍。

3. 他人希望结识本人时

在社交场合，有不相识的人对你感兴趣时，应作自我介绍。

把握自我介绍的时机非常重要。如果对方一人独处或是在轻松愉快的情况下，把自己介绍给对方，他对你的自我介绍不仅会注意，而且会有良好的反应。但是如果对方正忙于工作或是正与他人交谈或是大家的精力集中在其他人或事情上，此时作自我介绍有可能打断对方，效果不佳。

#### （二）自我介绍的顺序

地位低的人先作介绍，让地位高的人了解。如一位长者与一位年轻人见面，年轻人要主动向对方介绍自己,长者再作自我介绍的回应。在服务场合,服务人员应先向客人介绍自己,以便于服务。

### (三)自我介绍的方式

根据不同场合、不同对象和实际需要,自我介绍具有鲜明的针对性。

1. 应酬式自我介绍

应酬式自我介绍简单明了,只介绍一下姓名即可,如"您好!我叫王小明"。

应酬式自我介绍适用于一些公共场合和一般性的社交场合,如途中邂逅、宴会现场、舞会、通电话时等,其对象主要是一般接触的交往人士。

2. 工作式自我介绍

工作式自我介绍包括本人姓名、供职的单位及部门、担任的职务或从事的具体工作三项,三个要素通常缺一不可。

(1)姓名。应当一口报出姓名,不可有姓无名或有名无姓。

(2)单位。如可能最好全部报出供职的单位及部门。具体工作部门有时也可以暂不报出。

(3)职务。担任的职务或从事的具体工作,有职务最好报出职务,职务较低或者无职务,则报出目前所从事的具体工作即可。

3. 社交式自我介绍

社交式自我介绍也叫交流式自我介绍或沟通式自我介绍,是一种刻意寻求与交往对象进一步交流与沟通,希望对方认识自己、了解自己、与自己建立联系的一种方式。在介绍姓名、单位和工作岗位的基础上,进一步介绍兴趣、爱好、经历、同交往对象的某些熟人的关系等,以便加深了解、建立友谊。

4. 礼仪式自我介绍

礼仪式自我介绍是一种表示对交往对象友好、敬意的自我介绍,适用于讲座、报告、演出、庆典、仪式等正规的场合,内容包括姓名、单位、职务等。自我介绍时,加入一些适当的谦辞敬语,以表示自己尊敬交往对象。如"女士们、先生们,大家好!我叫王小明,是天地公司的人事部经理。值此之际,谨代表本公司向今天莅临现场的各位来宾、朋友表示热烈的欢迎!"

5. 问答式自我介绍

问答式自我介绍是有问必答,问什么就答什么,适用于应试、应聘和公务交往。在普通交际应酬场合,也时有所见。如下介绍。

"先生,您好!请问您怎么称呼?(请问您贵姓?)"

"先生您好!我叫王小明。"

主考官问"请介绍一下你的基本情况。"

应聘者回答"各位好!我叫王小明,现年30岁,广东河源人,汉族……"

### (四)自我介绍的技巧

1. 把握时间

一般自我介绍力求简洁,因为口头介绍过多会使听者疲惫乏味,时间以半分钟到一分钟为宜。也有长达 6 分钟或短的只有 15 秒的介绍,这要根据当时的场合来定,同时,为了提高效率,还可以利用名片、介绍信等资料加以辅助。

2. 介绍重点

许多人在作自我介绍时,时间花得很多却词不达意或兜圈子,让人无法了解他想表达什么,如果自我介绍要有效率,应事前自己先打好腹稿,分析一下介绍的重点。如果是比较正式的应聘和谈判场合,介绍的内容要尽可能规范、全面,挑选对方最感兴趣、最想了解的内容作口头介绍,较为复杂的内容可以借助书面加以表达,如果是私人聚会或偶尔碰面,礼节性地打个招呼,简单说一下姓名就可以了,如果对方有兴趣深交,他会进一步提问,再进行详细的介绍。

3. 准确措辞

自我介绍时忌讳炫耀自己,不可使用"最""极""特别""第一"等极端的词语形容自己,这会让人觉得夸夸其谈、华而不实,甚至引起误解。常见的措辞方法有三种:一是自谦,如"鄙人喜欢音乐,会唱几首小曲,今天献丑了!"二是自嘲,如"我叫陈慧琳,与香港歌手陈慧琳的名字一样,但是歌声可就差远了。"三是自识就是自己对自己有清晰的认识,如介绍自己的缺点,不仅不会失去别人的信任,而且你自知之明的睿智和坦荡的品格会让人更尊重和信任你。

## 二、他人介绍

他人介绍是由第三者为彼此不相识的双方相互引见的一种介绍方法。

### (一)他人介绍的时机

(1)与家人外出路遇家人不相识的人士,而对方又跟自己打了招呼。

(2)本人的接待对象遇见了其不相识的人士,而对方又跟自己打了招呼。

(3)在家中或办公地点,接待彼此不相识的客人或来访者。

(4)打算推荐某人加入某一方面的交际圈。

(5)收到为他人作介绍的邀请。

(6)陪同上司、长者、来宾时遇见了其不相识者,而对方又跟自己打了招呼。

(7)陪同亲友前去拜访亲友不相识者。

### (二)他人介绍的顺序

为他人作介绍要遵照受尊敬的一方有了解对方的优先权原则。

1. 把男士介绍给女士

在社交场合,在为年纪相仿的男士和女士互作介绍时,通常先把男士介绍给女士,并引导男士到女士前面作介绍。

2. 把年轻者介绍给年长者

在一般场合,介绍同性别的人相识时,应将年轻者介绍给年长者,以表示对长辈的尊敬。

3. 把职位低者介绍给职位高者

在公务活动场合,一般以社会地位和职位高低作为社交礼仪的衡量标准,把社会地位和职位低者介绍给社会地位和职位高者。

4. 将公司同事介绍给客户

把自己公司的同事介绍给其他公司同等地位的人时,应先介绍同事,后介绍客人。

5. 把主人介绍给客人

在主客双方身份相当时,应先介绍主人再介绍客人,以表示对客人的尊敬。

6. 把未婚者介绍给已婚者

在介绍双方年纪相当时,应把未婚者介绍给已婚者。

（三）他人介绍的方式

1. 简介式介绍

简介式介绍适用于一般场合,内容只有双方姓名一项,甚至只提到双方姓氏为止,接下来就由介绍者见机行事。如"我来介绍一下,这位是王教授,这位是李教授,你们认识一下。"

2. 标准式介绍

标准式介绍适用于正式场合,内容以双方的姓名、单位、职务等为主。如"我来为两位引见一下,这位是××公司公关部王丽小姐,这位是××公司总经理王小明先生。"

3. 强调式介绍

强调式介绍的内容除被介绍者的姓名外,往往还会刻意强调一下其中一位被介绍者与介绍者之间的特殊关系,以便引起另一位被介绍者的重视。如"这位是我的女儿王子玉,请张总多多关照"。

4. 引见式介绍

引见式介绍适用于普通的场合,介绍者所要做的是将被介绍者双方引到一起。如在一次联谊会上,主人可以这样说"大家以前都是校友,但有的不在一个年级,请大家相互认识一下吧"。

5. 推荐式介绍

推荐式介绍适用于比较正规的场合,介绍者是经过精心准备而来的,目的是将某人举荐给某人,介绍时通常会对前者的优点加以重点介绍。如"这位是王小明先生,他是一位出色的管理人才,对行政管理很有研究还是文学博士。张总,你们细谈吧！"

（四）介绍人的神态与手势

作为介绍人,在为他人作介绍时,态度要热情友好,语言要清晰明快。在介绍一方时,应微笑着用自己的视线把另一方的注意力吸引过来。手的正确姿势是掌心向上,胳膊略向外伸,指向被介绍者,但介绍人不能用手拍被介绍人的肩、胳膊和背等部位,更不能用食指或拇指指向被介绍的任何一方。

## 三、集体介绍

集体介绍是他人介绍的一种特殊形式,是指介绍者在为他人介绍时,被介绍者其中一方或者双方不止一个人,而是许多人。

在需要作集体介绍时,原则上应参照他人介绍的顺序进行。在正式活动中,介绍顺序是个礼节性非常强的问题。一般来说,集体介绍遵照如下顺序进行。

### (一)将一人介绍给大家

当被介绍者双方地位、身份大致相似或难以确定时,先介绍一人或人数少的一方,再介绍人数较多的一方。

### (二)将大家介绍给一人

当被介绍双方地位、身份存在明显的差异,特别是年龄、性别、婚否、师生以及职务有别时,地位、身份高者即使是一人或人数较少,仍然被置于尊贵的位置,应先介绍人数多的一方,再介绍地位、身份高的一方。

### (三)人数较多的双方介绍

如果需要介绍的一方人数不止一人,可采取笼统的方法进行介绍。如"这是我的朋友"等。最好还是对其一一进行介绍。

一一介绍时,应由卑到尊,依次进行。应先介绍位卑的一方,后介绍位尊的一方或先介绍主方,后介绍客方。

### (四)人数较多的多方介绍

当被介绍者不是双方而是多方时,应根据合乎礼仪的顺序确定各方的尊卑,由卑到尊,依次介绍。如果需要介绍各方的成员,也按由卑到尊进行介绍。

## 实训内容

### 一、模拟介绍人,向客人作自我介绍

(1)选择适当的时机。
(2)选择自我介绍的方式。
(3)自我介绍时,面带笑容,充满自信与热情。
(4)把握好时间,简单明了又让人印象深刻,切不可信口开河、自吹自擂、夸大其词。
(5)介绍时要语气自然、语速正常、语音清晰、从容不迫。
(6)眼睛要注视对方,表达自己的友善和关切。
(7)仪态端庄大方,使对方产生好感。

### 二、模拟介绍人,向客人作他人介绍

(1)仔细观察,弄清双方是否有结识的愿望。
(2)把握他人介绍的时机。
(3)选择他人介绍的方式。
(4)为他人介绍时,应热心、诚恳。
(5)把握他人介绍的正确顺序。
(6)介绍时,应四指并拢、拇指张开、掌心朝上、以肘关节为轴指向被介绍者一方,并

向另一方点头微笑,切不可用手指指来指去。

(7) 介绍者在为双方介绍时,被介绍双方均应起身站立面带微笑,目视被介绍者或对方,认真倾听表现出想要结识对方的热情。

(8) 介绍者被介绍后,身份高的一方或年长者,应主动与对方握手,问候对方。

(9) 身份低的一方或年轻者,应根据对方的反应做出相应的动作,如果对方主动伸手,应及时伸手与对方握手。

### 三、模拟介绍人,向客人作集体介绍

(1) 仔细观察,弄清双方是否有结识的愿望。
(2) 把握集体介绍的正确顺序。
(3) 称呼双方时,要准确清楚,在正式、庄重的场合应将双方的姓名和职务一起介绍。
(4) 介绍时手势应掌心向上,用整个手掌指向被介绍的一方,目光跟着称呼走,先看长辈、女士、教师、主人,再转向晚辈、男士、学生、客人。
(5) 被介绍者应始终保持友善、谦逊的微笑,向对方欠身点头或鞠躬。

### 任务考核

(1) 考核介绍的时机选择是否正确。
(2) 考核介绍的方式选择是否正确。
(3) 考核介绍的顺序是否符合礼仪原则。
(4) 考核介绍的手势和仪态是否符合礼仪规范。
(5) 考核介绍的内容是否恰当,是否符合当时的情境。

### 趣味常识

#### 介绍中各国人民的姓名问题

我国汉族人的姓名组合比较简单,姓在前名在后,有单姓和复姓、单名和复名。介绍时,可根据场合的需要和关系的远近,既可连名带姓,也可直呼其名。男女一样,且无婚前婚后之别,然而在我国港澳台地区,女性结婚后要在自己的姓前加上丈夫的姓。如一女士在结婚前叫李小英,其丈夫姓谭,那她婚后姓名全称为谭李小英或一般称呼为谭太太。

日本人的姓名顺序与我国相同,即姓在前名在后,单行的字数常常比我国汉族人的姓要多,一般最常见的姓名由四个字组成,如本田一夫、三本太郎等,但姓和名的搭配并不是绝对固定的,如本田、三本是姓,一夫、太郎是名,往往不加区分。在接到名单时应设法了解清楚,以免误会。一般称呼只称姓,对男性也有加君的,如三本君。正式场合和社交场合才呼全名。姓名按姓前名后顺序构成的,还有韩国、柬埔寨、越南等国,另外,匈牙利人的姓名也是姓在前名在后的。

欧英美人的姓名,一般为名在前姓在后,有时还加教名。如詹姆士·乔治·约翰,其中詹姆士是教名,乔治是本人名,约翰是姓。另外,也有把母姓或与家庭关系密切者的

姓作为第二个名字的。在西方,还有人沿用父名或父辈名,在名后缀以小(junior)或罗马数字以区别,如 James John Junior 译为小詹姆士·约翰,James John Ⅱ 译为詹姆士·约翰二世。女性结婚后,则不得再用自己原本的姓,必须改用丈夫的姓。英美人姓名的书写常把名字缩写为一个字头,但姓不能缩写,如 J. G. John,可译为 J. G. 约翰。口头称呼时,一般只称姓,如约翰先生,除非是十分正式的场合才称呼姓名全称。在英语国家,姓名组成称呼大致如此。

法国人姓名也是名在前姓在后,一般由两节或三节组成。前一、二节为个人名,最后一节为姓。有时姓名可达四、五节,多是教名和由长辈起的名字。但现在长名字越来越少。如 Henri Rene Albert Guy de Maupassant 译为亨利·勒内·阿贝尔·居伊·德·莫泊桑,一般简称 Guy de Maupassant(居伊·德·莫泊桑)。女性姓名,口头称呼基本同英文姓名,法国人婚后也改用丈夫的姓。

西班牙人姓名常有三、四节,前一、二节为本人名字,倒数第二节为父姓,最后一节为母姓,一般以父姓为自己的姓,也有少数人用母姓为本人的姓。已结婚女性常把母姓去掉而加上丈夫的姓。通常,口头称呼常称父姓或第一节名字加父姓。

俄罗斯人姓名一般由三节组成。如伊万·伊万诺维奇·伊万诺夫,伊万为本人名字,伊万诺维奇为父名,意为伊万之子,伊万诺夫为姓。女性姓名多以娃、娅结尾。女性婚前用父亲的姓,婚后多用丈夫的姓,但本人名字和父名不变。一般口头称姓,或只称名。为表示客气和尊敬时,称名字与父名。俄罗斯人姓名排列通常是名字、父名、姓,但也可以把姓放在最前面,名字和父名都可缩写,只写第一个字母。

## 任务 1.3　握 手 礼 仪

### 礼仪名言引入

君子敬而无失,与人恭而有礼,四海之内皆兄弟也。

——孔子

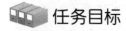 任务目标

（1）了解握手的意义。
（2）掌握握手的时机。
（3）熟悉握手的顺序。
（4）掌握握手的方法。
（5）避免握手的禁忌。

握手礼仪

项目5　游览接待服务礼仪　155

## 任务描述

你是天地旅行社的导游,你接待了一个由医生组成的旅行团,在与客人进行介绍后,要与客人握手。

## 任务准备

（1）场地准备：多功能礼仪实训室。
（2）用品准备：有关握手的视频教学资料。
（3）仪容仪表准备：与课人员着正装,女生过肩长发应扎起。

## 背景知识

美国著名盲聋女作家海伦·凯勒曾写道："手能拒人千里之外；也可充满阳光,让你感到很温暖……"握手是人与人交际的一个部分,是日常交往的一般礼节,多用于见面时的问候与致意或告别时的致谢与祝福。握手是世界各国通行的礼节。

### 一、握手礼的由来

握手礼有以下几种说法。

（1）战争期间,骑士们都穿盔甲,除两只眼睛外,全身都包裹在铁甲里,随时准备冲向敌人。如要表示友好,互相走近时须脱去右手的甲胄,伸出右手,表示没有武器,互相握手言好。后来这种友好的表示方式流传到民间,就成了握手礼。当今行握手礼也都是不戴手套,朋友或互不相识的人初识或再见时,先脱去手套,才能施握手礼,以示对对方尊重。

（2）握手礼来源于原始社会。早在远古时代,人们以狩猎为生,如果遇到素不相识的人,为了表示友好,就赶紧扔掉手里的打猎工具,并且摊开手掌让对方看看,示意手里没有藏东西。后来,这个动作被武士们学到了,他们为了表示友谊,不再互相争斗,就互相摸一下对方的手掌,表示手中没有武器。随着时代的变迁,这个动作就逐渐形成了现在的握手礼。

（3）握手礼来源于原始社会。当时,原始人居住在山洞,他们经常打仗,使用的武器是棍棒,后来他们发现可以消除敌意,结为朋友,而最好的表达方式是见面时先扔掉手中的棍棒,然后再挥挥手。

### 二、握手的时机

握手固然是一种最普通的见面礼节,但也应该掌握时机,不能滥用。一般来说,以下场合应使用握手礼。

（1）被介绍与人相识时。
（2）遇到较长时间没见面的熟人。
（3）在以本人作为东道主的社交场合,迎接或送别访者。
（4）拜访他人后,在辞行的时候。
（5）在社交场合,偶然遇上亲朋故旧或上司时。

(6) 别人给予你一定的支持、鼓励或帮助时。
(7) 在正式的场合和认识的人道别。
(8) 表示感谢、恭喜、祝贺时。
(9) 向别人赠送礼品或颁发奖品时。
(10) 对别人表示理解、支持、肯定时。
(11) 得知别人患病、失恋、失业、降职或遭受其他挫折时。

### 三、握手的顺序

伸手的顺序必须遵循礼貌规则,年长者、主人、上司、女士先伸手。
(1) 年长者与年轻者握手,应由年长者先伸出手。
(2) 身份高者与身份低者握手,应由身份高者先伸手。
(3) 女士与男士握手,应由女士先伸手。如果男性年长,是女性的父辈年龄,在一般的社交场合中仍以女性先伸手为主,除非男性已是祖辈年龄,或女性未成年在20岁以下,这时男性先伸手是适宜的。
(4) 已婚者与未婚者握手,应由已婚者先伸手。
(5) 主人与客人握手,应由主人主动伸手。
(6) 社交场合的先至者与后来者握手,应由先至者先伸手。
无论哪一方忽略了握手礼的先后次序而已经先伸了手,另一方都应不迟疑地回握。

### 四、握手的方法

#### (一) 握手的姿态

握手时距离受礼者约一步,上身稍向前倾,两足立正,伸出右手,四指并拢,拇指张开与对方相握,微微抖动3~4次,然后与对方的手松开,恢复原状,与关系亲近者握手时,可稍加力度和抖动次数,甚至双手交叉热烈相握。

掌心向下握住对方的手,显示着一个人强烈的支配欲,无声地告诉别人,他此时处于高人一等的地位,应尽量避免这种傲慢无礼的握手方式,相反,掌心向左同他人握手的方式显示出谦卑与毕恭毕敬,如果伸出双手去捧接,则更是谦恭备至,平等而自然的握手姿态是两手的手掌都处于垂直状态,这是一种最普通也最稳妥的握手方式。

#### (二) 右手握手

握手时一定要用右手,这是约定俗成的礼貌。在一些东南亚国家,如印度、印度尼西亚等,人们不用左手与他人接触,因为他们认为左手是用来洗澡和上卫生间的。如果恰好右手正在做事,一时抽不出来,或者手弄脏了、湿了,应向对方说明,摊开手表示歉意,或立即洗干净手与对方热情相握。

如果是双方握手,应等双方右手握住后再将左手搭在对方的右手上,这也是经常用的握手礼节,以表示更加亲切、更加尊重对方。

#### (三) 握手的力度

握手的力度要掌握好,既不能有气无力,也不能握得太重。握得太轻了,或只触到对方的手指尖,对方会觉得你缺乏诚意或在敷衍他;握得太重了,对方会觉得你热情过火,或觉得你粗鲁、轻佻;女士尤其不要把手软绵绵地递过去,显得连握都懒得握的样子,这都是失礼的行为。

### (四)握手的时间

握手时不可轻轻碰一下就松开,也不可久久握住不放。握手时间要适度,一般以3~5秒为宜,既表达心情又不会让对方感到不舒服。

### (五)握手要热情

握手时要传达给对方一种热烈迎送或者愉快会面的心情,如果身体僵硬地直立不动,或者面无表情,就显得傲慢和轻视对方了。一个得体的握手礼,一定是身体略微前倾,双目注视对方的眼睛,脸上带着愉快的微笑,说着"很高兴见到你"之类的寒暄语。切忌漫不经心、左顾右盼。

## 五、握手的禁忌

(1)不要用左手相握,尤其是和阿拉伯人、印度人打交道时要牢记,因为在他们看来左手是不洁净的。

(2)在和基督教信徒交往时,要避免两人握手时与另外两人相握的手形成交叉状,这种形状类似十字架,在他们眼里这是很不吉利的。

(3)不要在握手时戴着手套或墨镜,只有女士在社交场合戴着薄纱手套握手,才是被允许的。

(4)不要在握手时另外一只手插在衣袋里或拿着东西。

(5)不要在握手时面无表情、不置一词或长篇大论、点头哈腰、过分客套。

(6)不要在握手时仅仅握住对方的手指尖,好像有意与对方保持距离。

(7)不要在握手时把对方的手拉过来、推出去,或者上下左右抖个没完。

(8)不要拒绝和别人握手,即使有手疾或汗湿、弄脏了,也要和对方说一下"对不起,我的手现在不方便",以免造成不必要的误会。

(9)不要抢先出手同女士握手。

(10)不要握手后马上擦拭自己的手掌。

(11)不要一只脚站在门外,另一只脚站在门内握手,也不要连蹦带跳地握手或边握手边勾肩搭背。

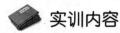
## 实训内容

### 一、把握握手的时机

在与对方相互介绍相识、问候后应握手致意,表示为相识而感到荣幸,愿与对方建立友谊与联系。

### 二、把握握手的顺序

在工作中,服务人员通常不宜主动与客人握手。

在公务场合，握手时伸手的先后顺序取决于职位、身份，而在社交场合和休闲场合，则主要取决于年龄、性别和婚否。

接待来访客人，当客人抵达时，应由主人主动伸手与客人握手，表示欢迎，当客人辞别时，则应由客人先伸手与主人握手，表示再见。

如果握手的顺序搞错了，容易产生误会。

### 三、注意握手的神态

握手前，双方可打招呼或点头示意。握手时，应面带微笑，目视对方眼睛，并寒暄致意，表现出关注、热情和友好。

### 四、右手握手

在服务场合与客人握手，无论是要表达欢迎、感谢、问候还是道别之意，用右手来握都是比较恰当的，不建议用双手与客人握手。

### 五、正确的握手姿势

握手时，至距离握手对象约一米处、双脚立正、上身略向前倾、自然伸出右手、四指并拢、拇指张开、虎口相对、双方掌心大部分接触在一起，左手贴着大腿外侧自然下垂。握手时，须上下稍许晃动两三下，然后松开手，恢复原状。

### 六、避免握手禁忌

服务人员不要主动伸手与客人握手，注意避免握手的禁忌。

### 七、把握握手的时间和力度

一个令人愉快的握手感觉是坚定的、干爽的、舒服的，可以良好地传达这种愉快相见的感情，建立彼此的友谊或是产生信赖。握手时间的长短可因人、因地、因情而异。太长了使人局促不安，太短表达不出热烈情绪。初次见面时握手时间以3秒左右为宜，在多人相聚的场合，不宜只与某一人长时间握手，以免引起他人误会。握手力度要适度，过重的"虎钳式"握手显得粗鲁无礼，过轻的抓指尖握手又显得妄自尊大或敷衍了事，但男性与女性握手时，男性只需轻轻握一下女性的四指即可。

### 八、握手时态度端正

伸手的动作要稳重、大方，态度要亲切、自然，握手时，表情须愉悦、高兴，切忌左顾右盼或心神不宁，这样很容易让人产生不愉快的感觉。

### 九、握手时稍作寒暄

为了表示尊敬，握手时上身略微前倾、头略低一些、面带笑容、注视对方的眼睛、边握手边开口致意，如说"您好！""见到您很高兴！""欢迎您！""恭喜您！""辛苦啦！"等。

## 任务考核

(1) 考核握手的时机选择是否正确。
(2) 考核握手的顺序是否符合礼仪规范。
(3) 考核握手的方法是否符合礼仪规范。

### 趣味常识

**最不受欢迎的握手方式**[①]

1. 死鱼式握手

死鱼式握手是一种比喻的说法,意思是说伸出的手软弱无力,像一条死鱼任对方把握。

大家知道,握手本身是一种表示友好的礼节,如果你伸出的是像死鱼一样的手,那就会使对方误以为你无情无义或觉得你性情软弱。

2. 老虎钳式握手

老虎钳式握手利用无声的动作说服对方,是男性们在工作中最喜爱的方法之一,从中体现出来的是使用者对于权力的渴望,以及他对于控制双方关系,乃至对方的信心。使用这种方法的人通常会先果敢有力地伸出手,而手掌的位置较一般握手位置偏低,然后再有力地握住对方,精神饱满地抖动两至三次,有时候,对方的手甚至会因为被握得过紧而导致血液流通不畅。不过,有些"纸老虎"也会采用这种方式来为自己造势,其实,他是怕落入对方的控制之中。

3. 碎骨机式握手

在所有握手方式中,最令人生畏的莫过于这种碎骨机式握手了,因为这种握手方式不仅会在对方的脑海里留下不可磨灭的印象,而且还会给对方的身体造成难以恢复的伤害。

碎骨机式握手就好比是一个标签,凡是贴有这一标签的人其性格往往都极富侵略性,通常会在对方毫无防备时先发制人,占领先机,并且试图通过手掌力量的较量给对方一个下马威,他们大力的握手会像揉面团一样折磨对方的每一个手指关节。在出席各种商务会谈时,建议女性工作者最好不要在右手佩戴戒指,因为假如遇到有人使用这种握手方式,被握住的手指完全有可能会因为戒指的挤压而出血,十指连心的疼痛会使你只关注自己的伤口而把工作忘个精光,最终错失良机。

而最不幸的是,对于这种霸道得不近人情的握手方式,没有任何方法可以有效地遏制,如果你认为对方出于敌意用这种方式来控制你,或是向你示威,你可以让所有人注意到这一点,"天啊,你把我的手握得好疼啊。你的力气实在太大了。"如此一来,这部碎骨机就不得不有所顾虑,在握手时有所收敛了。

---

① 资料来源:http://club.whinfo.net.cn/viewthread.php?tid=2632171

## 任务1.4 致意礼仪

**礼仪名言引入**

君子博学于文,约之以礼,亦可以弗畔矣夫!

——孔子

### 任务目标

(1) 了解致意的形式、注意事项。
(2) 掌握致意的礼规。
(3) 掌握致意的时机。

### 任务描述

你是天地旅行社的导游,一天你接待了一个旅行团,要向客人行致意礼。

### 任务准备

(1) 场地准备:多功能礼仪实训室。
(2) 用品准备:帽子、手套、大镜子。
(3) 仪容仪表准备:与课人员着正装,女生过肩长发应扎起。

### 背景知识

致意是一种用非语言方式表示问候的礼节,也是一种最常见的表示问候、尊敬礼节。通常是相识的人在公共场合相互打招呼时使用。

### 一、致意的形式

#### (一) 微笑致意

微笑是全世界共通的语言,它所传达的问候、欢迎之情远远超越语言,由衷的微笑所散发出来的魅力,不是一两个词汇能代替的,同时这种视觉上给予客人的美好感受往往令人印象深刻。

微笑致意适用于与相识的人或有过一面之交的人在同一地点,彼此距离较近但不适宜交谈或无法交谈的场合。

微笑致意可以不必做其他动作,只是双唇轻轻示意,不必出声,即可表达友善之意。

在旅游接待和社交场合与人见面时,莞尔一笑是最好的一种表达欢迎和友好的方式。如果客人首先看到的是一张热情的笑脸,在心里留下了美好印象,之后即便服务当中有些疏漏和误会,也是极容易获得客人谅解的。

### (二) 点头致意

点头致意往往用在公共场合遇到相识的人而相距较远时;与相识者在一个场合多次见面时;对一面之交或不太相识的人在社交场合见面时。在这些场合,均可微笑点头向对方致意,以示问候,而不应视而不见、不理不睬。

点头致意的具体做法是身体要保持正直、两脚跟相靠、双手下垂置于身体两侧或搭放于体前、目视对方、面带微笑,轻轻点一下头即可。注意不宜反复点头,也不必幅度过大。行礼时,不宜戴帽子。

### (三) 举手致意

当参加社交活动,朋友间远远相望而不便呼喊时,或忙碌工作时,看到熟悉的同事、朋友,而无暇分身响应时,可向对方举手致意。

举手致意的具体做法是右臂向前方伸直、右手掌心向着对方、四指并拢、拇指叉开,轻轻向左右摆动一两下。不要将手上下摆动,也不要在手部摆动时以手背朝向对方。

### (四) 欠身致意

欠身是一种表示恭敬的致意礼节,常常用在别人将你介绍给对方,或是主人向你奉茶等时候。

行欠身礼时,应以腰为轴上体前倾15°。行礼时应面带微笑注视对方。如果是坐着,欠身时只需稍微起立。

### (五) 脱帽致意

脱帽礼是当戴着帽子进入他人居室、路上遇到熟人、与人交谈、行其他见面礼、进入娱乐场所、升降国旗、演奏国歌等情况下,应行的致意礼。

朋友、熟人见面时若戴着有檐的帽子,则以脱帽致意最为适宜,若戴的是无檐的帽子,只需点头微笑即可。若是熟人、朋友迎面而过,可以只轻掀一下帽子致意即可,同时问一声好。遇到升国旗、奏国歌时,应以右手握住帽子前檐中央,摘下帽子置于左胸前。

在正式场合,脱帽礼常常是鞠躬礼的前奏。

脱帽致意应微微颔首欠身,用距离对方稍远的那只手脱帽,将其置于大约与肩平行的位置,以使姿势得体、优雅,同时与对方交换目光。若自己一只手拿着东西,则应以另一只空着的手去脱帽。脱帽致意时,脱下的帽子不可以马上戴上,要等到脱帽礼全过程结束后才可以戴上,而且行礼时,另一只手不能插在口袋里,坐着时也不宜行脱帽礼。

## 二、致意的礼规

(1) 致意要讲究先后顺序,通常应遵循年轻者先向年长者致意;学生先向老师致意;男士先向女士致意;下级先向上级致意。

(2) 向他人致意时,可以两种形式同时使用,如点头与微笑并用,脱帽与欠身并用。

(3) 致意时应大方、文雅,一般不要在致意的同时,向对方高声叫喊,以免妨碍他人。

(4) 如遇对方先向自己致意,应以同样的方式回敬,不可视而不见。

### 三、致意的时机

(1) 碰见身份高的上司,不宜主动上前握手时,可恭敬地点头微笑致意。
(2) 在公共场合遇到相识的朋友但距离较远时,一般使用举手和点头致意。
(3) 与相识者在同一场合多次相遇,不必每次都问候握手,只要点头微笑致意即可。
(4) 当服务人员见到服务对象时,应主动致意。

### 四、致意的注意事项

(1) 致意礼要在双方都意识到时应用,不要过多吸引别人注意。
(2) 致意的动作不可以马虎或满不在乎。
(3) 遇到身份较高者,不应立即起身去向对方致意,而应在对方的应酬告一段落后,再上前问候致意。
(4) 任何一种致意方式的使用都需要把握好时机,按照礼仪顺序认真完成才能充分显示对对方的尊重。

 实训内容

假设你是天地旅行社的导游,在接待团队时,请判断致意的时机,并选择正确的致意形式。

(1) 判断在下列情况下(见表 5-9)应向客人行哪种致意的礼仪?请在对应的格子上画"√"。

表 5-9 致意的礼仪与时机

| 时机 \ 礼仪 | 微笑致意 | 点头致意 | 举手致意 | 欠身致意 | 脱帽致意 |
| --- | --- | --- | --- | --- | --- |
| 与人初次见面时 | | | | | |
| 忙碌工作中,看到熟悉的同事、朋友,而无暇分身响应时 | | | | | |
| 遇到相识的人而相距较远时 | | | | | |
| 与相识者在一个场合多次见面时 | | | | | |
| 当戴着帽子与客人交谈,遇到熟人、朋友迎面而过 | | | | | |
| 在别人将你介绍给对方时 | | | | | |
| 在迎送客人或其他没有必要正式鞠躬行礼,却有需要向对方示意时 | | | | | |
| 你能想到的其他情形:＿＿＿＿ | | | | | |

(2) 模拟致意形式。

① 请向接待的客人微笑致意。

说明:当客人进入服务区域,或是客人与自己相距较近,或四目相对时,应面含笑意、配合柔和的目光、伴以亲切的问候。

② 请向接待的客人点头致意。

说明：与对方目光接触时，面含微笑，头微微向下一动，幅度不必太大。

③ 请向对方举手致意。

说明：手臂自下而上向侧上方伸手，手臂可以略有弯曲，也可全部伸直，掌心向外，面对对方，至少上身和头部要朝向对方、目视对方、面带微笑、四指并拢、拇指张开、指尖朝向上方，轻轻横摆一下手即可，不要反复摇动。

④ 请向对方欠身致意。

说明：面带微笑、注视对方、以腰为轴上体前倾15°。

⑤ 请向对方脱帽致意。

说明：微微颔首欠身，用距离对方稍远的那只手脱帽，将其置于大约与肩平行的位置，以使姿势得体、优雅，同时与对方交换目光。脱下的帽子不可以马上戴上，要等到脱帽礼全过程结束后才可以戴上。

⑥ 请向接待的客人微笑、点头致意。

说明：点头与微笑并用。

⑦ 请向接待的客人欠身、脱帽致意。

说明：欠身与脱帽并用。

## 趣味常识

### 富起来的国人应展现怎样的国际形象

海外的风景胜地、度假区里，成群结队的中国旅行团；知名奢侈品商店门前，排着长队、拎着大包小包的中国采购者；高档酒店的大堂，笑语喧哗的中国人。这样的场景，人们已见多不怪。

中国客人正成为世界旅游业的中坚力量。据世界旅游组织预测，中国出境旅游的人数到2020年将达到1亿人次。海外媒体报道称，越来越多的中国人青睐出国旅游，中国客人在海外的消费额，可能要超过德国人和美国人，成为世界排名第一。

徜徉于世界的黄色面孔，将留给外人什么样的印象？人们可能还记得，早些年，一个国外旅游地专门用中文提示文明旅游，很是刺激了一些国人的自尊。时至今日，见多识广的中国人，可能不再将类似的歧视当回事，而礼仪之邦的形象是否已确立，还真让人有些担心。

上周，看到一条博文，从巴黎奢侈品店到米兰购物街，随处可见中国人的身影，在出境旅游热的同时，中国人的形象素质也得以体现。出国在外，请尽力维护国人形象，拿出崛起之国该有的姿态。

先不说学识和修养，只说基本的文明举止。近期，接连发生的两起国际航班中国客人打架事件，似乎给不该有的姿态做了旁证。

在塞班飞往上海的飞机上，两位客人发生争执，随后变成两群人的互殴，飞机差点返航。此前，从苏黎世飞往北京的瑞士航空航班上，两名中国客人因椅背调整问题引发肢体冲突，迫使航班返航，其中一人因危害公共交通被处罚金，这项罪名在瑞士是刑事罪。

有评论者说,短短一周时间内就出现两次"天上打架",不得不令人"佩服"国人"高空作业"的胆量,两次斗殴都发生在国际航班上,真可谓出尽了洋相。

以个别人的作为,来评价一个国家的国民素质,显然以偏概全,但是,富裕起来的国人的整体素养,是否与经济发展的速度相匹配,倒是一个值得关心的话题,并且,对于外人而言,他们眼里的中国形象,可能就是那些海外旅游者的行为举止。

我们可以不在意别人的看法,却必须省视自身的作为,毕竟,富裕的终极目的,不是财大气粗,而是建立在财富基础上的文明提升。

人们曾以穷得只剩下钱了来形容暴发户,现在,我们一定不想听到别人说,富起来的中国人只有钱,有钱了,可以去周游世界,希望见识的不只是奢侈品牌、豪华酒店;有底气了,可以不怕外国人的偏见,但也不要傲慢,要知道,在候机厅里,是旁若无人地高谈阔论,还是静静地阅读;在国际都市,是流连于博物馆,还是在LV店血拼;在旅游景点,是喧喧嚷嚷地拍照摄影,还是沉迷于遗迹,这些将带给人截然不同的形象。

仓廪实而知礼节。有钱了,并不代表有文化、有素养。物质财富有可能短时间内激增,而文明的累积和演进,很难一蹴而就,我们想要留给世界的,不只是财富的增长,更是精神的丰厚。

# 任务1.5　问候礼仪

**礼仪名言引入**

古者言之不出,耻躬之不逮也。

——孔子

## 任务目标

(1) 认识问候礼仪的概念与分类。
(2) 了解问候礼仪的常见用法。
(3) 掌握客服务中的问候礼仪的实际操作。

## 任务描述

(1) 有一位客人驾车来到某酒店用餐,在这里他会遇到行李员、迎宾员、引位员,若你是其中一位员工,你应该如何问候客人?

(2) 导游员小李被旅行社委派带8月12日的一个旅游团,这个旅游团定于该日早上8点在某公园门口集合。这天早上,小李按规定与司机提前到达某公园门口等候,客人来到时他应该如何问候客人?

## 任务准备

(1) 场地准备：多功能礼仪实训室。
(2) 用品准备：导游旗、吧台。
(3) 仪容仪表准备：与课人员着正装，女生过肩长发应扎起。

## 背景知识

### 一、问候礼仪的概念和分类

问候是指向别人问好，表示自己的慰问。问候礼仪是社交应酬中最具交际意味的一种礼仪，问候并不是为一件非常具体的事而进行，往往是打开交际关系的第一步。

问候礼仪一般分为两种，一种是当面问候致意，又称打招呼，另一种是远方的问候。当面问候致意是最常见的问候礼仪，也是旅游服务行业中使用最频繁的问候礼仪，远方的问候常常通过网络、电话、书信、明信片、托言或鲜花卡片寄语等方式进行。

### 二、问候礼仪的常见用法

问候礼仪通过口语语言与肢体语言相结合展现出来。

#### （一）口语问候礼仪

根据场合与对象的不同，所使用的问候语方式亦有所不同，对初次见面的人进行问候常使用"你好""早上好""中午好""晚上好""很高兴认识您""见到您非常荣幸"等问候语，如果对方是有名望的人，也可用"久仰""幸会"等问候语，问候中一般不涉及私人信息，与熟人相见，用语可以亲切、具体一些，如"好久不见""可见着你了""近来好吗""可想你了"等，有时还可根据熟络程度加入一些涉及私人信息的问候，如"吃饭了吗？""最近跑哪去了？""最近生意好吗？"但涉及私人信息的问候语应慎用，尤其是与西方友人交往时不建议使用，与熟人相见，除了对熟人问候致意外，若与对方家人也彼此熟悉，还可以问对方家人的情况以表示关心，并请他代为问候，如"伯父伯母近来好吗？""向你的夫人（先生）问好"，等等，对于一些业务上往来的朋友，可以使用一些称赞语如"你今天气色不错"等。通常在问候语前面加上适当的称呼。

#### （二）肢体语言问候礼仪

肢体语言常作为口语语言问候礼仪的辅助，也可单独运用以达到问候效果。常见的肢体语言问候礼仪有点头、微笑、欠身、握手、鞠躬等。鞠躬礼又分为15°、30°、45°、90°等几种不同程度，另外肢体语言问候礼仪还有拥抱、贴脸礼、合十礼、拱手礼、吻手礼等。人们常根据具体情况选择运用各种肢体语言问候礼仪。

### 三、问候礼仪注意事项

#### （一）通用惯例

问候礼仪惯例是主人先问候客人、男士先问候女士、下级先问候上级，两对夫妇见面，女士们先相互问候,然后男士们分别向对方的妻子问候,之后再相互问候。

旅游从业人员应积极主动向客人打招呼,以表示我们对客人的尊重,同时我们也提倡旅游从业人员在适当情况下,打破惯例主动向主人、男士、下属致意问候,以表示自己的尊重,增加自身的亲和力。

### (二) 禁忌

与西方人相互问候,应避免使用涉及私人信息的问候语,如"你去哪儿呀""吃饭了没",致以问候时应尊重对方的民族民俗、宗教信仰等,以避免引起不必要的误解与麻烦。打招呼时,不能口叼烟卷或含着食物,也不可将手插在衣/裤袋里,另外,对熟人不打招呼、他人向自己打招呼而不应答,皆为失礼行为。

另外,应注意当面问候致意距离,不要在相距太远的地方高声叫喊,一般在距离对方3~7米处问候对方比较合适,问候致意应视具体场合与时机灵活把握。

## 实训内容

在对客服务礼仪中,常用到的礼仪有电话问候礼仪与当面问候致意礼仪。

### 一、电话问候礼仪

电话问候分为服务人员接到对方来电时致意问候与主动去电问候对方两种。在对方来电时,要求服务人员在电话铃响起3声内接听电话,声音尽量柔和甜美,面带微笑(虽然对方看不见)致以问候,如"你好,这里是××酒店/旅行社,请问有什么可以帮到您?"主动去电问候对方,则需要注意时机,一般在上班时间联系对方,如果对方有座机尽量拨打座机电话,拨通电话后应微笑,声音柔和甜美、吐字清晰地问候对方"您好,请问是××先生吗?"等到对方回应,或长时间不回应时,再自我介绍"我是××旅行社/酒店的××,请问您现在方便接听电话吗?"若对方方便接听电话,则可进行具体事项的沟通。导游、旅游团队销售人员常会通过电话对客人做出团前的问候,表示关心。

### 二、当面问候致意礼仪

在对客服务中,当面问候礼仪的使用场合分为在企业内部接待客人时当面问候、在公共场所对客当面问候,以及在客人所在企业内对客当面问候致意礼仪。

这三种场景中,在企业内部接待客人时当面问候致意礼仪使用频率最高,企业内部接待客人时当面问候致意,分三种情况,第一种情况是前台、迎宾员等在吧台后面站立的服务人员,见客人前来,按规范站姿站好的服务人员应在离客人1.5米远时,面带微笑,双眼注视对方,按企业规定标准行相应度数的鞠躬礼,语调柔和亲切、音量适中、吐字清晰地主动问候客人"先生(小姐),您好,欢迎光临!""先生(小姐),晚上好!"然后再进行其他服务;第二种情况是主动上前提供服务时对客人表示问候,如引位员、行李员、未在吧台前的迎宾员、前台服务员等,主动上前提供服务时的问候与在吧台后面站立时的问候不同之处是前者在看到客人时主动迎上问候,再进行服务;第三种情况是服务人员行走时遇见客人,向客人致意问候,这时应要靠右边行走,放慢速度,侧身让客,微笑,点头并问候"你好"。

下面是部分具体岗位问候礼仪规范。

### (一) 迎宾员的当面问候

迎客时应按规范站姿站好，精神饱满，精力集中，注视过往客人，当客人走近餐厅约1.5米处，应面带微笑，双眼注视对方，鞠躬，语调柔和亲切、音量适中、吐字清晰地主动问候客人"先生（小姐），您好，欢迎光临！""先生（小姐），晚上好！"随后用迎客引领礼仪，客人离开餐厅时，迎宾员距离客人1.5米左右，应礼貌道别微笑，目光注视客人，鞠躬，语调柔和亲切、音量适中、吐字清晰、主动热情地问候客人"小姐（先生），谢谢您的光临，请慢走，再见"。

### (二) 引位员的当面问候

客人进入后立即迎上，微笑、欠身、目光注视对方问候"先生（小姐），您好/晚上好！"在对方致意后接着进行引位服务"请问，预订过吗？"/"请问，一共几位？"若客人同时到达，要先问候女宾，再问候男宾，客人就餐完毕结账离开时，应礼貌送客，主动问候话别"谢谢您的光临，欢迎下次再来""再见，欢迎下次再来"等。

### (三) 行李员的当面问候

行李员站立于大门两侧，代表宾馆酒店迎接客人，对抵店的客人微笑鞠躬问好"早上好/中午好/下午好/晚上好！欢迎光临。"若客人乘坐的是轿车，行李员一手将车门开至90°，另一手手指并拢，手臂伸直，置于车门框上沿，以防客人头部碰撞车厢门框，上身微向车辆倾斜，见客人下车，用礼貌用语问候客人表示欢迎，如"您好，欢迎光临"等，主动征得客人同意后为其提行李。客人如果到前台要求寄存行李，行李员应主动向客人问好"先生/小姐，早上好！/中午好！/下午好！/晚上好！请问您要寄存行李吗？"。

### (四) 导游员接团的当面问候

导游员应提前到达集合地点等待客人，身穿工作服，手举导游旗，站在便于客人见到的显著位置，环顾四周，见到疑似客人时应主动向前微笑问候"您好，请问您是××团的客人吗？""早上好，请问您是参加××线路游览的游客吗？"得到肯定回应，或客人没有立即回应时，导游应立即自我介绍，后进行其他服务活动，也可在问候语中直接加入"我是××团的全程陪同导游/全陪/地接陪同导游/地陪/领队"。当客人主动走向前时，导游员应点头微笑主动问好"您好，请问您是××团的客人吗？"或客人已经先问候了，导游员应积极回答问题，并在第一句话的前面加上问候语"您好"。等到客人全部到齐后，应在合适位置（如在车上），统一问候客人"大家好/各位团友/各位亲爱的团友/各尊敬的领导/各位嘉宾早上好/你们好！欢迎参加此次×××线路的×天游，我是此次大家的××导游……"

## 任务考核

（1）模拟迎宾员当面问候致意客人礼仪。
（2）模拟引位员当面问候致意客人礼仪。
（3）模拟行李员当面问候致意客人礼仪。
（4）模拟导游员接团时可能遇到的各种当面问候致意客人礼仪。

**趣味常识**

**请向国徽敬礼**

第一次世界大战时，美国一名黑人少校军官和一名白人士兵在路上相遇，士兵见对方是黑人，很是鄙夷，根本就没把这个黑人放在眼里，没有敬礼就过去了，当他掠身而过，忽然听到背后一个低沉而坚定的声音"请等一下。"黑人军官对他说"士兵，你刚才拒绝向我敬礼，我并不介意。但你必须明白，我是美国总统任命的陆军少校，这顶军帽上的国徽代表着美国的光荣和伟大，你可以看低我，但必须尊敬它，现在我把帽子摘下来，请你向国徽敬礼。"士兵终于向军官行了礼。这位黑人就是后来成为美国历史上第一个黑人将军的本杰明·戴维斯。

# 任务 2 沟通礼仪

> **礼仪名言引入**
>
> 将自己的热忱与经验融入谈话中,是打动人的速简方法,也是必然要件。如果你对自己的话不感兴趣,怎能期望他人感动。
>
> ——戴尔·卡耐基

### 任务目标

(1) 了解沟通礼仪的重要性。
(2) 掌握语言沟通和电媒沟通的礼仪规范。
(3) 熟悉导游沟通的技巧。

言谈礼仪

### 任务描述

某旅游团刚到集合地点,天上便落下毛毛细雨,凑巧接团的旅游车又迟到了几分钟,这下可苦了客人。过了一会儿,旅游车过来刚停下,客人们纷纷往车上挤。地陪 A 导游说:"急什么?又不是挤公共汽车,真是的!"而全陪 B 导游在等候旅游车时就把队伍整理好,将老弱病残者安排在队伍的前面然后说:"大家注意,安全第一。先照顾他们上车,老人、小孩和女士优先。"

请问:如果你是客人,你更能接受哪位导游的提醒,为什么?

### 任务准备

(1) 场地准备:多媒体教室。
(2) 用品准备:多媒体课件。
(3) 仪容仪表准备:与课人员着正装,女生过肩长发应扎起。

### 背景知识

旅游服务沟通礼仪是指在旅游工作过程中人与人之间使用语言、文字或其他方式交流信息和思想、表达感情以达成旅游活动的双向互动的礼仪规范,有效沟通使旅游工作关系的各方能够相互理解、取得彼此的支持、有利于保持良好关系,使每个人在旅游活动中能够相互理解、相互支持、相互信赖。

在旅游服务工作中人们除了常用的面对面地用语言沟通,还愈加频繁地使用线上媒体的交流方式。因此,现代旅游工作者要全面了解各种沟通方式的礼仪规范。

## 一、语言沟通礼仪

语言沟通不是一门科学,而是一门艺术。酒逢知己千杯少,话不投机半句多。语言沟通有规可循吗?

### (一) 语言沟通原则

1. 真诚

真诚的态度,是交谈的基础,谁都希望别人尊重自己,但自己首先得尊重别人。有研究表明,人体各种感官对刺激的感觉程度不一,视觉占87%、听觉占3.5%、味觉占1%,态度主要是给对方留下视觉和听觉效果。在交谈中谈话态度应该是真挚、平易、热情、稳重的,彼此的信任会使交谈进行得很愉快,双方袒露心扉增进情感交流,赢得别人对你的好感和支持。如果虚伪做作、华而不实或轻慢无礼、语气生硬,对方就不愿意同你交流。真诚就是要做到不言过其实、不油腔滑调,更不能恶语伤人。

2. 谦恭适度

谦虚是一种美德,但是凡事皆有度。生活中不少交际语言,如"久仰大名,如雷贯耳""才疏学浅,望多多指教"等都对应特定的对象,随意使用则有华而不实,给人过度谦虚、缺乏诚意、呆板生硬的印象,谦恭适度应该把自己摆在与对方平等的位置上,推襟送袍,不能满口客套,假意应酬。讨论问题,表达看法,不能过分谦卑,也不应自以为是;赞美别人,不能言过其实,而应恰如其分;反省自己,不能文过饰非,也不应妄自菲薄。

3. 见人择言

每个人由于经历、所受教育、家庭、兴趣、性格等不同,由此带来其谈话的领域、内容、兴奋点的差异,这是社会的现实,也正是有了这种差异,才有了五光十色的社会。因此在和不同性格、不同行业、不同熟悉程度的人交谈时,就要察言观色,选择语言,甚至还要会转移话题。交谈不仅要见什么人说什么话,还要因地、因情而异,这也就是常说的"到什么山上唱什么歌"。例如,在学校谈论一下春游计划或者学习体会,在车站等公共场所聊一聊天气情况、新闻报道、体育赛事、文艺演出等。

4. 积极倾听

有说就有听,能否积极倾听对沟通效果至关重要。一项研究发现,职业经理人一天用于沟通的时间约占70%,其中书写占9%、阅读占16%、谈话占30%、倾听占45%,可见,倾听在人际沟通中占有重要地位,占据人们用于沟通时间的将近一半。积极倾听有利于我们接收信息和扩大信息量,它能使我们了解对方的想法和建议,减少沟通中的误会,同时,积极倾听也是对对方尊重的表示,有利于改善双方人际关系和冲突的解决。

## (二) 有效的沟通策略

据研究,一个人通常只能说出心中所想的 80%,但是别人接收到的有效信息却只有 60%,而能听懂的部分却只有 40%,在执行中,就只剩下 20% 了,这种现象一般被称为沟通的漏斗。

在工作和生活中,这种漏斗现象具有普遍性,说出口的话往往与心中所想有偏差。造成这种现象的主要原因在于沟通之前没有做好准备,导致在沟通过程中只能凭借记忆临场发挥,遗漏信息也就在所难免了。

尤其在职场中,能否准确地表达出心中所想的信息更加重要。因此,在沟通之前,先写个提纲,逐条记录下自己所要表达的内容,如果每一次沟通之前都能做到这样,沟通过程中的信息传递效率就不会逐渐递减,而应该均为 100% 了。

## (三) 常见的沟通艺术

### 1. 善意的谎言

在旅游工作中,工作人员要以诚待客,但是沟通的艺术就在于,保有真诚服务的态度,兼有善意的谈话策略。

古希腊唯心主义哲学家柏拉图跟他的学生们有一段有趣的对话。

柏拉图问:"你们认为说真话好,还是说假话好?"

学生们说:"当然是说真话好。"

柏拉图问:"如果敌人来探听我们的情况。这时候,你对他说真话还是说假话呢?"

学生们说:"那当然只能说假话蒙骗他,而不能说真话,不能把真实情况告诉他。"

柏拉图问:"小孩生病,不肯吃药,如果你当面说谎,这药是甜的,不懂事的孩子信以为真,就吃了药,病也就好了。你们认为这里的谎话是好,还是坏?"

学生们说:"为治好孩子的病,说谎话哄骗孩子,是必要的,是好的。"

这一短短的对话,使我们充分认识到诚实谎言的重要性,纠正了对说谎言说假话的偏见,并且从思想误区中走出来。

在旅游过程中,类似诚实谎言的例子还有许多,让我们试举一例,有两位上了年纪的至交,在旅途中为了一件小事争吵得不可开交,最后发展到吵闹起来,其中一位年龄稍大的客人收拾行李要立刻返程,团友们怎么劝解都没用,导游只好无奈地陪他来到了火车站,在候车室里,导游先是让人代买火车票,然后又和客人聊天交谈起来,时间在分分秒秒地过去,他们之间的交谈也越来越深。他们从将相和谈到鲁迅和章士钊的关系,又从章士钊谈到与毛泽东的关系,两人越谈越投机。最后,导游风趣地说:"人逢知己很难得,要断交那还不容易?朋友之间有不同观点是很正常的事情。当然,不同的观点和感情有着密切关系,但观点毕竟是观点,感情毕竟是感情嘛。""我……"客人无话可说。"走吧!还是跟我回宾馆。"说完导游拎起行李就走。"等一下,那你托人代买的火车票呢?"客人不好意思地说。"哈哈哈哈。"导游笑着说,"压根我就没托人代买火车票,只不过是去了一次洗手间。"这时只见导游眨了眨眼睛。"怎么,你……""哈哈哈哈"两人同时笑了起来。

导游利用托人代买火车票的谎言骗过了那位客人,而其真正目的是在拖延时间,争取做通客人的思想工作。导游也曾经想过,万一思想工作做不通留不住客人,此时也可推说火车票没买到,或者说末班车已过,只能等到明天再说,到了第二天情况或许会有变化。

### 2. 不可忽视的寒暄

在一般人的心目中,寒暄是一种人际交往的方式,它既能交流感情,又能彼此沟通思想,更能创造出和谐融洽的氛围。还有些人认为,寒暄则是熟人相互见面时用的客套话。然而对于一名导游来说,寒暄应该成为一门导游语言艺术,它不仅限于以上所述的功能和范围,最重要的是运用寒暄这一"特别"的交流方式为客人服务。下面让我们来看看寒暄在旅途中的应用。

以往,导游遇见客人时开头总是这么一句话:"您吃饭了没有?"或者"饭吃过了吗?"虽然这是中国人相互见面时的一句常见寒暄话,其真正目的也只是交流感情,切忌不可认为此举为无聊之言。我们所要研究和讨论的是导游语言艺术,那么,寒暄的内容就显得至关重要了,首先,让我们来看看"您吃饭了没有?"或者"饭吃过了吗?"这两句话实际上是一个意思,据有关专家学者介绍,大概的意思是指在旧社会,广大的劳苦大众生活在水深火热之中,吃了上顿没下顿,有时竟好几天揭不开锅,因此,老百姓见面相互问候一声"您吃饭了没有?"或者"饭吃过了吗?"这是一种关心和问候的体现。以后日子长了,人们也就习惯用这两句话作为客套话了。

但无论怎么说,如今已经跨入了新世纪,时代不同了,导游的所作所为都要适应时代发展的需求,并且导游与客人之间的关系是服务与被服务的关系,从这个角度上讲,导游与客人之间的交流应看成是一种服务关系,因而也就不是一般的寒暄,因此,导游可以调整寒暄的内容。

请看下例,导游和客人相见时的一段对话。

导游:"您好!"

客人:"您好!"

导游:"昨晚睡得好吗?"

客人:"还可以,谢谢。"

导游:"如果有什么要求请尽管吩咐,我会尽力的。"

客人:"没什么,辛苦你了。"

……

这段对话,既短又亲切,充分体现了导游对客人的关心和体贴。导游和客人相遇时(除和客人初次见面之外),一般寒暄要自然、随和、亲切,由于在旅游生活中,大家会变得熟悉起来,导游也不要因为大家都熟悉了就可变得太随便。寒暄中粗话、脏话是要绝对禁止的,同时,也要因人而异,区别对待,对待长辈尊重谦恭,对待小辈关心爱护,对待同辈随和体贴,行为上要表现出主动和积极,与异性客人更需注意自己的言谈举止。在与客人寒暄的过程中,导游首先要迅速表现出"见到你真高兴"的感觉,同时把握好话题,使客人在同你寒暄的短短数秒内留下一个美好的印象。当然做什么事情都要讲究一个"衡"字,把握一个"度"字,既不要过分热情让人受不了,也不要故作高雅让人难以接近,同时要避免陷入俗套的虚伪寒暄,下面试举一例。

导游:"您饭吃过了没有?"

客人:"吃过了。"

导游："好,好,那么吃饱了没有?"
客人："吃饱了。"
导游："吃饱了就好,那么吃了些什么早点?"
客人："牛奶、鸡蛋和面包。"
导游："好,好,牛奶、鸡蛋营养好,那么你蔬菜再添加了一点没有?"
客人："没有。"
导游："好,好,没有就好。"
……

您瞧,这段对话多么无聊,有一种无话找话说的感觉,寒暄好比导游与客人聊天交谈一样,有话则长,无话则短,看对象找话题是较为重要的,一般地说,与客人初次见面的寒暄不宜过长,以后熟悉了也要注意时间的长短。寒暄好比开幕前的序曲,千万不可破坏这与客人接触的一刻,特别是在宾馆大堂、走廊以及景区某些正式场合,切忌"表情过剩",这些都应该引起导游的注意。

3. 恰当的安慰

安慰,导游个个懂得,但要把安慰工作做好做深,并不是人人都能做到的。在一般人的眼里,安慰仅是给人一种帮助和鼓励,但对导游来说不仅如此,它还是导游的一项重要工作,因此,导游要做好安慰工作不仅需要付出帮助和鼓励,而且要有一颗爱心,更要讲究一些语言艺术和处理技能,因为它确实是一项很重要的工作。

在整个旅途中,导游带团进行得不顺利,客人之中的不悦等,都需要导游以极大的耐心和热情去帮助自己的服务对象。安慰不仅能解脱客人的心理负担,而且也是治疗心灵创伤的一剂良药,它能促使客人迅速恢复元气,又能给人一种努力向上的动力,可以说,安慰工作在导游带团过程中处处可见,该项工作小到客人肚里有闷气,大到客人不幸死亡。因此,学会做安慰工作以及讲究一些语言艺术是很有必要的。

有一位客人在自由活动时,和景点保安人员发生了口角,又因客人本人比较老实,不善辩言,所以被对方几句刺耳的话气得浑身发抖,在以后的游览中一直闷闷不乐,导游知道内情后,先是承认对客人的关心不够,还特地向她检讨自己的失职行为,最后,对她受到的"不公正待遇"表示同情和安慰。客人看到导游认真的态度,闷气也就消了一大半。

众所周知,安慰一般建筑在爱心的基础上,如果导游对客人缺乏爱心,无动于衷,那么安慰工作也就无从谈起。旅游团队在游览过程中,总会碰到一些曲折、困难和不尽如人意的事情,因此,人人都需要安慰,人人也得给人安慰,就连导游自己也不例外。一个旅游团队如果大家都丢失了爱心,那么其结果也是不堪设想的。导游对客人有感情、有爱心,他(她)不但能给客人温暖和希望,同时也能使自己的品行素质和思想境界得到升华,更能展现新世纪导游的光辉形象。

一个来昆明观光游览的旅游团,当他们高高兴兴地走出红色通道来到行李输送机前,团中一名女客人发现少了只行李箱,怎么办?箱内有许多生活必需品和一些贵重的物品,这名女客人十分着急,一时也不知怎么办才好。这时,导游一面安慰她,一面积极地采取措施,从去机场失物登记处办理有关手续,到帮助失主购置必要的生活用品,从向航空公司申请索赔,到沿途参观游览时不断地打电话询问关于行李的下落,这一桩桩、一件件的辛勤工作就像无声的安慰,给人以鼓舞,给人以关怀,给人以温暖。这就是安慰所带来的效应。

导游与客人同感,与客人同乐,与客人同命运,导游的言谈举止,成为客人战胜困难的动力。这位女客人在旅途即将结束时,深有体会地说:"虽然我的行李不见了,使我在经济上受到了损失,但我得到的却是导游一颗火热真诚的心,这些帮助和鼓励要远远超过经济上的损失。我要感谢所有的团友们,更要感谢导游。"话音刚落,大家向她报以热烈的掌声。

由上可见,安慰不等于是单纯的怜悯与同情,更不应是简单地应付和随口说上几句寒暄话,要想使得安慰产生效果,方法只有一个,那就是献出一片真诚和爱心,其他别无选择。

## 二、邮件沟通礼仪

据统计,如今互联网每天传送的电子邮件已达数百亿封,但其中只有极少的为有效邮件。在商务交往中要尊重一个人,首先就要懂得替他节省时间,电子邮件礼仪的一个重要方面就是节省他人时间,只把有价值的信息提供给需要的人。

写邮件就能看出一个人为人处世的态度。你作为发信人写每封邮件的时候,要想到收信人会怎样看这封邮件,你想表达什么给对方,同时勿对别人的回答过度期望,当然更不应对别人的回答不屑一顾。

### (一) 主题

主题是收件人了解邮件的第一信息,因此要提纲挈领,使用有意义的主题,这样可以让收件人迅速了解邮件内容并判断其重要性。

(1) 主题应明确,便于收件人通过主题了解邮件内容及重要性,以及便于收件归档。

(2) 主题要简明扼要,不要冗长,便于收件人通过任何收件软件提醒就能概略了解邮件内容。

(3) 主题要清晰并高度概括邮件内容,建议一封邮件只有一个主题。

(4) 主题中不应有夸张的注释,如"!!!""加急""特别重要"等,如确实重要或加急件,可用电话强调说明。

### (二) 关于称呼与问候

(1) 恰当地称呼收件者。邮件的开头要称呼收件人,这既显得礼貌,也明确提醒某收件人,此邮件是面向他的,要求其给出必要的回应;在多个收件人的情况下可以称呼"大家"。

如果对方有职务,应按职务尊称对方,如"×经理",如果不清楚职务,则应按通常的"×先生""×小姐"称呼,但要把性别先搞清楚。

(2) 邮件开头结尾最好都要有问候语。最简单的开头写一个"HI",中文的写个"您好",结尾常见的写个"BestRegards",中文的写个"祝您顺利"之类的也就可以了。

俗话说得好,"礼多人不怪",礼貌一些,总是好的,即便邮件中有些地方不妥,对方也能平静地看待。

### (三) 关于正文

(1) 所有邮件必须要有正文内容,便于与收件人之间的充分沟通。

(2)正文称呼要恰当,通常称姓+职务,或姓+先生/女士,同时注意不要弄错性别,忌用"亲""童鞋"等网络化称呼。

(3)正文开始前建议尽量要有问候语,以示友好,若发件人与对方是首次接触,正文开始前还需要先介绍自己,即说明自己的职务身份。

(4)正文要简明扼要地说明事件背景,如邮件有附加附件,需要在正文中说明以下事项:①附件的主题;②简单概述主要内容;③由谁提供;④附件的数量。

(5)正文必须要说明对收件人的要求,即发件人需要收件人收到邮件后如何做。

建议一份有效的工作邮件应至少有一句祈使句,明确收件人所要做的事项,如"请回复""请批准"等,应尽可能在这些动词前加上发件人所期望(或要求)的时限。

(6)正文尽量使用正式规范,精准的语句,以减少歧义,尽量少用口头语。

建议一般情况下邮件可分三段,第一段开头(介绍事件背景),第二段正文(概括阐述主要说明的事项内容),第三段总结(或说明期望需求,或相关附件名称等)。

正文版面应规范整洁,并使用企业VI标准字体、字号,严禁使用奇异的字体,避免因字体变形影响阅读,对部分要强调的内容可以通过加粗、下画线等形式加以突出,或用图表来说明,忌用背景信纸。

### (四)关于附件

(1)为避免阅读障碍,附件需为常用的文档格式,如 Word、Excel、PDF、JPG 等。

(2)附件名称要精准规范,针对邮件要表达的意思命名或改名,并保持附件名称与正文说明的附件名称一致。

### (五)结尾签名

每封邮件在结尾都应签名,这样对方可以清楚地知道发件人信息。虽然你的朋友可能从发件人中认出你,但不要为你的朋友设计这样的工作。

(1)使用邮件的签名档,会使邮件显得更加规范,也会提高拟写邮件的效率。

(2)邮件签名档应使用企业VI标准格式、字体、字号。

### (六)回复技巧

(1)所有人员应养成定时查看邮件的习惯,通过计算机桌面提醒或手机邮箱软件来管理邮件。

(2)收件人收到邮件后应第一时间回复,即便邮件事项内容当时没有处理或暂时无解决方案,也应回复发件人邮件已收到,并告知发件人最终回复的时间或结果。

(3)收件人对发件人提出的问题不清楚或有不同意见时,应与发件人单独沟通,回复对方邮件时,应根据回复内容需要更改标题,建议回复不要太过冗长。

(4)区分 Reply 和 Reply All,评估邮件信息是否可以全部回复,需要时尽量达到信息共享,但如果信息与其他人关联性不强,则只需单独回复即可,以减少干扰。

## 三、微信沟通礼仪

据统计,从 2011 年开始的微信月活跃用户数到 2019 年已经突破了 11 亿,全国 14 亿人口,月活跃用户数就达到了 11 亿,是中国用户量最大的 App。因此,在现代社会,微信作为中国人主要的沟通交流方式之一,我们都需要掌握相关的礼仪规范。

### (一)基本信息

昵称、头像和签名是微信展示的第一信息,工作微信应体现正能量的人生态度。

### (二)关于聊天时的礼仪

1. 及时回复他人的微信

如果没能及时回复,也要在方便的时候向对方解释原因,并表示歉意。

2. 能打字的尽量别发语音

特别是汇报工作或者有其他重要且复杂的事项需要和他人沟通时,如果对方在开会或者在上课,很可能不方便听语音,而文字则可以一目了然,也节省阅读时间,如果对方现在连着收到5、6条时长1分钟的微信,换做是你是不是也会有崩溃的感觉?

3. 不要狂轰滥炸

在微信群里聊天时,你可以扮演话题引导者和气氛活跃者的角色,但要把握好度,不要一天24小时狂轰滥炸,发一些没有营养的垃圾信息,不停刷屏。

4. 不要强求别人点赞

尽量不要在微信群里发广告,以及强行要求群成员点赞。

5. 注意发送的内容

不要发没有根据和有伤风化的内容,不造谣、不传谣、不信谣,不煽动他人情绪,坚决远离不良信息。

6. 巧用表情符号

聊天时适当加个表情符号,会让人产生亲近感,更直观地表达自己的情绪,也能通过符号释放出你的善意和愿意与对方沟通互动的心意,活跃聊天气氛,当然,发表情也要适度,千万别刷屏。

7. 懂得网络专属语气含义

关于字句,有些词是带有网络专属语气含义的。如果与他人聊天时,对方总回复哦或者嗯,表明对方很可能有其他事,没有专注和你聊天,或者对方不想继续和你聊下去了,要懂得适可而止。

8. 不要随意拉别人进群

不要随意拉别人进微信群,除非是为对方解决问题起见,要想到你的朋友们被你莫名其妙地拉进群后,他们有可能立刻会接到很多要求加为朋友的验证请求,而有些人并不愿意和很多陌生人建立联系。

9. 注意发消息的时间

不要在半夜或早晨发,别人休息时间里不要发,提示音会打扰人休息,同时别人在这个时候也不一定会及时回复你,如果对方不回,不要连续发。

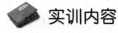 实训内容

暑期来临,作为全程陪同导游,你将于明天带领客人开始旅行,根据旅行社的业务要

求,在今天拿到行程计划及客人名单后,你需要编辑第一条短信发送给每位客人,以通知他们第二天的集合时间、地点、行程注意事项及温馨提示等信息。

请你根据以下背景信息,尝试编辑一条短信。

## 一、简要行程

简要行程如表 5-10 所示。

表 5-10 简要行程

| 天数 | 行程/景点 | 参考酒店 | 早餐 | 午餐 | 晚餐 |
| --- | --- | --- | --- | --- | --- |
| 第 1 天 | 广州-北京 07:00CZ3999 | 北京 | 敬请自理 | 敬请自理 | 敬请自理 |
| 第 2 天 | 天安门—故宫博物院—和平菓局 | 北京 | 已含 | 已含 | 敬请自理 |
| 第 3 天 | 八达岭长城—采摘水蜜桃—奥林匹克公园 | 北京 | 已含 | 已含 | 已含 |
| 第 4 天 | 颐和园—外观清华大学 | 北京 | 已含 | 已含 | 敬请自理 |
| 第 5 天 | 天坛—什刹海—烟袋斜街—北京—广州 | 北京 | 已含 | 已含 | 敬请自理 |
| 第 6 天 | 北京—广州 20:00HU7805 | 敬请自理 | 已含 | 敬请自理 | 敬请自理 |

## 二、客人名单

以本班同学作为此次行程的团体客人。

任务考核

请将全班同学当作自己的客人,同学们各自以导游身份编辑信息。最后,投票选出最佳短信。

> **趣味常识**
>
> **推特和脸书**
>
> 提及脸书(Facebook)和推特(Twitter),相信不少人有所耳闻。据了解,脸书和推特是来自美国的知名公司,且经常见之于财经媒体报道中,那问题来了,脸书和推特是什么意思?两者的区别有哪些?下面,我们一起来具体了解一下吧。
>
> 用通俗的语言来说,推特就类似于中国的微博,而脸书就类似于 QQ 空间或者是微信朋友圈。
>
> 推特,一家美国社交网络及微博客服务的网站,主要创始人是杰克·多西和伊万·威廉姆斯。
>
> 脸书,美国一个社交网络服务站,主要创始人是马克·扎克伯格,创立于 2004 年 2 月 4 日,总部位于加利福尼亚州门洛帕克。

脸书的本质是关系，推特的本质是传播，Facebook 中的信息是为关系服务的，Twitter 中的关系是为信息服务的。

Facebook 和 Twitter 的产品使命的区别如下。

区别一，概念。脸书，英文名称为 Facebook，是美国的一个社交网络服务网站，创立于 2004 年 2 月 4 日，创始人是马克·扎克伯格。

推特，英文名称为 Twitter，致力于服务公众对话，创始人之一是杰克·多西。

区别二，活跃度不同。据了解，脸书的本质是关系，推特的本质是传播，这是两者最大的区别。推特与国内的微博比较相似，脸书则相当于以前的人人网，当然，脸书的成功是人人网所不能匹敌的。

区别三，用户关系不同。Twitter 的 follow 方式是单向的，是说"我想关注你，你管不着我的"，而 Facebook 则需要通过好友验证，想看我得先经过我同意。

区别四，好友关系不同。Twitter 使用 follow 的方式能够带来更大的自由，而在 Twitter 上 follow 的人，大多数情况下可能是陌生人，通过某个共同感兴趣而进行关注。

## 任务 3
## 接待礼仪

**礼仪名言引入**

君子义以为质,礼以行之,孙以出之,信以成之。君子哉!

——孔子

### 任务目标

(1) 了解鞠躬礼的起源。
(2) 掌握鞠躬礼的形式、使用场合。
(3) 熟悉鞠躬礼的注意事项,避免错误的鞠躬方式。

### 任务描述

你是天地旅行社的导游,你接待了一个旅行团,要向客人行鞠躬礼。

### 任务准备

(1) 场地准备:多功能礼仪实训室。
(2) 用品准备:大镜子、有关的视频资料。
(3) 仪容仪表准备:与课人员着正装,女生过肩长发应扎起。

### 背景知识

鞠躬主要表达弯身行礼,以示恭敬的意思。做鞠躬这种低身弯腰的动作时,要将自己的颈部伸出给对方,即将自己身体中最薄弱的地方、最重要的位置坦露出去,如果有敌人来进行攻击,就会失去生命,由此可见鞠躬是一个非常隆重的礼仪,当一个人把最薄弱的部位暴露出去时,所传达的信赖感是毋庸置疑。鞠躬礼是一种人们用来向他人表示最尊敬、重视的一种致意礼节。

#### 一、鞠躬礼的起源

鞠躬礼有以下几种说法。

(1) 鞠躬起源于中国。商代有一种祭天仪式"鞠祭",鞠祭时,作为"牺牲"(祭品)的猪、牛、羊或人,必须保持完整形状,并须将其弯蜷成圆形,即鞠形,以表达祭者格外恭敬与虔诚的心意,这种习俗在一些地方一直保持到现在,人们在现实生活中,逐步沿用这种形式来表达自己对地位崇高者或长辈的崇敬。

(2) 鞠躬礼是由中国传统礼节"半跪礼""叩拜礼""万福礼"等演变而来的。

中国人创造的鞠躬,在中华文明的传播过程中,被广为认同、喜欢和接受。

## 二、鞠躬礼的使用场合

鞠躬礼应用于一般的社交场合。特别是在日本、朝鲜、韩国、马来西亚等国,见面盛行鞠躬礼。

(1) 日常工作中,下级对上级或与同级之间、学生向老师、晚辈向长辈、表演者对观众表达由衷的敬意时。

(2) 在庄严肃穆或喜庆欢乐的仪式中。

(3) 上台演讲、演员谢幕时。

(4) 服务人员向客人表示欢迎和敬意时。

(5) 遇到客人或表示感谢或回礼时,或遇到尊贵客人时。

(6) 向他人表达深深的歉意时。

(7) 在一些颁奖典礼上,获奖者上台后也要向授奖者及全体与会者鞠躬行礼。

## 三、鞠躬的顺序

(1) 地位较低的一方先向受尊敬的一方施鞠躬礼。

(2) 地位较低的人鞠躬要相对深一些,用身体的弯曲度来承载内心的尊重之情。

(3) 服务人员应主动向客人行鞠躬礼,客人可以用欠身、点头、微笑等方式予以还礼。

## 四、鞠躬礼的形式

### (一) 15°鞠躬礼

15°鞠躬礼多用于一般的应酬场合,如在问候、介绍、握手、递物、让座、让路时使用。

(1) 头颈背成一条直线,双手自然放在裤缝两边(女士双手交叉放在体前),前倾15°,目光约落于体前1.5米处,再慢慢抬起,注视对方。

(2) 在公司内遇到贵宾时,行15°鞠躬礼。

(3) 领导陪同贵宾到工作岗位检查工作时,起立、问候、行15°鞠躬礼。

(4) 行走时遇到客人问询时,停下、行15°鞠躬礼、礼貌回答。

(5) 在公司内遇到高层领导时,问候、行15°鞠躬礼。

(6) 若是迎面碰上对方行鞠躬礼时,行15°鞠躬礼后,应向右边跨出一步,给对方让路。

(7) 如在办公室里见到一般的客人,而且手上的工作离不开,也可坐着行15°鞠躬礼。

### (二) 30°鞠躬礼

30°鞠躬礼多用于迎送客人。

(1) 头颈背成一条直线,双手自然放在裤缝两边(女士双手交叉放在体前),前倾30°,目光约落于体前1米处,再慢慢抬起,注视对方。

(2) 迎接客人(公司大门口、电梯门口、机场)时,问候、行30°鞠躬礼。

(3) 在会客室迎接客人时,起立问候,行30°鞠躬礼,待客人入座后再就座。

(4) 前台服务人员接待客人,当客人到达距前台2~3米处,应起立、行30°鞠躬礼、微笑问候。

(5) 楼层服务人员接待客人,当客人出电梯口时,应起立问候、行30°鞠躬礼,必要时为客人引路、开门。

(6) 欢送客人时,说"再见"或"欢迎下次再来",同时行30°鞠躬礼。目送客人离开后再返回。

### (三) 45°鞠躬礼

45°鞠躬礼多用于向上级、老师、长辈、重要客人表示敬意、感谢、歉意等。

(1) 头颈背成一条直线,双手自然放在裤缝两边(女士双手交叉放在体前),前倾45°,再慢慢抬起,注视对方。

(2) 下级向上级、学生向老师、晚辈向长辈表达敬意时,行45°鞠躬礼。

(3) 服务人员对重要客人表示敬意和歉意时,行45°鞠躬礼。

(4) 在接受对方帮助表示感谢时,行45°鞠躬礼,并说"谢谢!"

(5) 向他人表示慰问或请求他人帮助时,行45°鞠躬礼。

(6) 给对方造成不便或让对方久等时,行45°鞠躬礼,并说"对不起!"

### (四) 90°鞠躬礼

90°鞠躬礼是深度敬礼,这种姿势是用来向他人表示深厚的感谢或深切的道歉等。

一般也用于最高礼节——三鞠躬。

三鞠躬的基本动作规范如下。

(1) 行礼之前应当先脱帽,摘下围巾,身体肃立,目视受礼者。

(2) 男士的双手自然下垂,贴放于身体两侧裤线处;女士的双手下垂搭放在腹前。

(3) 身体上部向前下弯约90°,然后恢复原位,如此三次。

## 五、错误的鞠躬方式

错误的鞠躬方式如下。

(1) 只弯头的鞠躬。

(2) 不看对方的鞠躬。

(3) 头部左右晃动的鞠躬。

(4) 双腿没有并齐的鞠躬。

(5) 驼背式的鞠躬。

(6) 可以看到后背的鞠躬。

## 六、鞠躬的注意事项

(1) 正常情况下,鞠躬时必须脱帽,戴帽子鞠躬是不礼貌的,也会使帽子掉下来,造成尴尬。

(2) 鞠躬时,目光应该向下看,表示一种谦恭的态度,不可以一面鞠躬一面翻起眼看对方,这样做姿态既不雅观,也不礼貌。

(3) 鞠躬时,嘴里不能吃东西或叼着香烟。

(4) 鞠躬礼毕起身时,双目还应有礼貌地注视对方。如果视线转移到别处,即使行了鞠躬礼,也不会让人感到是诚心诚意的。

(5) 上台领奖时,要先向授奖者鞠躬,以示谢意,再接奖品,然后转身面向全体与会者鞠躬行礼,以示敬意。

(6) 通常受礼者应以行礼者大致相同幅度的鞠躬还礼,但是,上级、长者或者尊者在还礼时,可以欠身点头或在欠身点头的同时伸出右手,不必以鞠躬还礼。

(7) 在比较隆重的场合,鞠躬的度数要适当大一些。

## 实训内容

假设你是天地旅行社的导游,在接待团队时,请判断鞠躬的时机,并选择正确的鞠躬形式。

(1) 判断在下列情况下(见表 5-11)应向客人行哪种致意的礼仪?请在对应的格子上画"√"。

表 5-11　鞠躬礼的礼仪与场合

| 时机 \ 礼仪 | 15°鞠躬礼 | 30°鞠躬礼 | 45°鞠躬礼 | 90°鞠躬礼 |
| --- | --- | --- | --- | --- |
| 迎接客人时 | | | | |
| 欢送客人时 | | | | |
| 行走时遇到客人问询时 | | | | |
| 当介绍时 | | | | |
| 若是迎面碰上对方,给对方让路时 | | | | |
| 对重要客人表示敬意和歉意时 | | | | |
| 给对方造成不便或让对方久等时 | | | | |
| 最高礼节——三鞠躬时 | | | | |
| 向他人表示深厚的感谢或深切的道歉时 | | | | |
| 你能想到的其他情况:_____ | | | | |

(2) 模拟不同的鞠躬形式。

① 请向客人行 15°鞠躬礼。

a. 立正站好,保持身体的端正,注视前方,恭候客人到来。

b. 当客人行至距离自己 3 米处时,面带微笑,行鞠躬礼。

c. 鞠躬时,以腰部为轴心,上身向前倾斜。

d. 男士双手应贴放于两腿外侧的裤线处,女士双手在体前搭好或自然下垂。

e. 目光随着身体的倾斜而自然向下看,表示一种谦卑的态度,但不要低着头,也不要翻起眼看对方。

  f. 身体前倾15°左右。

  g. 如果戴帽子,鞠躬前必须脱下。

  h. 鞠躬完毕,恢复站姿,目光再移向对方。

② 请向客人行30°鞠躬礼。

  a. 鞠躬步骤与行15°鞠躬礼一致。

  b. 身体前倾30°。

③ 请向客人行45°鞠躬礼。

  a. 鞠躬步骤与行15°鞠躬礼一致。

  b. 身体前倾45°。

④ 请向客人行90°鞠躬礼。

  a. 鞠躬步骤与行15°鞠躬礼一致。

  b. 身体前倾90°,如果是三鞠躬,则应连续做三次该动作。

## 趣味常识

### 鞠躬——日本人的生活习俗

  日本人做自我介绍时,如果是第一次见面要说"初次见面",然后互相鞠躬。日本人见面多以鞠躬为礼,一般人们相互之间是行30°和45°的鞠躬礼,鞠躬弯腰的深浅不同,表示的含义也不同。日本人的鞠躬,不同的角度表示不同的程度,分为以下几种。

  (1) 礼节性最高的是90°鞠躬,表示特别的感谢和特别的道歉。

  (2) 45°鞠躬,一般用于初次见面,也应用于饭店或商场等服务员对客人的欢迎。

  (3) 30°鞠躬,一般用于打招呼的时候,比如早上遇到同事的时候,也可以用于关系比较亲密的朋友之间,男性鞠躬时,两手自然下垂放在衣裤两侧,对对方表示恭敬时,多以左手搭在右手上,放在身前行鞠躬礼,女性应尤其如此。

  日本鞠躬最早出现是在日本弥生时代,当时的鞠躬是一般庶民对身份高的人的一种敬意,他们跪坐在地上将头垂下,所以应把当时的鞠躬视作臣服、顺从的表现,鞠躬作为寒暄礼仪是在飞鸟、奈良时代,参照引进的中国礼法,制定了适合身份的鞠躬形式。鞠躬的动作是将自己的颈部伸出给对方,即将自己身体中最弱的地方、最重要的地方展示给对方,这时如果有人击打它的话也许就会死去,由此就产生了通过鞠躬将自己的生命交给对方的意思,再有,鞠躬时双手重叠放置,表明不会给对方带来伤害。

  就像我们平常吃饭喝水一样,日本人将鞠躬视为一种生活习惯。在日本人看来,鞠躬就是家常便饭,他们从小接受的教育就是要学会鞠躬,这是日本人的一种生活态度,一种生活信仰,有了鞠躬,他们的生活才是完整的,才是有序的,才是日本的。

## 任务 4 引领礼仪

**礼仪名言引入**

不学礼,无以立。

——孔子

 **任务目标**

(1) 了解引领的位置。
(2) 掌握引领的手势。
(3) 熟悉引领礼仪的操作方法。
(4) 掌握引领礼仪的注意事项。

 **任务描述**

你是天地旅行社的导游,你在接待一个旅行团,请将客人引领至目的地。

**任务准备**

(1) 场地准备:多功能礼仪实训室。
(2) 用品准备:大镜子、相关视频资料。
(3) 仪容仪表准备:与课人员着正装,女生过肩长发应扎起。

 **背景知识**

接待客人之后,通常需要为客人做引领或进行方向的指引与邀请。接待人员应懂得基本的引领礼仪,带领客人到达目的地,应该用正确的引领方法和引领姿势。

### 一、引领的位置

引领时,接待人员原则上应走在客人的左前方,距离保持 2~3 步,遵循以右为尊,以客为尊的服务理念,随着客人的步伐轻松地前进,当位置和场所有所改变时,都须以手势事先告知。

客人人数越多，引领的距离则应该越远，以免厚此薄彼、照顾不周。

## 二、引领的手势

引领中离不开手势的配合，优雅规范的手势是引领礼仪的重要内容。在引导时，常用的手势有以下五种。

### （一）前摆式

规范做法是五指并拢，手掌伸直，由身体一侧自下而上抬起，以肩关节为轴，到腰的高度再向身前左方或右方（视指引方向和客人位置而定）摆去，手臂摆到距身体15厘米，并不超过躯干的位置时停止。目视来宾，面带微笑。

### （二）横摆式

规范做法是五指并拢，手掌自然伸直，手心向上，肘微微弯曲，手掌、手腕和小臂成一条直线，开始做手势应将手臂从腹部前抬起，以肘为轴向一旁摆出到腰部，并与身体正面成45°时停止，头部和上身微向伸出手的一侧倾斜，另一只手自然下垂，手指伸直。目视来宾，面带微笑。

### （三）斜摆式

规范做法是将手臂先从身体的一侧抬起，到高于腰部后，再向左侧或右侧下摆或上摆去，使大小臂成一斜线，指尖指向具体指引的位置，手指伸直并拢，手掌、手腕与小臂成一条直线，掌心略微倾斜。目视来宾，面带微笑。

### （四）回摆式

规范做法是五指并拢，手掌自然伸直，手心向上，肘微弯曲，手掌、手腕和小臂成一条直线，头部和上身微向伸出手的一侧倾斜，另一只手自然下垂，手指伸直。目视客人，面带微笑，表现出对客人的尊重和欢迎，小臂的运动轨迹为身体一侧，与身体正面成45°角向胸前摆动。目视来宾，面带微笑。

### （五）直臂式

规范做法是将手自身前抬起，左手手指并拢，掌伸直，屈肘从身前抬起，向指引的方向摆去，摆到肩的高度时停止，肘关节基本伸直。目视来宾，面带微笑。

## 三、引领时的语言

引领时应有明确而规范的语言，在引领过程中尽量使用敬语，以表达对客人的尊重，如"您好，这边请""您好，请向右转"。

同时，在引领过程中须始终注意与客人语言的交流，关注客人的表现，及时做出提醒，以确保客人安全，如"小心台阶""小心地滑""小心碰头"等。

引领语言的作用是问候、引导、提醒，确保客人心情舒畅地安全到达目的地。

## 四、引领方法

### （一）走廊的引领方法

接待人员在客人两三步之前，客人走在内侧。

### （二）楼梯的引领方法

（1）引领客人上楼时，应让客人走在前面，接待人员走在后面。

（2）引领客人下楼时，应该由接待人员走在前面，客人走在后面。

（3）引领客人上下楼梯时，应注意客人的安全。

### （三）电梯的引领方法

引领客人乘坐电梯时，接待人员应先进入电梯，等客人进入后关闭电梯门，到达时接待人员按"开"的钮，让客人先走出电梯。

### （四）客厅里的引领方法

客人走入客厅，接待人员用前摆式手势指示，请客人坐下，待客人坐下后，行点头礼离开。如客人错坐下座，应请客人改坐上座（一般靠近门的一方为下座）。

### （五）开关门的引领方法

（1）手拉门，接待人员应先拉开门说"请稍等"，再用靠近把手的手拉住门，站在门旁，用回摆式手势请大家进门，最后自己把门关上。

（2）手推门，接待人员推开门说"请稍等"，然后先进，握住门把手，用横摆式手势请来宾进来。

## 五、引领的注意事项

（1）双方并排行走时，接待人员应居于左侧。

（2）需要指引路线时，接待人员要居于客人左前方约一米左右的位置引领。

（3）引领时，接待人员行走的速度要以客人的速度为准，保持与对方协调一致的速度，不可以走得过快或过慢。

（4）请客人开始行走时，要面向对方，稍微欠身，在行进中可以与对方交谈或进行介绍，并把头部、上身转向对方。

（5）每当经过拐角、楼梯或道路坎坷、照明欠佳的地方时，须以手势或语言提醒客人留意。

（6）进入房间前，由弱到强地轻轻叩门是非常必要的，切不可以冒失地突然闯入。

（7）开关房门时，应尽量避免采用肘部顶、膝盖拱、臀部撞、脚尖踢、脚跟蹬等粗鲁的方式。

（8）陪同、引领客人时，须快步上前为对方开门，为了表示自己的礼貌，还应请客人先进先出。

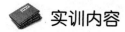 实训内容

一、请操练各种引领手势

操练各种引领手势。

二、接待时,在走廊处引领客人

(1)接待人员应走在客人两三步之前,让客人走在道路的中央线,接待人员走在走廊一侧,与客人保持一致,用前摆式手势为客人指引方向。

(2)走到拐角处,应先停下来,转过身,使用横摆式或回摆式手势为客人做出方向引导,同时对客人说"请向这边走",然后继续前行。

(3)如果接待人员走在内侧,应放慢速度,走在外侧,则应加快速度。

三、接待时,在楼梯处引领客人

(1)引领上楼时,应让客人走在前面,引领者走在后面,并用语言指引方向及提醒客人注意安全。

(2)引领下楼时,应让客人走在后面,引领者走在前面,用前摆式手势引领前行,并用语言提醒客人注意安全。

(3)走到每一楼层时,应语言提醒客人"这是第×层"。

四、接待时,在电梯处引领客人

(一)引领至电梯口时

(1)如果只有一位客人,接待人员用靠近电梯按钮一侧的手指按动按钮,另一只手用回摆式手势邀请客人进入,客人进入后道别。

(2)如果有两位以上客人,接待人员用靠近电梯按钮一侧的手指按动按钮后,与电梯门成90°角站立,用靠近电梯门一侧的手采用直臂式手势护梯,另一只手用回摆式手势邀请客人进入,客人进入后道别。

(二)陪同进入电梯时

(1)如果只有一位客人或上下自动电梯,可让客人先入先出。即接待人员用靠近电梯按钮一侧的手指按动按钮,另一只手用回摆式手势邀请客人进入,然后紧随进入后,站到电梯内控制按钮附近,身体背对电梯壁,与电梯门成90°角站立。

(2)如果有两位以上客人,应让客人后入先出。即接待人员用靠近电梯按钮一侧的手指按动按钮,当电梯门开时,对客人说"不好意思,请稍等",然后接待人员先进入电梯,按住按钮开关,用另一手采用前摆式手势邀请客人进入。

(3)出电梯时,接待人员一只手按住按钮开关,另一只手用回摆式手势邀请客人出电梯,并对客人说"您先请",待客人走出电梯后,再出去继续引领前行。

### 五、接待时，在会客厅引领客人

（1）接待人员用前摆式手势邀请客人前行，在行进途中须及时用斜下摆式手势提醒客人小心行走。

（2）当客人走入会客厅后，接待人员用斜摆式手势指引客人坐下，并对客人说"您请这边坐"，看到客人坐下后，行点头礼再离开。

（3）如果客人错坐下座，应用斜摆式手势指引客人改坐上座。

### 六、接待时，在开门和关门处引领客人

（1）如果是手拉门，接待人员应先拉开门说"请稍等"，再用靠近把手的手拉住门，站在门旁，开门用回摆式手势请大家进门，自己最后进门后把门关上。

（2）如果是手推门，接待人员推开门说"不好意思，请稍等"，然后先进门，握住门把手，身体的一半应露在门外，然后用横摆式手势请来宾进来，待客人都进入，自己再进入关门。

> **趣味常识**
>
> **不可不知的电梯礼仪**[①]
>
> 电梯与大多数人的生活密不可分，但懂得电梯礼仪和乘坐电梯时注意电梯礼仪的人并不多。下面介绍一些电梯礼仪，让你在乘坐电梯时既安全又得体。
>
> 1. 搭乘电梯的一般礼仪
>
> 电梯门口处，如有很多人在等候，此时请勿挤在一起或挡住电梯门口，以免妨碍电梯内的人出来，而且应先让电梯内的人出来之后方可进入，不可争先恐后。
>
> 靠电梯最近的人先上电梯，然后为后面进来的人按住"开门"按钮，出电梯时，靠电梯门最近的人先走。男士、晚辈或下属应站在电梯开关处提供服务，并让女士、长辈或上司先行入电梯，自己再随后进入。
>
> 在电梯里，尽量站成"凹"字形，挪出空间，以便让后进入者有地方可站，进入电梯后，应面向电梯口，以免造成面对面的尴尬。
>
> 2. 共乘电梯所要注意的礼仪
>
> （1）与上司共乘电梯
>
> ① 身为下属的你最好站在电梯口处，以便在开关电梯时为上司服务，而上司的理想位置是在对角处，以使两人的距离尽量最大化，并卸下下属的心理负担。
>
> ② 在电梯里讲话时不宜盯着对方的眼睛不放，目光可适当下移，以嘴巴和颈部为限。
>
> ③ 因电梯空间很小，所以讲话时最好不要有手部动作，更不能指手画脚，动作过大。
>
> ④ 打破沉默并不是下属的专利，上司也可利用这几十秒钟增进对下属的了解。
>
> ⑤ 如果上司正在思考或明显不想开口，也完全没必要非找个话题。

---

[①] 资料来源：http://wenku.baidu.com/view/a4109f6527d3240c8447ef63.html。

⑥ 酒后或吃大蒜后,最好嚼块口香糖再上电梯,而香烟则应在上电梯前掐灭。

⑦ 上下梯时长者、女士优先。

(2) 与客人共乘电梯

① 伴随客人或长辈来到电梯厅门前时,先按电梯呼梯按钮,轿厢到达厅门打开时,若客人不止一人,可先行进入电梯,一手按"开门"按钮,另一手按住电梯侧门,礼貌地说"请进",请客人或长辈进入电梯轿厢。

② 进入电梯后,按下客人或长辈要去的楼层按钮,若电梯行进间有其他人员进入,可主动询问要去几楼,帮忙按下相应按键,电梯内可视状况是否寒暄,例如,没有其他人员时可略做寒暄,有外人或其他同事在时,可斟酌是否寒暄。电梯内尽量侧身面对客人。

③ 到达目的楼层,一手按住"开门"按钮,另一手做请出的动作,可说"到了,您先请!"客人走出电梯后,自己立刻步出电梯,并热诚地引导行进的方向。

(3) 日常乘电梯礼仪

① 为了您和他人的方便,切忌为了等人,让电梯长时间停在某一楼层,这样会引起其余客人的不满,但也不要不等在电梯门口的人,一上电梯就关门。

② 进出电梯要礼让,先出后进,遇到老幼病残孕者,应让他们先行,如果电梯里人很多,不妨静候下一趟电梯。

③ 拎着鱼、肉等物品时,要包裹严密,尽量放在电梯角落,防止蹭在他人身上。

3. 搭乘电梯要注意的问题

(1) 要注意安全

当电梯关门时,不要扒门,或是强行挤入,在电梯人数超载时,不要心存侥幸。当电梯在升降途中因故暂停时,要耐心等候,不要冒险攀缘而行。

(2) 要注意出入顺序

与陌生人同乘电梯,进入时要讲先来后到,出来时则应由外而里依次而出,不可争先恐后,与熟人同乘电梯,尤其是与尊长、女士、客人同乘电梯时,则应视电梯类别而定,进入有人管理的电梯,应主动后进后出,进入无人管理的电梯时,则应当先进去,后出来,先进去是为了控制电梯,后出来也是为了控制电梯。

4. 十大电梯陋习

① 站在近电梯门处妨碍他人进出。

② 面朝门的方向站立,把脊背对着电梯里的其他人。

③ 不依序进出电梯,插队,甚至冲撞他人。

④ 不等待即将快步到达者而关闭电梯门。

⑤ 不帮助不便按按钮者。

⑥ 对着电梯里的镜子旁若无人地理头发或者涂口红。

⑦ 大声喧哗,打情骂俏,大声打电话。

⑧ 吸烟和过度使用香水。

⑨ 带宠物进电梯。

⑩ 电梯陋习中的恶习,性骚扰,这已经不是礼仪问题,而是违法行为。

旅游服务礼仪

项目6

# 购物、娱乐接待服务礼仪

# 任务 1
# 购物休闲礼仪

### 礼仪名言引入

礼貌使有礼貌的人喜悦,也使那些受人以礼貌相待的人们喜悦。

——孟德斯鸠

## 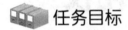 任务目标

(1) 了解购物的礼仪。
(2) 掌握各种休闲场所的礼仪规范。
(3) 掌握支付小费的方式。

##  任务描述

20世纪90年代初开放出境游以后,有一些内地客人把乱扔垃圾、随地吐痰、乱穿马路、在禁烟区抽烟等不文明的行为方式带到了国外,令中国客人的形象不佳,但目前这些毛病在中国客人身上已经很少见了。但中国客人的大嗓门还是让老外不习惯。广之旅出境游总部的原家亮告诉记者,喜欢大声喧哗几乎就是中国客人的身份证,越有钱好像嗓门越大。"机场大厅、酒店大堂、景点、餐厅,能经常听到中国客人的大嗓门。我就有这样的经历,当我带着一个团队走进欧洲、澳大利亚等国家的机场,客人总是忘情地在候机大楼里大声交流'你买了什么化妆品,我买了哪个牌子的包……'每当这个时候,总会招来旁边老外平静而会意的注视,这是一群中国人。所以现在国外的一些酒店大堂里会用中文的标语写着'请勿大声喧哗',我们做导游的见了也难堪啊。"

请问作为导游员,在消费休闲场合需要如何引导我们的客人入乡随俗?

## 任务准备

(1) 场地准备:多媒体教室。
(2) 用品准备:多媒体课件。
(3) 仪容仪表准备:与课人员着正装,女生过肩长发应扎起。

## 背景知识

购物、娱乐是旅游六要素中的两项必不可少的休闲消费环节,在丰富旅游生活、强化旅游乐趣及带动地方经济等方面发挥着重要作用。

### 一、购物礼仪

#### (一)礼貌用语常挂嘴边

不要用"喂""咳"等字眼把售货员呼来喝去,也不要借题发挥把从别处带来的坏情绪发泄在售货员身上。常说"谢谢""请"和"您"等词语,在礼貌待人的同时,人们会看到更加发自内心的笑脸,如果有售货员过于热情地进行推销,自己可以尽量礼貌地谢绝这种服务,不要让她担心因为自己服务不周而损失一笔交易的佣金,你可以直接说:"谢谢你,不过现在我想自己看看。如果我看中什么东西会在交款时找你。"

#### (二)购物着装需整洁

穿着睡衣或是光着膀子去超市是极其失礼的表现。

#### (三)控制音量,礼貌交流

现在大部分商场、超市的背景音乐音量适中,不会影响你与同伴或售货员的交流,因此,请尽量低声说话。

#### (四)禁止吸烟

大部分商场、超市是禁止吸烟的,即使没有规定,吸烟也有可能为你带来麻烦,不小心烟灰烧着了其他客人的衣服或者是陈设的商品,后果将不堪设想。

#### (五)避免乱拿乱放

如果你自己错拿了部分商品,请将它归还原处,也可以把它放在超市指定的地点,购买衣物时也请将试过的衣物归还给售货员,不要随便放在角落就扬长而去,此外,贵重的商品轻拿轻放也能为自己避免很多麻烦。

#### (六)多用眼少用手

购买水果、蔬菜时,如果仅凭看色泽就能分辨好坏,请不要用力去捏,也不要不停地翻来翻去,这样会让新鲜的水果、蔬菜受伤。

#### (七)自觉排队

买东西、试衣服、交款、上厕所,只要是两人以上,请自觉排队,排队时保持与前面客人一米的距离比较好。

#### (八)不贪小便宜

请不要把超市当成自家的化妆间,也不要带孩子到超市里去解馋,即使是邀客人免费品尝的食物,也请优雅地尝一下就决定买或不买。

#### (九)不随便打开包装

虽说超市可以自选购物,但自选不等于随意而为,选购商品时,不要随意打开包装。

### （十）带好孩子

带孩子购物时，应主动规范孩子的行为，不要让他们四处乱跑，以免损坏商品或遭遇危险。

### （十一）试衣礼仪

对于陈列产品，待营业员同意后再动手抚摸，在服装店，看到像天鹅绒、开司米等质地柔和绵软的衣服，请尽量克制要抚摸，或者要亲吻的习惯，除非你真的很想买。

各种各样颜色丰富的化妆品为女士们平添了许多风采，但是这些色彩斑斓的口红、眼影却往往成为商场新衣的污染者。所以在试穿衣服前，建议大家用干净的纸巾把口红、眼影等擦掉，等试衣完毕后再涂上也不迟，如果售货员告诉你某件衣服非常适合你，但你并不完全同意她的看法，那么你可以先谢谢她的意见，如"非常感谢，不过如果我决定买了再告诉你"，然后去看其他衣服，试穿后的衣物你如果不满意，要客气地和店员打招呼："不好意思，让你特意拿出来，但好像不适合我。"然后把衣服重新挂着衣架上，或遵照店规把这些衣服留在试衣间内。

### （十二）免税购物

在国外免税商店购物时，需出示护照，由商店填写一份免税单交给客人。出境时，将免税单和所购商品一同交海关核对，所以，所购物品应随身携带，不要装箱托运。

## 二、名胜古迹游览礼仪

保护文化古迹是每个公民应尽的责任和义务。这种责任属于我们全体公民，因为那些古迹是祖先留给我们的共同遗产。在游览古迹公园时，不乱写乱刻是最基本的要求。

### （一）不可偷拍

一些古迹公园如天坛公园、颐和园、圆明园和陕西兵马俑等是客人的必去之处。这些景区中陈设的文物也最吸引客人，但我们应该注意，照相机的闪光灯会对文物造成损坏，所以，拍摄文物是不能开闪光灯的。从保护文物的角度出发，应当注意古迹公园内各景点的照相规定，违规借景偷拍要不得。

### （二）维护雕刻

一些著名皇家园林经修缮后对公众开放，吸引客人的景致之一就是公园里花纹繁复、美妙的雕刻艺术，作为古代建筑的汉白玉雕刻本身要经受风化的损害，如果再加上人为的破坏，损害就更严重了。作为一个有素质有修养的客人，对精美的雕刻，应当精心地去保护。

### （三）不随意抽烟

很多古迹公园保留着古树名木，这些古树名木有的已经存活了数百年，是见证历史的"活化石"。身处其中，有吸烟习惯的人应当节制，在这里吸烟是不礼貌、不负责任的做法。

## 三、博物馆、展览馆

一家博物馆要想成为世界一流的博物馆，除了拥有较雄厚的馆藏家底外，参观氛围、观众素质等方面的软环境也起着相当重要的作用,如果公众缺少公德,不能有意识地共同维护馆内公共环境,那么即使展品的价值再高,也不会产生良好的效果。

### (一) 穿着得体

博物馆、展览馆是一个环境相对特殊的场所,馆内展出的都是具有很高纪念价值的文物和艺术品,因此馆内环境的维护要求非常高,对客人也有一定的着装要求,比如在炎热的夏天,如果穿着过于暴露,这对于馆内的其他客人、工作人员和展品都是不尊重的表现,会破坏整个参观氛围。

### (二) 保持安静

客人只有在安静、优雅的博物馆中才能静下心来感受艺术品带来的美感。因此,客人在馆内应始终保持安静,尽量不高谈阔论,更不能大声喧哗。例如,在参观时看到一些令人赏心悦目的艺术品,人们经常会兴奋地高声叫喊招呼同伴来看,有的旅游团在馆内集合时,导游大声叫喊寻找团员等,类似这些行为都会导致馆内秩序混乱,影响他人的参观情绪,分散他人的注意力。

### (三) 不乱摸展品

博物馆里展出的艺术品都是十分珍贵的,有的展品甚至在世界上都是独一无二的,具有极高的收藏价值。如果客人不自觉地用手抚摸展品,将对展出的艺术品是一种极大的伤害,甚至会起到破坏作用。在参观时,客人应注意查看展品旁的说明,这样既可以了解展品的基本情况,也可以对其价值作出判断。有些展品的说明文字中会有明显的"禁止触摸"的标志,客人应留心查看。

### (四) 不吃东西

有的客人喜欢在参观游览时边看边吃零食,结果污染了环境,这是极不雅观、不文明的行为。在这方面,博物馆与电影院、游乐场是有区别的,客人在进入博物馆时应该注意。

 实训内容

洗手间是我们日常使用极为频繁的场所,公共区域的洗手间是众人共用的,所以在使用时就必须格外小心,以免影响下一位使用者的情绪。

### 一、排队

不论男女,如果洗手间正在使用中,后来者必须自觉排队,而排队的方法是在整排卫生间最靠外处按先来后到的顺序排队,一旦其中有某一间空出来,排在第一位的人自然拥有优先使用权。

### 二、使用

洗手间最忌讳脏,所以在使用时请尽量小心,若有污染也应主动清洁或求助清洁人员,有些人如厕习惯不良,又不去善后,这无疑会给公共卫生间的正常使用造成不便。

此外,女性用品不可扔入马桶,以免造成堵塞;大量浪费卫生纸以至于后来者无纸可用等都是相当不妥的行为，只要心中为下一位使用者想一想，就自然明白何事可为，何事不可为了。

### 三、冲水

便后必须及时冲水，大多数冲水按钮在水箱旁，有的则用头顶拉绳来拉，也有的在马桶后方用手拉，还有一些是在地面上用脚来踩的，使用者应当合理使用，如果马桶有盖，应该盖上盖后再冲水。

### 四、离开

在无人排队的情况下，用完洗手间后不必关门，以免后来者无法正确判断它的使用情况，此外，离开时请不要一边擦手一边整装，或一边梳理头发一边走出洗手间。在走出洗手间之前，务必整理好你的仪表。

### 五、梳洗台

在梳洗台边洗完手或补妆梳理之后，请检查一下是否弄脏了周围的台面，如看到头发、水渍、妆粉等，请用纸巾清理干净，并把纸巾扔进垃圾桶。

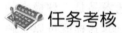**任务考核**

请列举中国客人在各种公共场合的不良行为，并分析作为导游应如何引导客人。

---

**┃┃趣味常识┃┃**

**沙滩着装礼仪**

沙滩着装陋习：穿着太正式，布料太多、太密实。

正确着装礼仪：着泳装或沙滩装。

虽说穿什么是个人自由，但是既然来到沙滩，就应当尊重场合，穿上泳装或沙滩装。曾经有些保守的客人因为不太好意思换装，或是担心泳装太暴露，依然穿着平日里的衣裳进入沙滩，不仅显得有些格格不入，也可能引发沙滩上那些晒太阳的泳装男女们的怀疑，究竟你是来沙滩玩的，还是来偷看我们的？

有时候，对于穿什么样式的泳装还有不成文的规定呢，比如在国外的沙滩上，极少见到穿连体泳装的女士，大多穿的是两件式的分体泳装或是比基尼款式，不过有许多人因为担心身材不好便穿着连体泳装出现，这很可能会被别人质疑为老土。想做个时尚沙滩达人，还是挑件比基尼穿上吧。

如果你慕名到天体浴场去，记得要"入乡随俗"脱光光，免得别人把你当怪物看，据说，许多天体浴场是必须裸体进入的，如果你不遵守，可能会有人突然出现，不客气地将你驱逐出局。

# 任务 2 娱乐活动礼仪

**礼仪名言引入**

礼貌是快乐地做事情的方法。

——爱默生

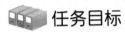 **任务目标**

(1) 了解购物、参加娱乐活动的礼仪。
(2) 掌握出席音乐会、舞会活动的礼仪。
(3) 熟悉观看体育赛事等活动的礼仪。

### 任务描述

某旅游团参加舞会,小张是一位英俊潇洒的小伙子,穿着非常时髦的运动服,来到会场,见人们都在翩翩起舞,小张兴致很浓,便邀请一位在座位上和同伴聊天的女士跳舞,这位女士看了他一眼,很礼貌地拒绝了他,接着小张又邀请了两位女士跳舞,结果都被拒绝了。小张感到很纳闷,为什么呢?

请问:如果你是小张,怎样做可以邀请到别人跳舞呢?为什么?

### 任务准备

(1) 场地准备:多媒体教室。
(2) 用品准备:多媒体课件。
(3) 仪容仪表准备:与课人员着正装,女生过肩长发应扎起。

### 背景知识

#### 一、舞会礼仪

舞会,一般是指以参加者自愿相邀共舞为主要内容的一种文娱性社交聚会。交谊舞会既是重要的社交活动,也是培养文明礼貌、陶冶情操、进行自我审美教育的场所,在优美的乐曲、美妙的灯光、高雅的舞姿的相互衬托下,人们不仅可以从容自在地获得自我放松,还可以联络老朋友,结识新朋友,进一步扩大自己的社交圈。

### (一) 出发前的邀请

1. 邀请的规范

邀请分口头邀请和书面邀请两种形式,将活动的目的、名义,邀请的范围、时间、地点及有无附加要求清楚地告诉受邀者。

在舞会上,邀请舞伴的一些基本规范,是人人必须严格遵守的,否则,就会失敬于人,或是让人见笑,邀请舞伴时,通常是邀请异性。通常讲究由男士去邀请女士,不过女士可以拒绝,此外,女士亦可邀请男士,然而男士却不能拒绝,可以托请与彼此双方相熟的人士代为引见介绍,牵线搭桥。

2. 邀请的顺序

在较为正式的舞会上,可以邀请与自己一起来的同伴同跳开始曲、结束曲。从舞会上的第二支舞曲开始,男主人应当前去邀请男主宾的女伴跳舞,而男主宾则应回请女主人共舞,接下来,男主人还需依次邀请在礼宾序列上排位第二、第三……的男士的女伴,男主宾则应同时回请女主人共舞。

以上女士若被男主宾相邀后,与其同来的男伴最好回请该男主宾的女伴跳上一曲。

### (二) 出发前的修饰

1. 仪容整洁

(1) 参加舞会前,可沐浴并修饰发型,男士务必剃须,女士在穿短袖或无袖装时须剃去腋毛。

(2) 务必注意个人口腔卫生,认真清除口臭,并禁食有刺激气味的食物。

(3) 外伤患者、感冒患者及其他传染病患者,应自觉地不要参加舞会,否则不仅有可能传染他人,而且会影响大家的情绪。

2. 化妆适度

参加舞会前,可适度的化妆,男士化妆的重点通常是美发、护肤和去味,女士化妆的重点则主要是美容和美发。与家居妆、上班妆相比,因舞会大都举行于晚间,舞者肯定难脱灯光的照耀,故舞会妆允许化得相对浓烈一些,但若非参加化装舞会,化舞会妆时仍须讲究美观、自然,切勿妆容怪诞神秘。

3. 服装得体

舞会的着装必须干净、整齐、美观、大方,有条件的话,可以穿格调高雅的礼服、时装、民族服装,若举办者对此有特殊要求的话,则需认真遵循。在舞会上,不穿过露、过透、过短、过小、过紧的服装,会显得不庄重,通常也不允许戴帽子、墨镜,或者穿拖鞋、凉鞋、旅游鞋,在较为正式的民间舞会上,一般不允许穿外套、军装、警服、工作服。

### (三) 舞会中的礼仪

1. 态度

拒绝他人邀舞的请求时,态度要友好、自然,表现要彬彬有礼,不要把对方晾在一旁下不了台,或者对其视而不见,置若罔闻。

2. 标准

舞曲开始后,按规范步入舞池,须女先男后,由女士选择跳舞的具体方位,而在跳舞的具体过程中进行合作时,则应由男士带领在先,女士配合于后。

在一般情况下,男士应当将自己所请的女士送回其原来的休息之处,道谢告别之后,才能再去邀请其他女士。

3. 文明

跳舞时,每个人的舞姿均应符合文明规范,舞步、舞姿要与演奏的舞曲协调一致,尤其是不允许有意采用夸张、怪异、粗野甚至色情的舞蹈动作,去吸引他人的注意。

4. 交际

在舞会上主动把自己介绍给对方或者请主人或其他与双方熟悉的人士代为介绍新朋友,在舞会碰上了熟人,致以必要的问候,在邀请对方或其同伴共舞一曲之外,还要尽量抽时间找对方聊一聊。

## 二、体育比赛观看礼仪

### (一)进场与退场

在体育场馆观看体育比赛,要遵守公共道德,自觉维护秩序。观看体育比赛,应该准时入场,以免入座时打扰别人,入场后,应该对号入座,不要因为自己的座位不好而占了别人的座位。

如果赛后打算快点退场,应该在终场前几分钟提前退场,不要等散场时在人群中乱穿乱挤。散场的时候,要跟着人流一步步地走向门口。万一被推挤的观众围困,要记住向最近便的出口缓行和顺着人流前进,切勿乱钻。

### (二)比赛中

观看体育比赛时,要注意自己的言行举止,言行举止不仅是个人涵养的问题,也关系到社会风气问题。精彩的体育比赛振奋人心,欢呼和呐喊是很自然的事情,可以为所喜欢的一方叫好,但不应该辱骂另一方,如果是精彩的场面,不管是主队的还是客队的,都应该鼓掌加油,表现出公道和友好。

在比赛中起哄、乱叫、向场内扔东西、鼓倒掌、喝倒彩的行为,是违背体育精神的,更是没有教养的表现,在比赛的紧要关头,尽量不要因一时激动而从座位上跳起来,挡住后面的观众,要知道,越是关键的时刻,大家的心情越是一样的。

体育场内一般不许吸烟,如有需要,可以到休息厅或允许吸烟的地方去吸烟,如果喜欢吃零食,不要把果皮纸屑随地乱扔,能产生较大噪声的零食最好别吃,因为大的噪声会影响身边其他观众的情绪。

观看比赛的时候,不要带年龄太小的孩子,小孩子往往只有三分钟热度,很快就会对比赛失去兴趣,继而来回跑甚至哭闹。这样的话,会影响周围的人观赛。

## 三、有特殊礼仪要求的比赛

网球赛场要求安静,在比赛中拍照须关掉闪光灯,进入花样滑冰比赛赛场后,首先要关闭手机,或将铃声调成震动,比赛常会做一些高难度的动作,过程中不大声喧哗,照相机不要使用闪光灯,如果选手正在做双人滑中的抛接等高难度动作,被看台闪光灯晃了眼,就很有可能发生危险。

高尔夫运动被称为贵族运动,对观众有一定的服装限制,不准穿牛仔裤,为了保护草坪,严禁观众穿着高跟鞋进入球场。

在现场观看比赛,禁止使用照相机闪光灯,禁止在高尔夫场地吸烟,并且应关闭移动电话,在比赛结束前,不得进入比赛场地随意走动,另外,只能在选手结束击球之后送出掌声。

### 四、观赏高雅演出的礼仪

剧院、音乐厅和歌剧院历来被人们视为高雅艺术的殿堂,在这里观赏演出应该有良好的仪表和举止,才能与其典雅的装饰和高雅的氛围相协调。

#### (一)服饰要求

歌剧院、交响乐音乐大厅、芭蕾舞剧院这些高雅场所都要求着正装入场,所谓正装对男士一般是指全套正西装或者燕尾服。

女性着裙装、小礼服或晚礼服。在正装的基础上搭配适当珠宝是参加此类活动的基本礼仪(男性应搭配合适的、不太廉价的领带夹和并非西装原装而是单独购买搭配的袖扣,女士应着项链、耳环)。参加音乐会人员需注意服装仪容的整洁,虽不用过度华丽,但最好避免牛仔裤、拖鞋或奇装异服的打扮。

#### (二)饮食及行为礼仪

音乐厅一般按区划分,音乐会开始前,根据进场票上的信息,提前找到指定的区、排、座位,为保证音乐会的欣赏效果,不要迟到,且中途不允许退场,有特殊情况要提前退场的,应在一首乐曲结束时,指挥谢幕观众鼓掌的时候悄悄离开。不可以携带宠物、零食等进场。

音乐会前,不要吃喝太多让你频频上厕所的食物,也不要吃太撑让自己现场打嗝,同时,如果嗓子不太好的听众,可以提前准备上一些润喉糖,以免在音乐会中咳嗽。

音乐会开场前,剧场都会提供或销售本次音乐会的宣传单,提前到音乐厅时,可以先熟悉一下音乐会的曲目,时间若不充裕,至少先熟悉主要曲目,同时,了解一下乐团和本次音乐会的指挥等详细信息。一场音乐会的主要曲目,通常是中场休息之后的第一首或整场音乐会最后的压轴曲。

很多初次进音乐厅者,都会在现场留下自己的倩影,这样的行为仅限于在音乐会开始前或结束后,切记音乐会开始后,根据剧场的要求,严禁拍照和摄像。通常,主办方为了不影响艺术家们的表演及保护版权,严禁听众携带摄影摄像器材进场。

音乐会前,必须将手机调整到震动或关闭状态,保证在听音乐会时不影响欣赏效果,现在大多数音乐会会直接屏蔽信号,以免影响演出。

演奏者上台时,应给予热烈的掌声;演奏人员调整好乐器后指挥进场,这时也应给予热烈的掌声,聆听曲目不熟悉的音乐会,最让人紧张的莫过于何时该拍手,大多数人认为应该要尊重乐曲的整体性,所以拍错手可能会影响音乐的进行,也会干扰到演奏者的演出情绪。有些乐团指挥会在一个曲目结束后,转过身来向听众示意,这时,听众就该积极鼓掌。

通常音乐厅内的空间都十分有限,分配到每个人,可供回旋的余地已经很小,这就要求观众要行为有度,不可随意超越自己的空间。看演出时应该摘掉帽子,以免影响后面观众的视线。在音乐会的现场,绝对不允许脱掉鞋子,随意跷腿。

安静倾听是音乐会最起码的礼仪,不仅表示对演奏者和其他听众的尊重,也间接表达了自己的修养,如果嗓子很痒,确实需要清一下嗓子时,请及时用润喉糖或用手捂着并尽量压低声音。演出进行中应保持肃静,不可交谈、打瞌睡、喝水(饮料)、吃东西、走动等。

有些"音乐行家"在一曲中或后忍不住与同伴交换意见,这样都是不妥的,不但影响周边人员,而且也会影响演奏者。

有些家长带着自己的孩子一同参加音乐会,需要注意的是家长事先要告诉孩子保持安静,音乐会现场禁止喧哗,不得在场内进食,更不可以在演出中吃爆米花或喝可乐,为了让孩子看清楚乐器可准备望远镜,或选择中段的位子。

一般情况下,演出期间听众不能随意向演奏者献花,如有特殊情况要求以个人的名义向演奏者献花,应事先与工作人员联系,由工作人员安排献花活动。

音乐会的指挥在音乐会结束后,一般会两次到前台谢幕,听众不要在乐团还未离开舞台时,就做出起身准备离开的举动。

 实训内容

### 一、基本训练:邀舞的礼仪

(1) 舞会上,男士应主动邀请女士跳舞。邀请时,男士可行至女士面前,向女士点一下头或施半鞠躬礼,并向女士轻声邀请"可以请您跳舞吗?"如女士身旁有男伴或家长,应向其男伴或家长点头致意后,再向女士发出邀请共舞。

(2) 女士受到邀请后,一般应马上起身,同邀舞者一起步入舞池。舞曲结束时,男士应将女士送回原来的座位,并道声"谢谢"然后离开。

(3) 邀请舞伴时,通常是男士邀请女士,女士如不同意,可以拒绝,也可以女士邀请男士,男士不能拒绝。

(4) 在较正式的舞会上,尤其是涉外的舞会上,同性之间不应相邀共舞。

(5) 两位女士共舞意味着她们没有舞伴,迫不得已,等待着男士相邀。

(6) 而两位男士共舞,意味着不愿意邀请在场的女士,是对女士的不尊重,这种现象在西方国家中往往被认为是同性恋的表现。

### 二、训练重点:谢绝邀请的礼仪

(1) 舞会上,被人邀请跳舞是受到尊重的表示,无故谢绝男士的邀请是失礼的。女士不愿意接受对方的邀请也可谢绝,但要注意委婉、客气、礼貌待人。如可以说"对不起,我想休息一下。""对不起,这支舞曲我不太会跳。"等。

(2) 被拒绝后,男士应有自知之明,礼貌退下,不要赖着不走,反复纠缠。

(3) 拒绝了一位男士的邀请后,就不宜马上接受另一位男士的邀请,因为这样做对前一位男士是极不礼貌的。

(4) 如果已接受了一位男士的邀请,对另一位则应表示歉意"对不起,等下一曲吧。"

(5) 当女士已拒绝一位男士的邀请后,如果这位男士再次前来相邀,无特殊情况,不应再次拒绝。

(6) 同舞伴一起来跳舞,别人邀请自己的女伴时,不能代女伴回绝。

## 三、训练后自检

### (一) 舞姿与风度

(1) 进入舞池时,女士在前,男士在后。要尊重女舞伴,由女士选择跳舞的具体位置。

(2) 跳舞进行中,一般男士领舞引导在先,女士配合于后。

(3) 男士应右臂前伸,右手轻扶住对方左侧的腰部,左臂向上举起,左手掌心向上,拇指平展,将女伴的右掌轻轻托住。女士的左手轻轻地放在男士的右肩上,右臂弯曲举起,手指并拢,手掌掌心向下,轻轻地搭在男士的左手上,旋转时,膝盖应自然放松,注意重心的转移。

(4) 舞姿要标准,动作规范协调,跳舞时要保持身体端正,双方胸部应保持30厘米左右的距离,不要贴太近,也不要过分疏远,女士不要把头靠在男士的肩上,或双手环抱在男士的脖子上,不能跳贴面舞,避免过分亲昵。

(5) 一曲终了,应立于面向乐队或主持人鼓掌表示感谢,然后,再将女伴送回原处。

(6) 跳舞时,切忌抽烟或吃东西,如果不慎踩踏了对方,应向对方道歉。

### (二) 观看演出座位的安排程序

为保证来宾欣赏好节目,要为来宾安排好观看演出时的座位。

专场演出通常将贵宾席留给主人和主宾,其他客人自由入座或对号入座。

观看文艺演出,一般以第七、第八排中间位置为最佳(国外剧院以包厢为最好),看电影则以15排以后为好,专场演出可安排普通观众先入座。

来宾抵达时,由礼宾人员或陪同人员在剧场门口迎接,然后宾主进入休息室,稍事休息与交谈。

演出前,由主人陪来宾进入剧场就座,其他观众应有礼貌地起立鼓掌。主宾就座后,可将节目单和说明书提供给来宾。

演出过程中,观众不得退场。演出结束后,由主人陪同来宾一起走上舞台,向演员致谢献花,并且同主要演职人员见面、合影。

献花或花篮及登台与演员握手,一般由客人事先明确,主方安排。

最后主人陪同来宾退场,演职人员和观众一起站立鼓掌欢送。

> 趣味常识

## Party 的种类

1. Cocktail Party(鸡尾酒会)

这是外企白领们参加最多的社交活动形式。一般来说,在下午6点到8点这个时间段内举行,通常都会有酒水及小食招待,嘉宾基本都是站着,在场内走动交际。

一般参加这种派对,穿着不需特别正式,但也要有自己的风格。男士以西服为主,如果不想太正式,可以选择休闲或者拼接的款式,女士不管在什么Party场合,最保险的就是一条亮眼的连衣裙。

2. Black Tie Party(正式的晚宴)

这是从维多利亚时代延续至今的社交派对形式,派对得名于在爱德华时代,男士穿着黑色无尾礼服搭配黑色背心与领结的装束。在20世纪20年代到30年代,Black Tie Party是一种常见的社交方式,所以一套燕尾服或者黑色大礼服,是任何一个拥有一定社会地位的男士都会拥有的服装。

和Cocktail Party相比较来说,Black Tie Party显得更加正式一些,虽说不一定都要穿燕尾服,但是男士的衣服大多是比较正式的西装,以黑色和深蓝色为主,还要穿与之相搭配的礼服鞋,女士的礼服以比较纯正的颜色为主,同时也搭配一些比较名贵的首饰。

3. White Tie Party(一级晚宴)

这是最正式和最高级别的晚宴着装规则。只有一些非常正式的舞会和晚宴才要求White Tie级别的着装,比如皇室婚礼或诺贝尔颁奖晚宴,很多高级别的酒会和音乐会也要求白领结晚装的着装规则。

对于男士来说,White Tie Party着装通常要求是黑色的燕尾服、白色的领结、白色的马甲和上浆的折翼领衬衣,女士则需身穿最隆重的拖地晚礼服,搭配高级珠宝、礼服鞋、手包、手套等。在一些非常重要的场合,晚礼服也必须是白色的。如果是国家级别的晚宴,皇室和贵族阶级的女士可以佩戴一些有象征意义的装饰品,比如皇冠。

4. The Dorm Room Party(宿舍派对)

这种派对在大学新生中是最受欢迎的。大部分在校大学新生都喜欢聚集在宿舍里开派对,小房间里一大堆人总是有点拥挤,但却是个绝佳机会能够认识你的同学或者邻居。

5. The Theme Party(主题派对)

主题派对,规模可大可小,可以在任何地方举办,最重要的就是预先要设定好一个主题。场地的装饰、音乐和参与者的穿着等都与主题有关。

(1)迎婴派对是在预产期4~6周前由亲友为临产孕妈举办的派对,参加派对的人会送上新生儿礼物来祝福准爸准妈和即将出生的宝宝。派对上会有蛋糕、小点心等。

(2)百乐餐(Potluck)是美国最常见的聚餐方式之一,主人负责场地不供食,并且参加的人员须自备一道佳肴供大家分享。

(3)准新郎/新娘告别单身派对是婚礼前新郎或新娘单独举办的派对,以享受最后一次的单身生活。在单身派对上,只有男士的朋友可以参加,而女士则可以在没有男士在场的情况下和女友一起参加。

（4）街头派对是一场在路边举办的派对，现场一般会有乐团、DJ、小吃摊贩等。看似随兴却需要地方政府批准后方可举办，大小型都可能会影响地方交通，因此必须封街举办。

（5）万圣节派对是每年的10月31日万圣节前夕举办的派对，当晚家长会为孩子穿上化妆服，戴上面具，敲邻居家门收集糖果。西方认为这天是鬼怪最接近人间的时候，类似中国的中元节。

# 任务 3
# 致谢礼仪

**礼仪名言引入**

蜜蜂从花中吸蜜，离开时嗡嗡地道谢。浮夸的蝴蝶却相信花是应该向他道谢的。

——泰戈尔

## 任务目标

（1）了解致谢礼仪的概念。
（2）掌握语言致谢与非语言致谢的分类与使用方法。
（3）熟悉旅游服务业致谢礼仪的运用。

## 任务描述

新导游小王于4月15日晚接了一个4月16日早上集合出发的游览临市景区的两天游汽车团，但是导游小王拿到计划后发现自己对其中一个景点的具体路线不清楚，经过与司机沟通，得知司机认识路。4月16日出发游览时，在最后一个游览景区，由于小王未与客人详细讲解游览线路及途中未及时清点人数，从而使客人刘某走失，经过其他客人的帮忙寻找，最终寻得刘某，然后返程送团。

请问：
（1）导游小王需要向司机致谢吗？如何致谢？
（2）导游小王在送团讲解词中应如何致谢？

## 任务准备

（1）场地准备：多媒体教室。
（2）用品准备：多媒体课件。
（3）仪容仪表准备：与课人员着正装，女生过肩长发应扎起。

## 背景知识

致谢是指对他人帮助的接受和承认，并表示感谢的一种行为，致谢语言的合理使用可以表达自身对他人帮助的承认，拉近自己与他人的距离，维持与他人之间的良好关系。

致谢礼仪的表现形式有以下三种。

## 一、语言致谢形式

致谢语言一般有感谢与答谢两种行为,一方先表示感谢,另一方后答谢,有一些专门用于表示感谢的语言如"感谢""多谢""谢谢"等,其中在普通话口语中"谢谢"最为常用,这些专门感谢的语言可以单独用于表示感谢,也可以和其他语言一起使用以表示感谢。答谢则常用"不用谢""不客气""您太客气了"等专用语言。

在普通话中,致谢口语主要有使用专门感谢语言的直接感谢形式和未使用专门感谢语言的间接感谢形式。其中直接感谢形式又分以下几种。

(1)直接用"谢谢"表示感谢。如路人甲走在路上,东西掉了,被路人乙见到,乙告诉甲"你的东西掉在地上啦",甲听到并看到自己东西掉了,对乙致谢道"谢谢""谢了"或"谢谢您"。

(2)感谢专用语"谢谢""感谢""多谢"后加上感谢原因。如"感谢您的帮助""谢谢您的热情款待""多谢你告诉我明天开会的准确时间,要不然我准迟到了"。

(3)感谢专用语"谢谢"加上程度副词表示感谢。为了加强感谢的程度,我们还常在专用感谢语前面加上"非常""很""太""真"等词,如甲的小孩子迷路了,乙见到并帮助送回到甲跟前,甲对乙说"太感谢您了""非常感谢!"或是"真是非常感谢您!"等。

致谢语中也有不用感谢专用语言表示感谢的间接感谢语言,含蓄的国人更多地使用间接感谢语言,因这种表述比较随意和舒适,更能表现对对方的一种关爱,而使用感谢专用语言表示感谢的方式对双方关系的强化力稍弱,更强调礼貌性,这种方式更常被用于服务行业。间接感谢语言将对方的帮助当作一种恩情或者从为对方的角度出发表达感谢的同时表达对对方的关心。

感谢方对他人的帮助当作一种恩情的间接感谢语言表述方式常见的有假设、许诺、情感三种。其中假设表述如"如果当年不是黄老师您做我的班主任,那么细心、耐心地教导我,我一定不会有今天的成就,可能已经成了街头的小混混了。"许诺表述如"如果你肯帮我这个忙,事成后我请你吃饭。"情感表述如"你对我这么好,我却无以为报,真是太不好意思了。"

从为对方的角度出发表达感谢的常见表述方式有恭维、关心、道歉三种。恭维表述如"您真好,冒这么大风险来帮我,现在这个时代能跟您一样乐于助人的年轻人真不多见了"。关心表述如"你帮我们家挑水泥都挑了半天了,也不歇歇,先歇会儿喝口水吧"。道歉表述如"真是抱歉,麻烦您帮我写信,弄得您没空做自己的事情了"。

除直接感谢形式与间接感谢形式分开单用外,也常将直接感谢形式与间接感谢形式合用而形成组合形式,即用直接感谢形式列出感谢专用语表示感谢,后用间接感谢语句表示感谢原因,起辅助说明作用。例如,"真是太感谢您了,您帮我们这么大忙,弄得您自己那么累,现在先歇会儿吧?"

## 二、非语言致谢形式

非语言致谢形式又称辅助性致谢形式,可以单独运用,也可与致谢语言一起使用以达到致谢的效果。非语言致谢形式常见的有面部表情、体态语言两种。

面部表情有首语、微笑、目光三种。首语有点头、摇头，首语经常被运用在致谢中，比如对对方表示感谢，可以用点头来表示，也可以同时加以致谢语言，而对方则可摇头表示不用谢。用微笑可以表示对他人帮助的感谢，常用在不便用言语表达笑意的情景里，微笑也可与感谢语同用。目光可以表示感谢，也可加深感谢的程度，比如"他用感谢的目光望着小李""我的眼里满含着泪光对他说'谢谢你！'"

体态语言中常用于表达感谢的有握手、鞠躬、拥抱、合十、抱拳、五体投地等，均可与面部表情一起表示感谢，也可与感谢语合用表示感谢，如"小李向王先生鞠躬说'感谢您的光临。'"

致谢语与面部表情及体态语合用往往更能表达对他人的感谢之情，在服务礼仪中经常使用。

 实训内容

在旅游服务业中，恰当的致谢既是对他人帮助的承认，也是一种礼貌的表现，同时能够通过致谢很好地拉近自身与他人的关系，尤其是自己与合作者及自己与客人之间的关系，有时甚至能起到通过致谢消除客人不悦、引起客人好感的作用。熟练掌握致谢礼仪在旅游服务工作中的运用能使服务工作更好地进行。

致谢礼仪在旅游服务业中经常用到。最常见的有以下三种。

（1）对客服务中，致谢表示承认客人对自己工作上的帮助或体谅，能够更好拉近自己与客人的距离，求得客人的谅解，缓和与客人之间的紧张氛围。

比如，导游小王在机场行李提取处，让客人李先生举着导游旗帮忙集合，以便自己能去趟洗手间，回来后，小王应向李先生使用致谢语并使用致谢辅助形式进行致谢，如小王边鞠躬30°边对李先生说："太谢谢您了。"有时服务人员在工作中有做得不足的地方，客人表示原谅时，服务人员也应表示感谢，且针对不同的场合、不同的服务对象，应运用恰当的表述方式，如服务员小李工作上有失误，客人指出来后却表示谅解而没有投诉时，可用恭维式、许诺式等方式并配合鞠躬等体态语言进行致谢："谢谢您这么宽容，能原谅我刚刚工作上的失误，我今后一定更加细心、耐心、努力地工作，争取为您提供更好的服务。"

（2）对同业人员，表示其对自己帮助的承认进行感谢，能够很好地拉近与对方的距离，使其愿意为自己提供更好、更快捷的帮助。

在旅游服务业中，导游经常同旅游业其他人员打交道，经常使用到致谢语言，例如，前厅服务员小周快速地为导游小王的旅行团办理好入住手续，小王应对其表示感谢，这样既是礼貌的行为，也使小周对小王有好印象，方便下次合作。导游，尤其是新导游，应注重在与司机的交流中适当运用感谢语言，因为经验丰富的旅游车司机往往能够帮新导游很多忙，如司机对旅游路线往往比较熟悉，就算是不熟悉，也能凭借其方向感及经验很好地找到路，新导游应学会运用致谢语言拉近自己与司机的距离，使司机愿意为其指点迷津，如导游小黄不知道去某景区的路线，可先咨询司机知不知道路，如恰好知道，那么小黄须对司机致谢："哎呀，真是太好了，我问了许多人都不知道怎么去那个景区，幸好您知道路线，要不我真不知道该怎么办，真是太谢谢您了。"虽然路线也是司机应该知道的事情，但是一旦发生迷路事件,客人往往投诉导游而非司机,所以导游应确保自己与司机其中一人知道路线,适当致谢后,司机往往更愿意指点导游更多关于要去的景点游览注意事项。

(3)代表公司礼貌地感谢客人的到来,常配合鞠躬礼使用致谢。

例如,说"感谢您的光临""谢谢您的光顾""谢谢大家参加此次的××两日游活动"表示致谢,对拉近双方的距离力度不大,多起礼貌性的作用。

### 任务考核

(1)同学模拟导游小王向司机致谢。

(2)同学模拟导游小王在送团中就客人帮忙寻找走失客人刘某事件致谢,并向刘某致谢(刘某不追究小王责任)。

### 趣味常识

#### 多说"谢谢"好处多

在西方,即使在家庭里,都能经常听到 Thank you 这个句子,这是表示对他人劳动和帮助的尊重、关注和感激,而在以文明著称的我国,如今却不得不由政府和媒体出面,动员、提醒和教育人们学会说"谢谢"两个字。

心理学家认为,人与人之间存在"互酬互动效应",即你如何对待别人,别人也以同样的方式给予回报。道声"谢谢",看似平常,可它却能引起人际关系的良性互动,成为交际成功的促进剂。

小宋是一家计算机公司的编程员,一次在工作中遇到难题,他的同事主动过来帮助他,同事一句提醒的话使他茅塞顿开,很快就完成了工作,小宋对同事表示了他的感谢,并请这位同事喝酒,他说:"我非常感谢你在编那个计算机程序上给我的帮助。"从此,他们的关系变得更近了,小宋也因此在工作上获得了更大的成绩。

小宋很有感触地说:"是一种敬重的心态改变了我的人生,我对周围的点滴关怀和帮助都怀抱强烈的敬重之情,我竭力要回报他们,结果,我不仅工作得更加愉快,所获帮助也更多,工作更出色,我很快获得了公司加薪升职的机会。"

越是熟悉的人越要表达敬重之意,这样会在对方心中留下更深更鲜明的印象。在我们的家庭里,丈夫对妻子或小孩对双亲的付出往往习以为常,熟视无睹,很少说出自己心中的感谢。在工作中,得到上司、同事的帮助和付出,并且获得了很大的成功,也往往没有去感谢我们的上司和同事。

造成这种现象的一个关键性原因是很多人的脑子被某种错误的意识占据了,他们把别人的辛苦、帮助和付出视为是理所当然的,认为没有必要表示感谢或肯定。

在人与人之间的交往中,多一些感谢,就多一份爱心,多一份温馨,人与人之间的关系会在相互的感激中更加亲密。千万不要忘了你身边的人,你的朋友、你的老板、你的同事、你的家人,他们是了解、支持你的,说出你对他们的谢意,并用良好的心态回报他们,这样就能得到他们更多的信任、支持和帮助,这是对你大有益处的事,何乐而不为呢?所以生活中,你要常说"谢谢"两个字。

## 项目7

# 涉外国际交往礼仪

## 任务 1 馈赠礼仪

> **礼仪名言引入**
> 
> 不尊重别人的人,别人也不会尊重他。
> 
> ——席勒

### 任务目标

(1) 了解国际交往的基本常识。
(2) 掌握涉外馈赠的原则和方法。
(3) 熟悉涉外馈赠礼节的技巧。

### 任务描述

某秀才的岳父九十九岁的寿辰贺寿,秀才送了一副题字"寿百年"的屏风,谁知道岳父当场大怒。

请问:岳父为什么生气?秀才应该送什么礼物合适呢?

### 任务准备

(1) 场地准备:多媒体教室。
(2) 用品准备:多媒体课件。
(3) 仪容仪表准备:与课人员着正装,女生要化淡妆、过肩长发应扎起。

### 背景知识

随着旅游涉外交往活动的日益频繁,馈赠是人们在社交过程中通过赠送给客人一些礼品来表达对对方的尊重、敬意、友谊、纪念、祝贺、感谢、慰问、哀悼等情感与意愿的一种交际行为。馈赠通过礼品作为媒介,起到沟通感情、加深友谊、促进交往的作用,它不仅是一种行为方式,也是通过这种方式体现馈赠者的人品和诚意。

## 一、涉外馈赠的原则

### （一）薄厚适宜

礼品不宜太轻，也不宜太重，俗话说"千里送鹅毛，礼轻情意重。"馈赠礼品表达的是人与人交往的诚意和情感浓烈程度。礼品的贵贱厚薄不能视为其价值的贵贱，礼品既有物质的价值含量，也有精神的价值含量，因此，"礼"大多数时候没有特别目的，只是为了加深感情，朋友之间的相互馈赠礼品，最好是别出心裁的，体现送礼人的心意，送出的是祝愿，思想性和纪念性都要强，让对方觉察出礼品的意义。

### （二）时机恰当

不同国家每个节日都有不同的意义，送礼时要选准时机，按节日的意义送礼即可，最好能在传统的节日馈赠。道喜、道贺、道谢、鼓励、慰问、纪念都是送礼的好机会，把握送礼的时机，说明送礼意图。在会见或会谈时，如果准备向主人赠送礼品，一般应当选择在起身告辞之时。向交往对象道喜、道贺时，如拟向对方赠送礼品，通常应当在双方见面之初相赠。出席宴会时向主人赠送礼品，可在起身辞行时进行，也可选择餐后吃水果之时。观看文艺演出时，可酌情为主要演员预备一些礼品，并且在演出结束后登台祝贺时当面赠送。

### （三）因人而异

根据不同人的性别、年龄、职位、爱好、宗教信仰、风俗习惯等选择不同的礼品，以表示友好。送长辈的礼品是最花心思的，太新潮的对他们不合适，特别是对老领导、老上级，礼品不可太轻佻，有质感的比较适合，包装方面切忌大白大黑。

### （四）美观实用

礼品的选择要注意实用、有纪念意义、有独创意义和时尚性。年轻人喜欢雅致的礼品包装，而对长辈来说最重要的是实用。中国人送礼，只重内容，不重包装，在国际交在中，礼品的包装是礼品的重要组成部分之一，它被视为礼品的"外衣"，在送礼时不可或缺，送给外国友人的礼品，一定事先进行精心的包装，对包装时所用的一切材料，都要尽量择优而用。并且送给外国人礼品的外包装，在其色彩、图案、形状乃至缎带结法等方面，都要尊重受礼人的风俗习惯，否则，就会被视为随意应付受礼人，甚至还会导致礼品因此而贬值。

## 二、各国赠礼习俗

### （一）美国

美国最普遍的送礼形式是请客人吃顿饭，喝杯酒，或是到别墅去共度周末。初次做客，一张贺卡、一束鲜花、一瓶红酒、一盒点心即可，相交不深礼品昂贵，会使人感到压力，美国人送礼品不太注重礼品是否贵重，礼品一般追求新奇、有浓厚乡村气息和别致精美，当被邀请去老朋友家做客时，应该预备小礼物，带上一束鲜花或是一瓶酒即可。到美国人家里做客，特别忌讳赠礼带有你公司标志的礼品，因为这有义务做广告的嫌疑。男士送礼品给已婚女士,忌送香水、化妆品和衣物(可送头巾)。美国喜欢节日期间互相送礼,送礼注重实际,不会太重,收到礼品,不注重回礼,但一定会感谢,接到礼物时,一定会与送礼人一起欣赏,讲究礼品精美包装,不太贵重的巧克力,有时也会包装得里三层外三层。

### (二)日本

日本是一个送礼天国,在日本送礼的时候,礼品盒要用硬纸绳捆绑,这种硬纸绳一般是5根一组,也有7根、9根的。为什么一定要这样?日本人认为奇数是阳数,象征吉祥,偶数是阴数,象征凶事,因此,一般都用单数。这种硬纸绳分为红白和黑白两大类,红白表示吉祥喜庆,黑白表示凶事,喜庆礼品的硬纸绳就改为红白两色,而非喜庆礼品就绑黑白两色的硬纸绳。在2月14日那天,男士如果给女士送礼物就是犯忌,这一天是只能女士给男士送巧克力,而男士要等到3月14日才能还礼给女士,此外,到医院探望病人的时候,不能送栽在盆里的花,也不能送菊花,前者含有盼人早死的意味,后者是在葬礼上使用的,梳子也是不能送的,在日文里面,梳子的发音是"苦"和"死",不能送新娘茶叶。中国有"嫁出去的闺女,泼出去的水"的俗语,日本则有"嫁出去的闺女,泼出去的茶"的俗语,送新娘茶叶,犹如叫新娘从此不再回家一样。对新婚夫妇,还不能送厨房使用的刀具及瓷器,刀具含有切断婚缘的意味,瓷器易碎,夫妻关系当然是越牢固越好,因此也就远离瓷器礼品。再次见到送礼人时,要提及礼品的事,并表示感谢。

日本海关检疫十分严格,为担心植物病虫害进入该国,像我国荔枝这样鲜美的果品,即使是作为送给该国领导人的礼品,也不准直接进入日本。在日本,访亲问友、参加宴请都会带礼品。接、送礼品时要用双手,但不能当面打开礼品。

### (三)欧洲

在欧洲,送的礼品不可太贵重,礼品过重会被认为有贿赂的嫌疑,受礼人往往会很警惕。欧洲人注重礼品包装精美,而礼品及包装纸的图案也很讲究,人们习惯用纸来包装礼品并系一条彩带,在欧洲商务交往中,很多国家少有送礼的习惯,即使送礼,也比较重视格调,在欧洲一些国家,人们习惯礼品数字为单数,特别是向女士送鲜花,其花朵一般为单数(双数用于送墓地逝者),欧洲人对送人的鲜花颜色、品种也很讲究,如在波兰、德国、瑞士等国,认为红玫瑰只适用于送给恋人和情人,不适合送给其他女士。英国人讲究外表,一般所送的礼品花费不多,如巧克力、鲜花等,合适的送礼时机,一般是晚餐后或看完戏后,对有公司标记的礼品,英国人普遍不欣赏,我国民间工艺美术品,如风筝、二胡、剪纸、笛子、筷子、图章、脸谱、书画、茶叶等,他们会很欣赏。

### (四)阿拉伯

阿拉伯人喜欢美国和德国的产品,如艺术品、书、唱片和办公用品。在送给他们的礼品上,不能有动物图案和仕女等人物形象,不能直接把礼品送给阿拉伯人的妻子,要经过她们的丈夫或父亲转送,但可以直接给孩子们送礼。初次见面不送礼,送礼会被认为你想行贿,阿拉伯人不仅喜欢中国的唐三彩、花卉或山水画,还喜欢古色古香的瓷瓶、织锦、香木扇。阿拉伯商人一般赠送贵重礼品也希望收到同样贵重的回礼,他认为礼尚往来有关尊严。在阿拉伯人家中做客,不要送食物作为礼品,这会让对方认为你在批评或讽刺他们。

## （五）拉丁美洲

拉丁美洲人很重视见面礼，喜欢实用礼品，礼品需要适合收礼人的口味，在公事交往中熟识之前不要送礼。已婚女士给男士送礼要特别谨慎，即使送一个普通的礼品也会产生联想。哥伦比亚人爱红、蓝、黄色。巴西、秘鲁忌讳刀剑之类的礼品，还忌讳手绢礼品。阿根廷不以随身物品作为礼品送人。

## （六）俄罗斯

俄罗斯人喜爱西方名牌货，过生日时一般送鲜花、巧克力、糖果、书籍、小饰品（如胸针、首饰盒）等。婚礼和结婚纪念日送礼较重，如成套的茶具、酒具等。

# 实训内容

## 一、收礼礼仪

当送礼人递上礼品时，应起身站立，面带微笑，双目注视对方，要尽可能地用双手前去迎接，不要一只手去接礼品，特别是不要单用左手去接礼品，然后与对方握手，并且郑重其事地向对方道谢。正式场合下，受礼人应用左手托好礼物（大的礼物可先放下），抽出右手来与对方握手致谢。

在对方取出礼品准备赠送时，不应伸手去抢，开口相问，或者双眼盯住不放，以求先睹为快，此时此刻，应保持风度。接受礼品时要注意礼貌，但不要过于推辞，以至于伤害送礼者的感情，即使送的礼物不合心意，也应有礼貌地加以感谢。

接受礼品后，欧美人喜欢当着客人的面，小心地打开礼物欣赏，从外包装夸赞到内包装，看见了礼品，也会大大地夸赞一番，甚至高兴时还会拥抱你一下，与送礼人共同分享收到礼品的喜悦。欣赏完礼品，他们会重新将礼品包装好，对他们而言，这是一个完整的受礼礼仪。

中国人在接受礼品时，一般不会当着送礼人的面把礼品打开，而是把礼品放在一边留待以后再看，这是为了避免自己万一不喜欢对方所送礼品时的尴尬，也是为了表示自己看重的是对方送礼的心意，而不是所送的礼品，还有一点是，如果给不同地位的人赠送不同的礼品，当场不打开礼品可以避免相互之间的比较。结婚礼品是不可当场打开的。

当面拆开包装后，要以适当的动作和语言，表示你对礼品的欣赏。比如，可将他人所送的鲜花捧起来闻闻花香，随后再将其装入花瓶，并置于醒目之处。

要是别人送了一条围巾给自己，则可以马上围在脖子上，照一照镜子，并告诉送礼人及其他在场者"我很喜欢它的花色"，或是"这条围巾真漂亮"。千万不要拿礼品开玩笑，除非那是一件恶作剧的礼品。

## 二、启封赞赏

在国际社会，特别是在许多西方国家中，受礼人在接受礼品时，大都习惯于当着送礼人的面拆启礼品的包装，然后认真地对礼品进行欣赏，并且对礼品适当地赞赏几句，这种中国人以前难以接受的做法，现在已经逐渐演化为受礼人在接受礼品时必须讲究的一种礼节。在许多国家，接受礼之后若不当场启封，或是暂时将礼品放在一旁，都会被视为失礼。

### 三、回赠礼仪

收到馈赠的礼品后,受礼人一般要回赠,从而加强联系,增进友谊。在节日庆典时期,可以在客人走时立即回赠。在生日婚庆、晋级升迁等时候接受的礼品,应在对方有类似的情形或适当时候再回赠。回赠的礼品切忌重复,一般要价值相当,也可以根据自己的情况而定,但也不必每礼必回。

### 四、受礼答谢礼仪

收到礼品后一定要以书面的形式表示感谢,而不是随便一个电话,感谢函要在收到礼品后几天,最迟两周内寄出,写信给年纪大的人应尽量快,这样才是有礼貌的。

写感谢函时,口气听起来也要像当面道谢一般。内容应简短扼要,不要太长,但是要充满感情,有些词应该是特别提到的,如"您美好的礼品等"。

如果你同时收到很多礼品,你也必须抽时间尽快回复,而且每一件礼品都该分开亲自致谢,如果给你送礼的人太多或时间太紧,不能及时地给每位送礼人写感谢函,那么你可以给每位送礼品寄张明信片,表明你已收到了礼品。这是万不得已的策略,稍后有空时仍应写封感谢函。

感谢函必须是亲笔书写的,如果用事先准备好的统一格式填上您的签名,这是对花了时间为你挑选礼品朋友们的不敬。

为舞会和晚餐所送的感谢花篮不必附感谢函。如果确实很重要,那还是要写信表示感谢,可以在一张正式的卡片上写道"您真好,我喜欢它"或"您不该这样,但它是令人感动的"。在这样的情况下要注意避免"谢谢"的字眼。

值得注意的是,如果你感觉所收的礼品质量很差,那就不要在感谢函上加以赞美。你只要简单地在感谢函上写道:"在这个美好的日子里,谢谢您还记得我。"

每当接受他人的馈赠,你应留心记住礼品的内容,回赠时以选择类似的物品为宜。例如,他人送你一套陶器用品,回赠时可选择同是陶器类的物品作为礼品。

因为一般人在选择礼品时,无意之间会选择自己喜欢的物品,因此,回赠对方时,不妨参考一下对方馈赠的礼品,较易赢得对方的喜悦。

### 五、拒收礼品礼仪

一般而言,不要拒收礼品,但这种情况还是时有发生。

当你不能接受礼品时,你可以礼貌地拒绝,但是必须注意礼节。符合社交礼仪的拒收礼品方法可以因人因事而异。

婉言相告,拒绝对方的礼品。比如,当对方向你赠送手机时,可告之"我已经有一台了。"当一位男士送舞票给一位女士,而打算回绝时,则可以说"我男朋友也要请我跳舞,而且我们已经有约在先"。

直言缘由,即直截了当、所言不虚地向送礼人说明自己难以接受礼品的原因。在公务交往中拒绝礼品时,此法尤为适用。

例如,拒绝他人所赠的大额现金时,可以讲"我们有规定,接受现金就是受贿"。拒绝他人所赠的贵重礼品时,可以说"按照有关规定,您送我的这件东西,必须登记上缴。"

有时,拒绝他人所送的礼品,是在大庭广众下进行,往往会使受礼人有口难张,使送礼人尴尬异常,遇到这种情况,可采用事后退还法加以处理。即当时收下礼品,但不拆启开封,事后,尽快地单独将礼品物归原主,时间一般在 24 小时之内。

## 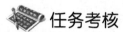 任务考核

当你收到某国家的朋友赠送的礼品,请根据该国家的送礼习俗,选择合适的回礼品,并撰写一封感谢函。

### 趣味常识

**美国高校给新生的"见面礼"**

溢美之词:美国高校的录取信热情洋溢,一般都始于诚挚的祝贺,录取信的字里行间还流露出了对学生品行和学术成就的赞许,校方会再三肯定学生的杰出和优秀,对他们过去的努力表示赞赏,有的录取信上甚至会写着如"与你相逢是我们的荣幸"等让学生倍感荣耀的话语。

关怀备至:美国高校为了赢得学生和家长的青睐可谓用心良苦,招生办公室考虑到学生在收到录取信后可能存在的顾虑,诚恳地表示自己十分乐意为其提供帮助,因此几乎在每封录取信中,都能看到类似于"毫不犹豫地联系我们""让我们来帮助你"这样的话,并且他们的确也是这样做的。

凸显优势:由于绝大部分接到录取信的学生有选择去或是不去的权力,美国各高校为了提高报到率而不得不想方设法拢住"准新生"的心。在录取信中,每所高校需充分展现自己的独特优势,向学生"推销"自己,这其中包括本校的学术成就、教学优势、体育特长和丰富多彩的课余生活等等。

邀请做客:美国高校的录取信中经常邀请被录取的学生来学校做客,参加如新生周末的活动,目的是让被录取的学生有机会切身感受到选择自己绝对是件明智的事情。

"大牌"签名:每所高校发放的录取信最后都有一个保留项目——学校"大牌"招生主任或院长,甚至学校校长的签名,这让录取信看上去更像一封有担保的邀请信。如果录取对象是特别优秀的人才,这些学校的"大牌"还会亲笔签名,留下一段情真意切的话,以示学校对学生的重视。

附赠礼物:为了欢迎新生,许多大学在发放录取信的同时,还会随信附赠别出心裁的小礼品。如一份学校开放日的邀请函、一张模拟坐过山车欣赏布林莫尔学院风光的DVD、一张学校的大海报、关于转学分说明的手册、国际学生常见问题解答材料,甚至还有一封给父母的信。信里介绍了学校的生活情况和所在地区的气候,建议父母为孩子添置厚衣服和雪地靴。五月底,学校要求新生在网上填主任办公室发放的问卷,以了解求新生的学术兴趣、性格;六月,选新生研讨课题目;七月,宿舍分配新鲜出炉;同时,还有印有校徽的旗帜,印有学校标志的 T 恤和围巾礼盒等。

## 任务 2
# 赞美礼仪

赞美礼仪

### 礼仪名言引入

礼貌经常可以替代最高贵的感情。

——梅里美

### 任务目标

(1) 了解赞美礼仪的概念。
(2) 熟悉常见的赞美话题。
(3) 掌握对客服务过程中赞美礼仪的恰当运用。

### 任务描述

小王于 5 月 9 日接待了一个来自广州某高校建筑学院的退休教师旅游团,到河源市林寨古村落旅游观光,小王应如何通过对客人们的恰当赞美拉近与他们的距离?

### 任务准备

(1) 场地准备:多媒体教室。
(2) 用品准备:多媒体课件。
(3) 仪容仪表准备:与课人员着正装,女生过肩长发应扎起。

### 背景知识

赞美是对于美好事物表示肯定与欣赏的表达,是人们日常工作生活中使用频率较高的一种社会交际用语,恰当的赞美可起到增进交际双方相互了解、联络感情、缩短社交距离、维护正常的交际关系等作用,是社交的润滑剂。英国著名学者 Leech 于 1983 年提出的礼貌原则中,就包含了赞誉原则,提到在与人交往过程中应尽量多赞美别人,因为恰当赞美也是个人礼貌行为的体现。

赞美语常通过带有"真""太""好""特别""很"等副词来增强表达赞美语气,如"你真漂亮""这花太美丽了""你好英俊哦""你今晚特别有魅力""小朋友很可爱"等。其中,副词"真"的使用是最多的,另外,在赞美语的使用中还常引用典故、成语来表达赞美,如"沉鱼落雁""闭月羞花""神机妙算"等。

赞美语中的赞美话题常见的有以下几种。

### 一、贵重物品、金钱、家庭背景

对这些话题的赞美常用在恭维上,如"你们家真大真漂亮""这一顿的银子,够我们庄稼人过一年了!"(《红楼梦》第三十九回)。在我国,赞美对方经济条件、家庭背景的话语很常见,但是不适用于西方国家,西方人更注重个人努力所得的财富。

### 二、能力、成就

我国的赞美语中通过对成就的赞美,以肯定对方的智慧、天赋、才干,西方则强调肯定对方为获得的成就所付出的努力与能力。如《红楼梦》第十五回铁槛寺老尼对王熙凤的赞美"这点子事,别人的跟前就忙的不知怎么样,要是奶奶(凤姐)跟前,再添上些也不够奶奶发挥的。只是俗语说的'能者多劳'"。

### 三、外貌、仪表及性格

对外貌、仪表及性格的赞美在中西方的赞美礼仪中都是比较常见的,如"你的衣服很漂亮""你的穿着很有品位""你真美""你很苗条""你的肤色很好""你真细心"等。

### 四、家庭成员

与家庭成员相关的话题主要表现为对自己家人的赞美或对他人家人的赞美,如《红楼梦》第十五回中北静王赞美贾政之子"令郎真乃龙驹凤雏,非小王在世翁前唐突,将来'雏凤清于老凤声'"。

### 五、年龄

我国传统上对年长的赞美词较多,一方面是因智慧、经验常与年长联系在一起,如"年高德劭""姜还是老的辣"等,另一方面是古时我国人民平均寿命不高,所以能活到比较大的岁数是很有福气的事情,也是很多人所羡慕的,如《红楼梦》第三十九回贾母听到刘姥姥已经七十五岁了,赞美道"这么大年纪了,还这么健朗,比我大好几岁呢,我要到这么大年纪,还不知怎么动不得呢?"由于西方人忌老,喜欢被称赞年轻,这种观念也影响了我国年轻人,所以关于年轻的赞美语也颇常见。

 实训内容

赞美礼仪是旅游服务礼仪的重要组成部分,赞美礼仪的恰当运用可以使客人获得被肯定、被尊重的良好心理反应,缩短旅游从业人员与客人之间的社交距离,增进感情,从而使客人对旅游服务产品的总体满意度提高,而赞美礼仪的不恰当运用,则会起到反效果,引起客人的反感,降低客人满意度。那么,在对客服务过程中,我们应该如何把握赞美礼仪的运用呢?

## 一、分析赞美对象,选择恰当话题

（1）年龄差异：不同年龄阶段的客人希望得到的赞美是不一样的,比如30～40岁的女士,希望自己在别人眼中是智慧、美丽的对象,而且比实际年龄要年轻好几岁,而20多岁的男士则大多不希望别人认为自己看起来才18岁,或者被认为自己长得很可爱。

（2）地域差异：中国人大多注重自身的先天条件,如家庭背景、个人天赋、外貌、智慧等,而西方人更注重自身努力所获得的成就,如经验、能力等,不希望被认为自己的成就是依靠父母得来的,当然赞美其智慧、外貌、天赋等还是会被开心地接受,西方人对于外貌的赞美更为直接,而中国人则比较含蓄,如西方人往往乐于接受其他男士对自己妻子外貌的赞美,而中国人则不大习惯其他男士对自己妻子的赞美,还有可能会闹出误会。

（3）关系差异：我们将赞美者与被赞美者之间的关系分为陌生人、关系一般、关系亲密、一般亲人、直属亲人五种关系,与对方的关系距离不一样,赞美话题的选择及赞美频率也应有所区别,如对陌生客人的赞美频率不易过高,而关系一般的客人可以稍微多一些。

## 二、赞美的内容

赞美的内容具体化效果更好,比如,对天天见面的客人赞美"你今天的气色很好"往往比"你今天很漂亮"更为具体,也更能让客人接受,让客人明白原来你是认真用心地去观察自己并提出赞美,而不是随口通用的含糊其辞的一句"你今天很漂亮",所以这也要求我们认真倾听客人,了解客人,关心客人,这样才能将赞美的内容具体化。赞美的内容可以与众不同,当一个美女客人天天听到"你很美丽"的赞美时,我们再赞美她"你很漂亮",效果就不是很大了,反之我们若能用心地去发现这位美女客人其他的优点并赞美,可能会使我们的赞美更容易被接受。当然无论是什么样的赞美内容,赞美者的态度都必须诚恳,必须是发现他人的优点,并因欣赏他人的优点而真心赞美,绝不能为了讨好客人,虚情假意、无中生有、言过其实地进行赞美。

## 三、赞美方法的选择

赞美是一门艺术,可以浇开对方的心灵之花,我们针对不同对象可以采用不同的赞美方法,比如,在导游带团时,可以使用称呼赞语法,以表示自己对客人们的尊重,如"欢迎各位嘉宾",对于司机,我们可以称其为"师傅",赞誉其技术高超,用暗度陈仓的方法赞美带小孩的客人,往往能快速拉近客人与自己之间的心理距离,从而打开话题,如"小朋友真有礼貌,一看就知道是受到了良好家庭教育"。对远来的客人还可以采用借花献佛的方法赞美,如"听说你们那边的水养人,满街都是美女,现在见到你们,就明白这话是真的了"。抑己扬人的称赞方法也常用在旅游团中,如"在座的各位都是研究建筑的专家,对我们即将去到的景点怕是比我这个导游都要了解得多,希望到时能多多指教"。我们还可以用善意夸张的方法对客人进行赞美,如"你的藏族舞蹈跳得真好,真怀疑你是不是原本就是藏族人啊"。当然也可以采取直截了当的方法赞美,如"你女儿长得真高挑"。

对于他人的赞美,我们也应进行礼貌地回应,如直接用接受感谢式回应"谢谢",或同意式回应"是的,我也觉得很不错呢",或回赠式回应"你的皮肤也很好呢",也可用自贬式回应"让您见笑了"等。回应的方法多种多样,我们需要根据不同的对象选择恰当的礼貌地回应方法。

### 任务考核

(1) 学生模拟导游赞美客人与回应客人的赞美,教师与其他学生模拟客人,并分析导游的赞美与回应是否恰当。

(2) 将对客人的赞美融入导游欢迎词、欢送词之中,并模拟讲解。

#### 趣味常识

**赞美的力量**

国内营销界估计没有多少人不知道卡耐基,可是关于他小时候的故事,也许并没有多少人知道。卡耐基小时候是一个公认的坏男孩,在他9岁的时候,父亲把继母娶进家门,当时他们还是居住在乡下的贫苦人家,而继母则来自富有的家庭,父亲一边向继母介绍卡耐基,一边说"亲爱的,希望你注意这个全郡最坏的男孩,他已经让我无可奈何。说不定明天早晨以前,他就会拿石头扔向你,或者做出你完全想不到的坏事。"

出乎卡耐基意料的是,继母微笑着走到他面前,托起他的头认真地看着他,接着她回来对丈夫说"你错了,他不是全郡最坏的男孩,而是全郡最聪明最有创造力的男孩。只不过,他还没有找到发泄热情的地方。"继母的话说得卡耐基心里热乎乎的,眼泪几乎滚落下来,就是凭着这一句话,他和继母开始建立友谊,也就是这一句话,成为激励他一生的动力,使他日后创造了成功的28项黄金法则,帮助千千万万的普通人走上了成功和致富的道路,在继母到来之前,没有一个人称赞过他聪明,他的父亲和邻居认定,他就是坏男孩,但是继母就只说了一句话,便改变了他一生的命运,激发了卡耐基的想象力,激励了他的创造力,帮助他和无穷的智慧发生联系,使他成为美国的富豪和著名作家,成为20世纪最有影响的人物之一。

## 任务 3

# 涉外接待礼仪

> **礼仪名言引入**
> 
> 不尊重别人的人,别人也不会尊重他。
> 
> ——库勒

 **任务目标**

(1) 了解涉外接待的流程与礼仪。
(2) 掌握涉外入境和出境接待的礼仪。
(3) 熟悉涉外会谈与签字的礼仪。

 **任务描述**

澳大利亚旅游局与马蜂窝旅游网签署战略合作备忘录,双方将在市场营销推广、目的地信息整合、旅游产品定制和大数据分析等领域展开合作,构建移动互联网旅游生态圈,从中,消费者除可获取旅游资讯,也可通过马蜂窝旅游大数据的有效推送触及"优选合作伙伴"旅行社提供的独家、高端、定制化资源,直接订购澳大利亚旅游产品和线路。经过一年多的多方位沟通、深入洽谈,双方终于达成合作意向,拟于近期举行签字仪式,旅行社安排此次会谈与签字仪式。

请问:如果你是受委托旅行社承办此次会议,你应该怎么办?

 **任务准备**

(1) 场地准备:多媒体教室。
(2) 用品准备:多媒体课件。
(3) 仪容仪表准备:与课人员着正装,女生过肩长发应扎起。

 **背景知识**

### 一、涉外迎送礼仪

迎来送往是常见的社交礼节,在旅游接待服务中,对来访的客人,通常均视其身份和游访性质,安排相应的迎送活动。

对于有着重要社会影响和政治意义的客人,往往都举行隆重的迎送仪式。对于一般的商务接待,一般不举行欢迎仪式。然而,对应邀前来访问者,无论是官方人士、专业代表团还是民间团体、知名人士,在他们抵离时,均应安排相应身份人员前往机场(车站、码头)迎送。

对长期在本国工作的外国人士和外交使节、外国专家等,他们到离任时,有关方面也安排相应人员举办欢送仪式或活动。

### (一) 确定迎送规格

确定迎送规格,主要依据来访者的身份和访问目的,适当考虑主客方关系,同时要注意国际礼俗,主要迎送人员通常都要同客人的身份相当,但由于各种原因,有时不可能完全对等,遇此情况,可灵活变通,由职位相当的人士,或由副职出面,总之,主要迎接人员身份要与客人相近,同客人对等为宜。当事人不能出面时,无论作何种处理,应从礼貌出发,向对方做出解释,其他迎送人员不宜过多。

### (二) 掌握抵达和离开的时间

必须准确掌握客人乘坐飞机(火车、船舶)抵离时间,及早通知全体迎送人员,如有变化要及时通知,由于天气变化等意外原因造成飞机、火车、船舶可能不准时,迎送人员应在飞机(火车、船舶)抵达之前到达机场(车站、码头),并提前办好手续。迎送人员可准备欢迎牌,方便客人主动前来接洽。

### (三) 献花

如安排献花,须用鲜花,并注意保持花束整洁、鲜艳,一般选用百合、玫瑰、康乃馨等混合花束。一般忌用菊花、杜鹃花、石头竹花,有的国家习惯送花环,或者送一两枝名贵的兰花、玫瑰花等。在与迎接人员握手之后,随同迎接人员将花献上。

### (四) 介绍

客人与迎接人员见面时,互相介绍,通常先将前来欢迎的人员介绍给客人,可由礼宾工作人员或其他接待人员介绍,也可以由迎接人员中身份最高者介绍。客人初到,主办方宜主动与客人寒暄。许多国家的迎宾场合通过握手、拥抱、左右吻面或贴面的礼节欢迎客人,以示敬意。我方人员如遇客人主动行拥抱礼,可做相应表示,不应推辞。

### (五) 陪车

客人抵达后,从机场到住地,以及访问结束后由住地到机场,如果主人陪车,应请客人坐在主人的右侧,如是三排座的轿车,迎接人员应坐在主人前面的加座上,如是两排座,迎接人员坐在司机旁边。上车时,最好请客人从右侧门上,主人从左侧门上车,避免从客人座前穿过。如果客人先上车,坐到了主人的位置上,则不必客人挪动位置。

### (六) 抵达酒店服务礼仪

客人抵达酒店后,不宜马上安排活动,应当稍作休息。服务人员对住房卡、房间情况、用餐地点、兑换外币地点等事项对客人进行说明,客人住房确定后,将整体住房安排号码复印好交送总服务台,离开之前一定要告诉客人下一步的活动计划,征得客人同意,可告知客人相关人员的联系方式。

#### （七）送别客人服务礼仪

送别客人时应确定客人行车和航班时间，取好行李，到达车站、机场后可以先安排客人休息，帮客人办好机票（车票）、行李卡，并连同有关凭证交给相关人员。要对客人发出欢迎下次光临的邀请。

### 二、非官方迎送

非官方迎送对象主要指民间团体和国外旅游团。非官方迎送相关事项有如下几个方面。

#### （一）对民间团体的迎送

虽不用举行官方仪式，但需根据客人身份安排接待，将客人的住房、乘车等信息打成卡片，及时告知每个人，与对方联络人员保持联系。

#### （二）对国外旅游团的迎送

对待外国客人，包括个人信息 住房、乘车（机、船）等情况的组织准备工作要缜密周到。可准备些小旗帜或欢迎牌，方便客人主动前来接洽，接待时，接待人员可以在车上给客人沿途介绍当地情况，抵达宾馆后对住房卡、房间情况、用餐地点、兑换外币地点等事项对客人进行说明。

#### （三）送别礼品赠送

俗话说"迎人三步送七步"。送别时的礼节不可轻视，除为客人预订返程票外，还要准备好礼品。礼品选择应考虑如下问题：①纪念意义；②方便携带；③包装美观；④有所禁忌、民俗禁忌、个人禁忌、数字禁忌、色彩禁忌。客人离去后，在三个工作日内，应去函或去电感谢对方的来访，并表示欢迎再次来访之意。

### 三、涉外交往中的礼节礼貌

#### （一）涉外交往的基本礼仪

（1）初次交谈，要选择轻松愉快的话题，如旅游、运动等，避免谈论年龄、收入、衣饰等私人话题。

（2）着装注意场合，不宜穿休闲装，运动装。着装要与场合、身份相符，一般而言，男士穿西装，女士可穿着套装或较为正式的裙装。

（3）吃饭或娱乐，除非一方邀请或事先约定，否则可以 AA 制，分摊付费。

（4）受到对方的赞美和肯定时要真诚道谢。目光相遇时，要主动点头微笑，表示友好。对于他人的主动问候，也要及时回应。

（5）堵车的因素考虑在内。因故迟到，未按约定时间到达，如在交通拥挤时，要对主人和其他客人表示歉意。

（6）不要失约，万一不能赴约，要尽早通知主人，并以适当方式致歉。

#### （二）涉外交往中的见面礼节

（1）对日本人、朝鲜人的鞠躬礼，每次必须同样还礼。

(2) 多数欧洲人喜欢握手礼或是拥抱礼,对于熟悉和亲近的人有时还伴以贴面和亲吻,在商务活动中一般不行此礼。

(3) 对德国客人,握手很正式还伴有15°鞠躬,除非双方关系非常近,否则不提倡其他的接触方式,例如,拥抱和吻面礼。

(4) 对英国客人,一般而言穿着比较正式,最好不要有身体接触。致意礼和握手礼是常见的见面礼节。

(5) 对意大利客人,握手很重要,在商务活动中表示很正式的尊重。

(6) 对拉美客人,握手和拥抱很频繁,说话时他们比美国人站得更近,向后站是不礼貌的。

(7) 阿拉伯和伊斯兰国家在社交场合中握手后又在双方脸颊上互吻,要同样回敬。

(8) 对佛教国家的客人要行合十礼,对军人要等其行举手注目礼后再行握手礼。

## 四、涉外会谈礼仪

会谈是指在正式访问或是专业访问,双方或多方就某些重大的政治、经济、文化、科技或就具体业务进行的谈判活动。一般来说,会谈具有十分明确的目的,各方为达成共识和协议交换意见、权衡利弊、实现双赢。

根据国际惯例,参加会谈的双方主要领导人的级别、身份应遵照对等的原则,如外国由总统、总理带领的代表团参加会谈,我方则有国家主席、总理出面,如外国是外交部部长出面,则我方也是外交部部长出席。

会谈的内容,如果政治性和业务性都很强,要特别注意保密。会谈前,允许记者采访,会谈开始,记者和无关的工作人员应立即退出,会谈期间,旁人不要随便进出。

### (一)会谈前准备

1. 会谈前物质准备

地点的选择对会谈效果会有一定影响,如选择在己方地点进行,作为东道主必须注重待客,邀请、迎送、接待、洽谈的组织必须符合礼仪要求,如选择在对方地点会谈,必须入乡随俗,了解当地的风俗人情,并要审时度势。在每个座位前的桌面正中摆放一本供记事的便笺和笔,便笺的下端距桌面的边缘约5厘米。

2. 议程和人员配备

会谈议程是决定会谈效率高低的重要一环。每次会谈、谈什么、何时谈、何地谈、如何谈、达到什么目的,事前都要有周密安排,以免在礼仪上有不周之处。

会谈的专业性较强,工作人员须具备不同的专业特长,要充分考虑专业互补和群体智慧。参加会谈的人员既要懂得政策法律,又要能言善辩、善于交际、应变能力强。另外,还要确定主谈人和首席代表。

3. 会谈相关信息收集

为了更好地沟通,在涉外会谈中还须对会谈方文化背景和礼仪习俗等有所把握,以便取得会谈的主动权,同时,要了解对方的业务情况、参与会谈人员的基本情况、每个人的谈判风格、对己方的态度等,以便制定相应的策略。

## （二）位次排列

在各类会谈中，合理地安排位次有利于会谈的顺利进行。

1. 双边会谈的位次排列

双边会谈，一般用长方形桌。可分为两种情况：①会谈长桌横放，宾主相对而坐，以正门为准，主人坐背门一侧，客人面向正门，主谈人居中，翻译人员安排在主谈人的右侧或后面，有些国家安排翻译人员坐在后面，我国习惯将翻译人员的位置安排在主谈人的右侧，其他人按礼宾次序左右排列，记录员一般安排在后面，参加人数较少时，也可安排前排就座。②会谈长桌竖放，一端向正门，则以入门的方向为准，右为客方，左为主方，宾主双方的其他人员按照具体身份的高低，依次在主人、宾主的一侧排开。

2. 多边会谈的位次排列

多边会谈，一般用椭圆形或圆形桌。小规模的会谈，可不放会谈桌，在室内摆放几把沙发或圈椅，按以右为尊的原则，客右主左就座即谈，也可以交叉而坐，以增添合作、轻松、友好的气氛。

## （三）会谈服务礼仪程序

当主人提前到达会谈现场时，要迎至厅内的沙发上就座，用小茶杯上茶，在主办单位通知客人从住地出发时，服务员在工作间内将茶杯沏上茶，当主人到门口迎接客人时，服务员把茶杯端上，放在每人的茶杯垫盘上，宾主来到会谈桌前，服务员要上前拉椅让座，当记者采访和摄影完毕，服务员分别从两边为宾主双方递上毛巾，宾主用完后，应立即将毛巾收回。会谈期间如果上其他饮料、水果、小点心等，应把备好的东西有秩序地安排上桌，同时还要配上小毛巾或湿纸巾，放在托盘内上桌。会谈一般时间较长，可视客人用水的情况，及时续水、换笔等。如果会谈中间休息，服务员要及时整理好座椅、桌面用品并续水，在整理时，注意不要弄乱和翻阅桌上的文件、本册等，会谈结束时，要照顾客人退席，然后按工作程序做好收尾工作。

## （四）会谈的注意事项

会谈前应事先安排好座位，保证有足够的座位，现场放置中外文座位卡，若会谈厅面积大，应安装扩音设施，会议结束后如果安排有合影，事先要准备好合影位置图。为了增进会谈双方的理解，根据会谈进展情况，最好穿插安排一些游览或娱乐活动，以缓和会谈可能产生的紧张气氛。

## 五、签字仪式礼仪

签字仪式是指国与国（国际组织）之间通过谈判，就政治、军事、经济、科技、文化等某一领域的共同问题达成协议，缔结条约、协定或公约时，双方互签互换文本举行的仪式。出席签字仪式时，应当穿着具有礼服性质的深色西服套装或套裙，并且配以白色衬衫和深色皮鞋。在签字仪式上礼仪、接待人员，可以穿自己的工作制服或礼仪性服装。

### （一）签字仪式的程序

签字仪式的时间不长，但它是合约、协议签署的高潮，其程序规范、庄重而热烈。

1. 签字仪式开始

有关各方人员进入签字厅,在既定的席位上坐好,签字者按照主居左、客居右的位置入座,对方其他陪同人员分主客两方,以各自职位、身份高低为序,自左向右(客方)或自右向左(主方)排列站立于各签字人身后,或坐在己方签字者的对面,双方助签人员分别站在己方签字者的外侧,协助翻揭文本,指明签字处,并为已签署的文件吸墨。

2. 签字人签署文本

签字人签署文本的通常做法是先签署己方保存的合约文本,再接着签署他方保存的合约文本,这一做法在礼仪上称为轮换制,它的含义是在位次排列上,轮流使各方有机会居于首位一次,以显示机会均等、各方平等。

3. 交换合约文本

各方签字人,正式交换已经有各方正式签署的文本。交换后,各方签字人应热烈握手,互致祝贺,这时全场人员应该鼓掌,表示祝贺。

4. 共同举杯庆贺

交换已签署的合约文本后,礼宾小姐会用托盘端上香槟酒,有关人员,尤其是签字人当场干上一杯香槟酒,这是国际上通用的旨在增添喜庆色彩的做法。

5. 有秩序退场

请双方最高领导人及客方先退场,然后东道主再退场。整个签字仪式以半小时为宜。

**(二)签字仪式注意事项**

(1) 在会谈结束后,双方应指定专人按谈判达成的协议做好待签文本的定稿、翻译、校对、印刷、装订、盖印等工作。文本一旦签字就具有法律效力,因此对待文本的准备应当郑重、严肃。

(2) 在准备文本的过程中,除了要核对谈判协议条件与文本的一致性外,主要的项目批件、许可证、设备分交文件、用汇证明、订货卡等是否完备,协议内容与批件内容是否相符等。审核文本时必须对照原件做到一字不漏,对审核中发现的问题,要及时互相通报,通过再谈判,达到谅解一致,并相应调整签约时间。

(3) 待签文本的规格一般为大八开,所用的纸张务必高档,印刷务必精美。主办方应为文本的准备提供准确、周到、快速、精美的条件和服务。

(4) 如有多个国家缔结条约,在签字仪式上只需相应增添签字人员的座位、国旗、文具等用品。至于签约多边公约,通常只设一个座位,先由公约保存国代表带头签字,然后由各国代表依一定的顺序轮流在公约文本上签字。

 **实训内容**

(1) 学生选取一个签字仪式视频或自制签字仪式多媒体课件,呈现过程、评价、分析。熟悉签字仪式的流程和各环节的基本礼仪规范。

(2) 以签字仪式角色需要为依据将学生分成几个小组,各小组列出签字仪式活动需要准备的场地、用品和材料清单。

(3) 以签字仪式流程和环节为依据模拟一个完整的仪式,注意各环节礼仪规范。

## 任务考核

请同学们模拟会谈主人和嘉宾,完成会谈活动的信息收集准备,最后投票选出最完善的会谈准备资料。

### 趣味常识

**中西方不同的表达习惯**

由于中西方不同的文化背景和文化传统,使中西在思维方式、价值观念、行为准则和生活方式等方面不同,中国人的语言表达习惯和西方人的语言表达习惯差别很大。

1. 称谓和称呼

（1）称谓及称呼

英语中的称谓名称比汉语中的要少得多,如英语中 cousin 一词,对应于汉语的表兄、表弟、表姐和表妹等,汉语把表亲关系区分得非常严格,既要说出性别,又要分出大小。

这种语言现象的产生归因于中国两三千年之久的封建统治,这种封建社会高度重视血缘关系,特别强调等级间的差异,提倡长幼、尊卑有序。亲属关系亲疏,长幼和性别等方面不同,权利和义务也随着出现区别,故称谓区分得严格而细密。

英语中的称谓为数不多,除 dad、mum、grandpa、aunt、uncle 等几个称谓经常使用外,其他的几乎都不用。

在汉语里,一般只有彼此熟悉亲密的人之间才可以"直呼其名",但在西方,"直呼其名"比在汉语里的范围要广得多,家庭成员之间,不分长幼尊卑,一般可互称姓名或昵称,比如,小孩子在家里可以直接叫爸爸、妈妈的名字。不把爷爷奶奶称作 grandpa 和 grandma,而是直呼其名,这种做法却是得体、亲切、合乎常理的。如 old 一词,中国人历来就有尊老敬老的传统。"老"在中文里表达尊敬的概念,如老祖宗、老爷爷、老先生等,"老张""老王",透着尊敬和亲热,"张老""王老"更是尊崇有加。西方国家极少有人愿意倚老卖老而自称 old,在他们看来,old 是"不中用"的代名词,是和"不合潮流""老而无用"的含义连在一起的。

在西方,常用"先生"和"夫人"来称呼不知其名的陌生人,对十几或二十几岁的女子可称呼"小姐",结婚了的女性可称"女士"或"夫人"等。对所有的男性长辈都可以称"叔叔",对所有的女性长辈都可以称"阿姨"。年轻人称老年人,只在其姓氏前加 Mr.、Mrs. 或 Miss。这在我们中国是不行的,必须要分清楚辈分、老幼等关系,否则就会被认为不懂礼貌。

（2）敬语谦辞

像称谓一样,英语中的敬语谦辞也远远少于汉语。在英语中,不管对方年龄多大、地位多高,you 就是 you,"I"就是"I",用不着像汉语那样用许多诸如"您、局长、工程师"等敬语。汉语中感谢和答谢,一般来说我们中国人在家族成员之间很少用"谢谢",如果用了,听起来会很怪,或相互关系上有了距离,而在英语国家 Thank you 几乎用于一切场合,所有人之间,即使父母与子女,兄弟姐妹之间也不例外,送上一瓶饮料,准备一桌美餐,对方都会说一声 Thank you。出席葬礼时,中国人会说"节哀顺变!"这样礼节性的慰问语,而英文的表达方式往往是 I'm sorry for your 同样是慰问语,但表达方式有差别。英美等西方国家强调个人价值(Individualism)至高无上,所以介意被问及年龄及婚姻状况,更不喜欢被问及收入情况。问候方式常常是中性、抽象的(Good morning/afternoon. How are you)。

2. 部分亚洲国家和地区的见面礼俗

当我们与外国朋友打交道的时候,要注意不同国家与地域在风俗习惯上的差异,特别是礼仪禁忌,否则很容易冒犯对方造成误会,引起不必要的麻烦。下面是部分亚洲国家和地区的见面礼俗。

(1) 日本见面礼俗

日本人讲话分敬体、简体两种语言,使用时要么都用敬体,要么都用简体,二者不可混淆,但对客人、长者、上司讲话都用敬语,否则便被认为是不尊重对方。

日本人平时见面最普通的语言是"您早""您好""再见""请休息""晚安""对不起""拜托您了""请多关照""失陪了"等。

在日本,"先生"不是随便称呼的,就狭义而言,它是指教育者(教授、讲师、教员、师傅)和医生,就广义而言,则是对年长者、国家与地方领导人及有特殊技术才能者的尊称。

(2) 泰国见面礼俗

泰国人的姓名是名在前,姓在后,通常在名字前加上一个称呼。对成年男士常加"乃",意为"先生","乃"字是尊称,也表示男士。而对成年女士,名字前常加"娘"字,意即"夫人""女士"。泰国人一般只简称名字,口头称呼时,不论男女,一般在名字前加"坤"字,表示亲切。

泰国人见面时通常双手合十于胸前,稍稍低头,互致问候。

递送东西给别人须用右手,正式场合双手奉上,用左手则会被认为是鄙视他人。不得已而使用左手时,要说一句"请原谅,左手"。

小辈给长辈递东西用双手,长辈接东西时可用一只手。

坐时跷腿被认为不礼貌,把鞋底对着别人,意将别人踩在脚下。

女士坐时要双腿并拢,否则被认为缺乏教养。

走过别人面前,必须弓着身子,以示歉意,女士尤须这样。

就餐按辈分入座,长者在上座。喝酒吃菜都由长者先动手。

(3) 印度见面礼俗

印度人的姓名是名在前,姓在后,女士结婚后改用丈夫的姓,男士通常只称呼姓,不称呼名;女士通常则只称呼名。

印度人见面的礼节是双手合十。对女士不可主动握手。印度人交谈中如同意对方的意见时,将头向左摇动,不同意时则点头。

印度人以玫瑰花环献给客人,宾主相互问好后将花环套在客人颈上。花环大小视客人的身份而异,献给贵宾的花环很粗大,长度过膝,给一般客人的花环则仅及胸前。

（4）新加坡见面礼俗

新加坡人为人处世彬彬有礼,社交场合惯用握手礼,与东方人相见也行鞠躬礼。

（5）巴基斯坦、阿拉伯等西亚国家见面礼俗

巴基斯坦等西亚国家的很多人见面第一句话是"真主保佑",以示祝福。告别时多讲祝愿的话,如"真主保佑你一路平安""真主保佑你全家团圆"等。

伊斯兰教徒每天做五次礼拜,礼节动作各地不一。例如,一部分阿拉伯地区的人见面,一般以左手贴在胸前,右手举在额前表示敬意。

（6）东南亚华侨见面礼俗

东南亚华侨的礼节和国内差不多,一般行握手礼,但同女士握手不宜过重。礼貌语言近似国内,对华侨的称谓语,男士称"先生",女士称"太太"或"小姐"。

# 参考文献

[1] 陈晓斌,彭文喜.旅游服务礼仪[M].武汉:华中科技大学出版社,2019.
[2] 郑莉萍.旅游服务礼仪实用教程[M].北京:中国经济出版社,2018.
[3] 陈璐.职业礼仪实训教程[M].北京:高等教育出版社,2019.
[4] 金正昆.社交礼仪教程[M].5版.北京:中国人民大学出版社,2016.
[5] 周思敏.你的礼仪价值百万[M].北京:中国纺织出版社,2012.
[6] 谷玉芬.旅游服务礼仪实训教程[M].3版.北京:旅游教育出版社,2016.
[7] 李昀.做自己的形象顾问[M].北京:中信出版社,2009.
[8] 夏志强.你的第一本礼仪书[M].南昌:江西美术出版社,2017.
[9] 吕艳芝.中华礼仪[M].北京:北京师范大学出版社,2019.
[10] 徐兆寿.旅游服务礼仪[M].北京:北京大学出版社,2019.
[11] 王瑜.旅游服务礼仪[M].北京:高等教育出版社,2015.